国人冷落，西人推崇，如此迥异之评价，中国帝王中再无第二人。

把荣誉还给隋文帝

西方人最推崇的中国帝王

昊文 著

山西出版传媒集团

山西人民出版社

图书在版编目（CIP）数据

把荣誉还给隋文帝：西方人最推崇的中国帝王 / 昊文著.
—太原：山西人民出版社，2014.7
ISBN 978-7-203-08582-9

Ⅰ. ①把… Ⅱ. ①昊… Ⅲ. ①杨坚（541～604）—人物研究 Ⅳ. ①K827=41

中国版本图书馆 CIP 数据核字（2014）第 117813 号

把荣誉还给隋文帝：西方人最推崇的中国帝王

著　　者：昊　文
责任编辑：贾　娟
助理编辑：柳承旭
装帧设计：陈　婷

出 版 者：山西出版传媒集团·山西人民出版社
地　　址：太原市建设南路 21 号
邮　　编：030012
发行营销：0351-4922220　4955996　4956039
　　　　　0351-4922127（传真）　4956038（邮购）
E - mail：sxskcb@163.com　发行部
　　　　　sxskcb@126.com　总编室
网　　址：www.sxskcb.com

经 销 者：山西出版传媒集团·山西人民出版社
承 印 厂：山西出版传媒集团·山西人民印刷有限责任公司

开　　本：720mm×1010mm　1/16
印　　张：17.5
字　　数：300 千字
印　　数：1—5000 册
版　　次：2014 年 7 月　第 1 版
印　　次：2014 年 7 月　第 1 次印刷
书　　号：ISBN 978-7-203-08582-9
定　　价：35.00 元

如有印装质量问题请与本社联系调换

前　言

　　大隋王朝是一个富强而短暂的王朝。它只存在了三十多年，却演绎了一部富于开拓创新、精彩纷呈的历史，给中华民族留下了丰富而影响深远的历史财富，它所奏响的历史乐章，堪称中国历史的最强音。在这短短的三十多年里，中国历史上的科举制度、三省六部制度正式确立，完善的封建法律体系宣告形成；在这短短的三十多年的时间里，大隋王朝不仅结束了中国社会长达近三百年的战乱、分裂局面，重新统一了华夏，而且降服了吐谷浑、西域各国，威服东西突厥帝国，慑服高丽王朝，使中国历史再一次呈现出大汉时期的辉煌；在这短短的三十多年时间里，大隋王朝不仅修建了世界古代史上规模最宏大的大兴城、洛阳城，还修缮了长城，修建了举世闻名的大运河……遗憾的是，这一切的辉煌没有能阻止这个强大王朝短命而亡的脚步，弹指三十八年过去，在干戈鼎沸的反隋浪潮中，大隋王朝很快消失在历史的长河里。

　　这是一部耐人寻味的历史，在如此短暂的时间里强势崛起，又在如此短暂的时间里消亡，潮起潮落，任人评说。1000多年来，很多主流社会的学者把隋朝的崛起归功于隋文帝勤俭治国，将其短命而亡归咎于隋炀帝好大喜功。这个结论很武断，以结果定原因，只看到了问题的表相。历史是一本厚重的书，它的本来面目远比我们想象的复杂。隋文帝的文治武功不逊于秦始皇，隋炀帝的雄才大略不逊于汉武帝，父子都是一代雄主，却无法阻止当时世界上这个第一超级大国短命而亡。这是这段历史的魅力所在，更是我们今天应该好好挖掘的地方。

提到中国历史上的强盛王朝，人们首先会想到汉唐，汉唐的确很强大，但它们的强大都有一个前提，即汉承秦制，唐承隋制。秦朝和隋朝对中国历史的贡献是划时代的，它们气象雄浑，强盛不亚于汉唐，所得到的历史地位却与此极不相称，这是历史的误读。比如隋朝，它不仅为一千多年以来的封建王朝奠定了完善的政治和法律法规体系，而且，依靠这套体系，它创造了让后人惊叹的人间奇迹。

当我们重新以历史唯物主义眼光审视那段历史时，发现它非常令人震撼，在如此短暂的时间结束数百年大动乱、大分裂局面，创造出如此辉煌的文治武功，开拓出如此辽阔的疆域，奠定如此受世界瞩目的国际地位，大兴城、大运河……这一个个残存的历史符号，足以让它雄视百代，翘首以立。试想，汉武帝凭汉朝高惠文景几代皇帝积累起来的雄厚国力，和匈奴干了几仗，打得国库亏空，人口锐减，却没有使匈奴降服，导致帝国从此由盛转衰；唐朝经过六七代皇帝一百多年的励精图治，至唐玄宗时国力臻于极盛，也只是勉强达到隋文帝时的水平，却经不起一场安史之乱的折腾。而隋文帝打败吐谷浑、平定江南、一统天下、威服东西突厥、慑服高丽，重组东亚政治格局，完成如此光荣而艰巨的政治任务，却实现了经济同步繁荣，府库盈满，人口俱增；隋末大乱，战争的规模和损失超过秦末和楚汉时期，而隋朝灭亡后，国家府库中留下的积蓄竟然维持了唐政府二三十年的开支，这样的富庶和繁荣为中国历史上所仅有，而且这种富庶和繁荣是建立在宽松的赋税政策之上，不是靠横征暴敛。可以这样说，大唐帝国的强大，得益于它站在了大隋帝国这个巨人的肩上，没有大隋帝国留下的雄厚家底，大唐帝国很难令后世如此神往。

本书演绎了大隋帝国波澜壮阔的历史兴亡画卷，从广阔的历史背景中展示大隋帝国的虎狼国威，并立足于史实，揭示隋文帝、隋炀帝两代帝王在治国和驾驭群臣方面的得失，挖掘大隋帝国兴亡的历史根源。本书更接近于历史真实，相信本书会给读者带来惊喜。对于本书的不足之处，亦请读者及出版社同仁斧正。

目 录

第一章　点燃杨门复兴火 ⋯⋯⋯⋯⋯⋯⋯⋯⋯⋯⋯⋯⋯ 001

一、从杨震到杨忠 ⋯⋯⋯⋯⋯⋯⋯⋯⋯⋯⋯⋯⋯⋯⋯ 001

二、这个孩子不一般 ⋯⋯⋯⋯⋯⋯⋯⋯⋯⋯⋯⋯⋯⋯ 007

三、惯听暮鼓晨钟 ⋯⋯⋯⋯⋯⋯⋯⋯⋯⋯⋯⋯⋯⋯⋯ 009

四、为奸雄正名 ⋯⋯⋯⋯⋯⋯⋯⋯⋯⋯⋯⋯⋯⋯⋯⋯ 011

第二章　城头变幻大王旗 ⋯⋯⋯⋯⋯⋯⋯⋯⋯⋯⋯⋯⋯ 014

一、东魏西魏俱作古 ⋯⋯⋯⋯⋯⋯⋯⋯⋯⋯⋯⋯⋯⋯ 014

二、独孤信之死 ⋯⋯⋯⋯⋯⋯⋯⋯⋯⋯⋯⋯⋯⋯⋯⋯ 017

三、悲情的同窗皇帝 ⋯⋯⋯⋯⋯⋯⋯⋯⋯⋯⋯⋯⋯⋯ 020

四、宇文护的如意算盘 ⋯⋯⋯⋯⋯⋯⋯⋯⋯⋯⋯⋯⋯ 022

五、相面事件 ⋯⋯⋯⋯⋯⋯⋯⋯⋯⋯⋯⋯⋯⋯⋯⋯⋯ 024

第三章　栖身于权臣与明主之间 ⋯⋯⋯⋯⋯⋯⋯⋯⋯⋯ 029

一、宇文邕两手皆妙手 ⋯⋯⋯⋯⋯⋯⋯⋯⋯⋯⋯⋯⋯ 029

二、结识野心家庞晃 ⋯⋯⋯⋯⋯⋯⋯⋯⋯⋯⋯⋯⋯⋯ 031

三、二次相面事件 ⋯⋯⋯⋯⋯⋯⋯⋯⋯⋯⋯⋯⋯⋯⋯ 033

四、权臣请罪 ⋯⋯⋯⋯⋯⋯⋯⋯⋯⋯⋯⋯⋯⋯⋯⋯⋯ 034

五、宇文邕亲政 ⋯⋯⋯⋯⋯⋯⋯⋯⋯⋯⋯⋯⋯⋯⋯⋯ 036

六、灭佛运动 ⋯⋯⋯⋯⋯⋯⋯⋯⋯⋯⋯⋯⋯⋯⋯⋯⋯ 039

七、灭齐之战 ……………………………………………… 041

八、定州城开门事件 ……………………………………… 049

九、宇文邕英年早逝 ……………………………………… 052

第四章　岳父与女婿的较量 …………………………… 056

一、位极人臣 ……………………………………………… 056

二、极品天子 ……………………………………………… 061

三、翁婿反目 ……………………………………………… 064

四、险遭杀戮 ……………………………………………… 066

五、收买近臣 ……………………………………………… 068

六、矫诏辅政 ……………………………………………… 072

第五章　从权臣到皇帝 ………………………………… 076

一、重组权力核心 ………………………………………… 076

二、忽悠汉王 ……………………………………………… 080

三、左手大棒，右手大枣 ………………………………… 081

四、叛乱四起 ……………………………………………… 084

五、决胜于伐交 …………………………………………… 088

六、镇压尉迟迥之乱 ……………………………………… 090

七、平定司马消难之乱 …………………………………… 096

八、剿灭王谦之乱 ………………………………………… 099

九、诛杀"五王" ………………………………………… 101

十、进位随王 ……………………………………………… 105

十一、杨太后的无奈 ……………………………………… 106

十二、代周兴隋 …………………………………………… 108

第六章　初展国威 ……………………………………… 113

一、威服吐谷浑 …………………………………………… 113

二、吓死陈宣帝 …………………………………………… 116

三、降伏突厥 ……………………………………………… 119

第七章　大隋新气象 ················ 130

　　一、确立实行三省六部制 ············ 130

　　二、实行州县二级制 ··············· 133

　　三、制定《开皇律》 ··············· 135

　　四、贤能任中枢 ·················· 137

　　五、营建大兴城 ·················· 140

第八章　挥师下江南 ················ 146

　　一、策划战争 ··················· 146

　　二、陈后主乱政 ·················· 151

　　三、不一样的贺若弼 ··············· 154

　　四、长江之神 ··················· 156

　　五、白土冈之战 ·················· 160

　　六、金陵王气黯然销 ··············· 163

第九章　再平江南 ················· 167

　　一、悲欢离合皆心酸 ··············· 167

　　二、霹雳一声江南反 ··············· 169

　　三、荡平东南叛军 ················ 172

　　四、杨广的怀柔手段 ··············· 176

第十章　圣人可汗 ················· 180

　　一、不安分的突厥人 ··············· 180

　　二、计杀大义 ··················· 183

　　三、染干奔隋 ··················· 186

　　四、圣人可汗 ··················· 189

第十一章　巩固江山根基 ············· 194

　　一、太子失宠 ··················· 194

　　二、移爱晋王 ··················· 199

　　三、二杨结盟 ··················· 202

四、罢免高颎 ……………………………………………………… 206

五、秦王之死 ……………………………………………………… 214

六、废黜太子 ……………………………………………………… 217

第十二章　开皇之治 ……………………………………………… 225

一、经济繁荣，国富民强 ………………………………………… 225

二、文化昌盛，风雅淳厚 ………………………………………… 228

三、政治清明，吏治清廉 ………………………………………… 230

四、纵横千古，独树一帜 ………………………………………… 234

第十三章　恶之花结恶之果 ……………………………………… 237

一、晋王为储 ……………………………………………………… 237

二、永别爱妻 ……………………………………………………… 240

三、囚禁蜀王 ……………………………………………………… 242

第十四章　皇权至高无上 ………………………………………… 247

一、从勤俭到放纵 ………………………………………………… 247

二、皇权践踏法律 ………………………………………………… 250

三、肆意猜忌大臣 ………………………………………………… 252

第十五章　隋文绝唱 ……………………………………………… 256

一、耽于女色 ……………………………………………………… 256

二、杨素失威 ……………………………………………………… 257

三、杨广内急 ……………………………………………………… 260

四、杨坚之死 ……………………………………………………… 262

第一章　点燃杨门复兴火

一、从杨震到杨忠

公元 541 年 6 月 13 日夜，万籁俱寂，丑时初刻，西魏帝国的冯翊郡般若寺传出几声婴儿的啼哭，夜空中响起几许疏钟，一位划时代的缔造者横空出世，这个新生儿的名字叫杨坚，他用一声啼哭开启了自己的帝王人生。

按照史家惯例，为帝王作传之前要先交代他们的世系，所谓世系，就是家庭出身，即"龙生龙，凤生凤，老鼠生儿会打洞"，虽然近乎歪理邪说，但从古至今，信奉这一套的人络绎不绝。陈胜、吴广不信，质问"王侯将相，宁有种乎！"以为只要胆子大，头上多长两块反骨，就能成就帝王大业，遗憾的是他们的造反大业只持续了几个月。可见，不信是可以的，不服是不行的。在此，我不妨给大家讲个笑话。

明末张献忠扯起反明大旗后，几经沉浮，终于形成气候，挥师杀到四川，兵锋所指，势如破竹，帝王大业翘首可望。但是，张献忠有个挥之不去的心结：官方说他是"反贼"，民间说他是绿林好汉，千言万语归结为一句：就是出身不好。这让他很揪心，决定抬高自己的门第，认一个世人皆知的名人做自己的老祖宗。一番权衡后，他选定了三国时期的张飞，一则张飞的名气大，会打仗，天不怕地不怕，这跟他造反大王的身份很符合；二则张飞与他相隔 1400 多年，世易时移，年代久远，旁人无从考证，没人敢说张飞不是他老祖宗。他率军经过张飞庙时，举行了隆重的认祖归宗仪式，还特地让幕僚写了一篇认祖归宗文，内容不外乎缅怀先祖的赫赫武功，发誓将反明大业进行到底，建立张家人自己的政权。这篇认祖归宗文写得太有文采，铺陈排比，引经据典，晦涩难懂，张献忠没念过几年书，读起来非常吃力，认祖归宗又是大事，不能由旁人代读。读到一半时，他实在读不下去，索性扔掉文章，冲着张飞的神像掷地有声说："算啦，套话不必多说，我知道你是个爽快人，你姓张，我也姓张，我平生最崇拜你，从今以后，你就是我老祖宗……"

这个笑话说明，中国人的潜意识里是很看重家庭出身的。如果你的祖宗八代中没有一个名人，你纵然有天大的本事，在那些高门显贵面前，也抬不起头来。因此，历代史家为开国帝王作传，总要对他们的祖先进行一番铺陈渲染，向世人传达一个不是真理的真理：杰出的祖先必然会有杰出的儿孙，帝王的宏基伟业不是白来的，除了血腥创业，还要感谢先祖积下的累累阴德。

杨坚第一个感谢的先祖是杨震。

杨震，字伯起，是东汉时期的官学两栖明星，位高权重，又是一代儒学宗师，人称"孔子转世"。他曾在华山脚下开馆授徒 20 余年，四方好学之士风闻而至，华山脚下书声琅琅，学馆如市，弟子前后多达三千人，可与当年的孔子相提并论，人称"关西孔子杨伯起"。他以自己的学生为依托，形成了一个庞大的精英势力集团，这些精英之士遍布朝野，涉足各行各业，左右了东汉王朝的社会舆论走向。这是当年孔子都不曾做到的事情。更有趣的是，孔子周游列国，想做官却不能如愿，"惶惶若丧家之犬"；杨震不想做官却有无数人求着他做官，到了50 岁，杨震终于在一片盛情难却中离开华山，走上仕途。一路升迁，位至三公，官居司徒、太尉，执掌军国大器，权倾朝野，誉满天下。

杨震学问高，官声好，恪尽职守，廉洁奉公，不徇私情，干练有为，成为千秋万代的官场楷模，留下了无数历史佳话。

相传，杨震由荆州刺史调任东莱太守，途经昌邑（今山东巨野县东南）。昌邑县令王密是他任荆州刺史时举荐的"茂才"，又是个知恩图报的人，听说杨震途经昌邑，便想报答知遇之恩。他准备好十斤黄金，在夜深人静之时悄悄送到杨震那里。杨震毫不领情，批评他说："你我二人是故交，遗憾的是我了解你的为人，你却不了解我，你为什么要这样做？"王密以为杨震是故作姿态推辞，就信誓旦旦地说："现在夜深人静，没有人知道这件事。"杨震很生气地说："天知、地知、我知、你知，怎么能说没有人知道呢！"王密十分惭愧，只好收回黄金，郁郁而去。

这就是千古流传的"暮夜却金"故事，杨震本人也因此被后人誉为"四知先生"。他的事迹还有很多，此处不再赘述！总之，这是一位堪与"圣人"比肩的大师、大官僚，学为人师，行为世范，是五百年难得一遇的显赫人物。

这是一座丰碑，注定了后人难以企及。杨震死后，他的好几代子孙都默默无闻，持续衰败，直到杨震第八代孙杨铉，以军功涉足官场，杨氏家族才有了一丝复兴的迹象。

杨铉做过前燕帝国的北平太守。其子杨元寿投奔北魏，做了北魏的武川镇司马。杨元寿的儿子杨惠嘏官至太原太守。杨惠嘏的儿子杨烈官至龙骧将军和太原郡守。

杨烈的儿子叫杨祯，性格彪悍，勇猛善战，凭着军功荣膺"建远将军"。不过，他的运气实在欠佳，在镇压北魏"六镇"起义时，一败于葛荣，再败于鲜于修礼，全军覆没，光荣殉职，留下十八岁的儿子杨忠。

杨忠就是杨坚的父亲。

杨忠孤身一人，父亲既没有给他留下家产，又没有给他留下军队，他唯一的资本就是那副皮囊。

杨忠长相很酷，美髯飘飘，身高七尺八寸，差不多有一米八，体型魁伟，是个标准的美男子，典型的"万人迷"。加上他武艺过人，擅长谋略，有了这些资本，足以在乱世立足。

父亲死后，杨忠的当务之急是逃命。他一路逃到泰山脚下，才暂时安顿下来。在这里，他娶了穷苦人家的女儿吕苦桃为妻，渴望过上安定的生活，可惜这只是他的一厢情愿。

此时，南方的梁朝正处于鼎盛时期，梁武帝趁着北魏内乱，派军北伐，攻陷了泰安城，杨忠成了梁军的俘虏，被安排在梁军当差，一干就是五年。这期间，北方发生了"河阴之变"，尔朱荣拥立元子攸为帝，是为孝庄帝，操纵北魏朝政。北魏的北海王元颢一路南逃，投奔了梁朝。

梁武帝册立元颢为北魏皇帝，年号孝基，派大将陈庆之率军护送他回洛阳，与尔朱荣册立的孝庄帝争夺正统地位，于是就有了陈庆之率军北伐之役。杨忠参加了这次军事行动，被封为直阁将军，进入将官行列。遗憾的是，梁朝的这次军事行动最终以失败告终，陈庆之和元颢大败南逃。杨忠却没有跑掉，再一次当了俘虏，又一次弃暗投明，成为一名帐下统军。

在尔朱荣大军里，杨忠遇到了自己生命中的贵人，这个人叫独孤信。

独孤信在尔朱荣军中素有威名，作战勇猛，为人义气，很重视自己的仪容装束，形象光鲜，人又长得帅，即使置身于茫茫人海，也能被人一眼认出，人称"独孤郎"。

这是一个和杨忠有着很多共同点的人，加上两人都出生于武川，是同乡，初次见面就有相见恨晚之意，独孤信从此视杨忠为心腹，倚为左膀右臂。

此后，在独孤信的很多军事行动中，杨忠都充当了不可替代的角色，哪怕是遭遇溃败，也要共谋进退。在漫长的岁月里，独孤家和杨家命运相连，独孤信跻身西魏八大柱国，杨忠则名列西魏十二大将军。独孤信又把自己的七女儿嫁给了杨忠的儿子杨坚，此女就是隋朝的开国皇后——独孤伽罗，一个对隋朝命运产生重要影响的女人。这是后话。

北魏的局势继续动荡，不愿做傀儡的孝庄帝设计诛杀了尔朱荣及其子尔朱菩提等30人。尔朱荣的侄儿尔朱兆闻讯起兵复仇，攻取洛阳，诛杀孝庄帝，立长广王元晔为帝，不久又改立广陵王元羽之子元恭为帝，是为节闵帝。杨忠跟随独孤信参加了袭击洛阳的军事行动，因功被赐爵为昌县伯，出任都督，后又转封小黄县伯。至此，杨忠有了自己的"爵位"和封地。

尔朱荣死后，他的部属分裂为两大派系。一派是以尔朱兆、尔朱世隆、尔朱仲远等为代表的尔朱家族成员；一派是手握重兵、位高权重的非尔朱氏部将，比如高欢、宇文泰等人。尔朱荣在世时，两派人物尚能保留分歧，顾全大局。如今尔朱荣死了，原有的分歧再次被摆上桌面，分歧很快变成纷争。

公元531年，高欢拥立章武王元融之子元朗为帝，与尔朱氏控制的节闵帝分庭抗礼。高欢打败尔朱氏，诛杀节闵帝和尔朱世隆等人，控制了北魏王朝，随后废掉元朗，改立广平王元怀第三子元脩为帝，是为孝武帝。孝武帝成了不折不扣的傀儡，但是，他不想做傀儡。

永熙三年（公元534年）七月，孝武帝离开洛阳，西入函谷关，投靠另一实力派人物宇文泰。高欢一怒之下，另立清河王元亶之子元善见为帝，是为孝静帝。

孝武帝投奔宇文泰时，杨忠和独孤信也一同前往，投奔在宇文泰帐下。

历史无数次证明，不愿被权臣控制的皇帝走到哪里都不受权臣欢迎。孝武帝天真地认为自己到了关西就可以凭北魏天子的身份对关陇一带的地方势力发号施令，但是宇文泰不吃他这一套。永熙三年（公元534年）十二月，宇文泰鸩杀孝武帝，另立与孝武帝一起入关的元宝炬为帝，是为文帝。

于是，北魏帝国同时出现了两个皇帝，他们各自依赖一位实力派人物，各有自己的势力范围，帝国从此一分为二，史称"东魏"和"西魏"。历时149年的北魏王朝宣告结束。

东魏的当家人是高欢，西魏的当家人是宇文泰。双方为了争夺正统地位，经常发生战争。东魏实力强大，处于战略进攻的一方。西魏宇文泰麾下名将如云，虽处于战略防御一方，却能从容应对。

战争是杨忠崛起的摇篮，使他将成为名垂青史的一代名将。

在杨忠的征战生涯中，对他产生决定性影响的是邙山之战。

东魏武定元年、西魏大统九年（543）二月，东魏北豫州刺史高仲密与朝廷不和，以战略重镇虎牢关为见面礼，投降西魏。西魏大冢宰宇文泰亲率大军东下接应，顺势对东魏发起进攻。东魏丞相高欢率领10万大军从晋阳（今山西太原）南下，渡过黄河，在洛阳西北的邙山依山布下阵势。

宇文泰率领西魏大军轻装简束，衔枚疾进，乘夜进攻邙山。

十八日黎明，两军相遇。东魏大将彭乐率轻骑从右翼对西魏军发起猛攻。宇文泰抵敌不住，仓皇败退，西魏的5位王爷以及高中级将领共48人成了彭乐的俘虏。高欢率军乘势追杀，斩杀西魏军3万余人，取得邙山首战的胜利。

第二天，宇文泰整兵再战，以中山公赵贵为左翼，领军将军若干惠为右翼，自己亲率中军，同时反击。中军和右翼军大显神威，一举击破东魏军，高欢仅率骑兵7人狼狈逃窜。但是，西魏左翼军遭遇了东魏军的猛烈阻击，损失惨重。战场形势变得非常微妙！

高欢不愧是一世枭雄，就在被宇文泰打败的当天晚上，集击溃军，借助于西魏左翼军的溃败，重振军威，率部反攻。

宇文泰没想到高欢这么快就恢复了战斗力，西魏军在猝不及防中被打得晕头转向，宇文泰大败而逃，情形比昨天高欢还要狼狈！

高欢率军穷追不舍，宇文泰惶急之中命大将达奚武和独孤信率军断后。

西魏军阵形已乱，诸将不守纪律，各自为战，在东魏大军的猛攻之下，形同一盘散沙，处境十分危险。

关键时刻，一个人挺身而出，挽救了西魏大军的命运，这个人就是杨忠。

原来，独孤信见形势危急，刻不容缓，立即交给杨忠一个任务：擒贼先擒王。他拨给杨忠500名骑兵。

这点人数去"擒王"，显然无法完成任务。不过，奇迹往往是在看似不可能的情形下创造的。此时的杨忠心里只有一个念头：拼！不成功，便成仁！

杨忠和阎庆冲在队伍的前头，挥舞长矛大刀，横挑竖砍，东魏兵被这群突然杀来的敢死队搅得不知所措，还没有弄明白怎么回事，很多人的脑袋就搬了家。

榜样的力量永远是无穷的！500精兵见杨忠如此勇猛，谁也不甘落后，像洪水猛兽般朝着那面帅字大旗横冲直闯。一阵砍瓜切菜之后，这群敢死队冲到了高欢的帅字大旗面前。

高欢素以敢于冒险著称，他万万没有想到，在敌人快成瓮中之鳖时，居然冒出了一群比他更胆大妄为的人。

这群人岂止是胆大，简直是不要命！他们已经杀红了眼！

眼看就要接近帅字大旗，高欢命令侍卫队疯狂狙击。侍卫队抵挡不住。高欢见状，赶紧纵马奔逃。

东魏军见主帅跑了，顿时无心恋战，军心在瞬间动摇。

独孤信和于谨立即收集散兵，对溃退的东魏军发起反攻，东魏军很快溃不成军。

高欢见自己占有绝对优势的战局一下子被杨忠这帮亡命之徒搅黄，心里很不是滋味。为了控制局势，他下令弓弩手万箭齐发，阻止西魏兵追击。

西魏的反攻暂时被阻止，高欢趁机收集散兵迅速后撤。

那帮杀红了眼的敢死队嚷着要继续追赶，但杀红了眼的杨忠异常冷静，下令收兵！

宇文泰的主力总算安全撤退到关西。杨忠被封为大都督，车骑大将军、散骑常侍、仪同三司。他死去的母亲也被追封为北海郡君。这是一次规格很高的封赏！

不到一个月，宇文泰又给杨忠加官晋爵，任命他为都督朔燕显蔚四州诸军事、朔州刺史，加侍中、骠骑大将军、开府仪同三司。这个职务，相当于今天的大军区司令员，上将军衔。

宇文泰不仅给杨忠加官晋爵，还不断给他提供建功立业的机会。杨忠不断立功，职位不断升迁。

西魏恭帝初年（公元554年），杨坚被赐姓普六如氏，正式成为鲜卑贵族！

宇文泰死后，其子宇文觉代魏建周，杨忠被封为小宗伯，入朝执掌文职，不久又进位柱国大将军（相当于现在的中央军委副主席或军委委员）。

周明帝武成元年（公元559年），进封随国公，食邑万户，成为名符其实的万户侯，并另食竟陵县一千户，收其租赋。

周武帝保定二年（562年），迁为大司空（相当于现在的建设部部长），主管国家重要工程建设，这是一个肥缺，杨家从此财源滚滚。

有了柱国大将军和大司空这样的头衔，杨忠终于可以比肩汉朝的那位远祖杨震了！杨坚也得以站在父亲这个巨人的肩上，成为比巨人还巨人的人！

二、这个孩子不一般

杨忠在前方征战，夫人吕氏在后方也没有歇着。他奋不顾身地行进在家族复兴的道路上，他的夫人则默默地为他培养着后备力量。

公元541年6月13日夜丑时，在西魏帝国的冯翊郡般若寺，杨忠的儿子杨坚出生了。

孩子在寺院里出生，在今天看来很不可思议，但在那个时代是件十分正常的事。

南北朝时期，佛教大兴。"南朝四百八十寺，多少楼台烟雨中"，这写的是南朝佛教的盛况。梁武帝为了出家，几次舍身同泰寺，连皇帝都不想做了。

北朝的佛教比南朝更加兴盛，从天竺（印度）过来的那些高僧，大多栖身于北朝寺院，比如著名的翻译家鸠摩罗什等。鼎盛时期的北朝寺院有四万多所，僧尼达数百万之众。世俗社会信奉佛教的人很多，他们有病不求医，大多去求神拜佛。寺院也乐得广施符水，收取功德钱。在很多地方，寺院扮演了医院的角色，当然，很多寺院也不乏医道精深的僧尼。

杨坚的母亲吕苦桃是位苦命人，几乎所有的苦命人都信奉因果轮回。嫁给杨忠后，吕氏的命运有了转机，她认为这是佛祖在保佑她，更加潜心礼佛，虔诚至极！

自从怀上杨坚后，吕氏天天去般若寺烧香拜佛，祈求佛祖保佑，后来索性住在那里，日日进香，天天祈祷。她不是不留恋自己那个家，只是杨忠四处征战，一出去往往好几个月都回不来，在她看来，回家躺在热铺冷炕上，还不如住在庙里踏实。

更重要的是，作为虔城的佛教信徒，她深信离佛祖越近，得到佛祖的佑护就越多。佛祖确实保佑了她，送给了她一个即将成为开国皇帝的儿子。于是，杨坚就在般若寺诞生了。

大凡帝王出生时，总有一些异兆，比如刮风、下雨、满天星斗之类的。杨坚也不例外，出生时"紫气充庭，神光满室"。"紫气"意味着什么，恐怕连傻子都知道，那是帝王和圣人出生时才会出现的现象。当年老子出关时，守关的令尹看见有紫气从东方冉冉飘来，就断定必有圣人经过此地，果然，第二天，老子骑着青牛来了。守关的令尹见圣人送上门来，哪里肯放过，逼着老子写下五千言，这就是流传至今的《道德经》!

很显然，杨坚不是圣人的胚胎，就是帝王的种子。这个新生儿很可能就是天上的某个星宿下凡。杨家要出彩了！

杨家的确应该出彩，为了这一天，杨门列祖前仆后继，已经奋斗了整整四百多年，再不出彩，就要地老天荒。

接着，一件奇怪的事情发生了。

河东有一位尼姑，法号"智仙"，道行高深，仿佛菩萨转世，天上地下她全都知道。只要跟她打个照面，她一眼就能看出你这些年发生了什么事、挣了多少钱、做过多大的官、家里有几口人、父母是否健在、老婆是否漂亮、儿女是否成器之类的，说得你心服口服，五体投地。

这天，她一路化缘，路经般若寺，看见新生儿杨坚，惊得目瞪口呆，赶紧对吕氏说："这个孩子的来历不一般，不可在寻常地方喂养。"

任何一位母亲都不会拒绝别人赞美自己的孩子，吕氏对尼姑顿生好感，答应将杨坚安置在别馆喂养。从此，尼姑亲自照料杨坚的吃喝拉撒，用心呵护，无微不至，仿佛她才是杨坚他妈。

一天，吕氏抱起儿子，仔细端详，不知是神情恍惚，还是怎么的，一下子尖叫起来：原来杨坚的头上忽然长出角来，全身泛起鳞片。吕氏被这突如其来的一幕惊呆了，认为儿子一下子变成了怪物，惊呼之余，一下子把孩子扔在地上。

杨坚坠地，呱呱大哭。尼姑闻声赶来，冲着吕氏说："你惊动了我儿，你推迟了他得天下的时间！"

吕氏怔了半晌，再看看孩子，头角不见了，鳞片也没有了。

……

这个故事很有神秘色彩，它告诉我们：杨坚长相不凡。

对于杨坚的长相，《隋书·高祖本纪》如此描绘道："为人龙颜，额上有五柱入顶，目光外射，有文在手曰王。长上短下，沈深严重。"意思是杨坚看上去就像一条龙，额头上有五根像柱子的印记竖着直插头顶，两眼炯炯有神，目光如电，手掌上几条纹线异常分明，连结成一个"王"字，体型上长下短，气宇深沉而威严。活脱脱的一副帝王相。

从审美学上讲，"上长下短"的身材是不协调的，正因为不协调，才格外引人注目。所谓帝王，就是不同于常人的人，置身于人山人海，也能被万众瞩目。不像我们普通人，被抛进"黄金周"的人流，转眼间就成了沧海一粟，泯然众矣。

很多人认为，史书的这段记载不可信。但笔者认为，这是相当可信的。《隋书》是唐朝名臣魏征、长孙无忌等人主持修撰的，魏征的正直、长孙无忌对唐朝的忠诚是毋庸置疑的。凭两人的身份、地位和修为，断不可能去美化一位前朝皇帝，何况他们都参与了推翻隋朝的行动，是隋朝的掘墓人、颠覆者之一。

杨坚的长相的确非凡，很酷，很威严，远远望去，顿感霸气袭人，凛然不可冒犯。

三、惯听暮鼓晨钟

出生在如此显赫的官宦家庭，加上杨忠又是中年得子，杨府上下对杨坚关爱备至，按常理说，官二代的杨坚可以仗着父亲的官威和自己的仪表，风流倜傥，四处招摇。但是，杨坚不是这样的人，小小年纪的他给人一副老成持重的印象，格外的与众不同，谁见了他，都会另眼相看。这一切得益于他所处的生活和教育环境。

杨坚出生在寺院，长期生活在寺院，由尼姑抚养，直到十三岁才离开寺院。在那里，他见惯了清心寡欲的情景，每天听着暮鼓晨钟成长，在宗教气息的熏染下，天长日久，一种清净庄严的气质在他身上油然而生，因而他为人不苟言笑，喜怒不形于色，看上去很深沉威严。

当时，西魏和东魏隔着黄河对峙，西魏实力不如东魏强大，主要依靠黄河天险，阻止东魏进攻。但是，到了冬天，河水结冰，东魏铁骑就会踏着厚厚的冰层过河，对西魏发起进攻。为了阻止东魏大军过河，宇文泰只好派兵沿河防守，每当河水冻结，就沿河凿冰，不让东魏兵过河。在宇文泰的影响下，西魏的领导阶层天天盘算着如何保家卫国，救亡图存，对于官僚子弟，尤其是将军们的儿子更是高标准、严要求，务必要"劳其筋骨，饿其体肤"，培养其忧患意识。杨坚生活在这样的时代环境，牢记"生于忧患，死于安乐"的信条，自觉地远离了奢侈和浮华。和他同时代的西魏官二代也大多如此，整体素质远比东魏的官二代高，这是后来宇文集团能转弱为强灭掉高氏集团的重要原因。

杨坚所接受的家庭教育也非常严格。父亲杨忠是顶天立地的英雄好汉、大将军，当然不想让自己的儿子碌碌无为，只要一有空，杨忠就要给儿子灌输人生观、世界观之类的东西，还要来一番忆苦思甜，比如当年你爷爷战死沙场后，你老爸孤身一人，亡命天涯，是何等的艰苦，后来纵横于枪林弹雨数十年，九死一生，才杀出一条血路，给你们创造了今天，等等。这是杨坚所接受的一部分家庭教育。他的另一部分家庭教育来自抚养他成人的那位尼姑智仙。智仙是个本领非凡、游走于权门、有政治想法的人，这从她给杨坚取的小名就可以看出来。杨坚的小名叫那罗延，梵文的意思是金刚大力士，这就意味着她不想把杨坚培养成地地道道的佛教徒，而是要他子承父业，当将军建功立业。在杨坚七岁那年，智仙语重心长地对他说："儿当大贵，从东国来，佛法当灭，由儿兴之。"这话是什么意思？当时佛教在中土流传，已呈泛滥之势，寺院如林，僧尼众多，占有大量的土地，却不交租纳赋，严重威胁到世俗政权的统治，她担心佛法会遭受厄运，希望杨坚长大后能护卫佛法。她的担心不是多余的，20多年后，周武帝宇文邕掀起灭佛运动，大量寺院被毁，上百万僧尼被强行还俗，佛法遭遇灭顶之灾，直到杨坚建立隋朝，才解除了对佛教的禁锢。七岁的杨坚被灌输了这样神圣的历史使命，而且这是佛祖交给他的使命，他将藉此而君临天下，能不严格要求自己吗？

所以，杨坚一点儿也不浮躁，不凡的仪表、不苟言笑的举止，使他成为了那个时代的招牌形象，所到之处，总能引来一束束聚焦的目光。

杨坚一天天长大，很快到了上学的年龄。作为军功贵族子弟，他当然要去一个好学校读书，十三岁那年，杨坚进入太学。这是一件很不可思议的事。为什么呢？

因为，太学是中国古代的最高学府，用我们今天的话说，就是一个国家最高级别的大学，相当于北大、剑桥、哈佛之类的。它始于西周，兴于西汉，能进入太学的都是些饱学之士，比如提出"天人三策"的董仲舒等人。换句话说，太学不是启蒙读书的地方，而是深造成名的高等学府。一个十三岁的孩子，仅仅明白什么叫"之乎者也"，就进入太学，确实匪夷所思。

当然，这样的现象在西魏帝国是很正常的。时逢乱世，天下四分五裂，要想像太平时期那样集天下之才子、学术精英于一堂，谈经论道，研究治国方略，是很难办到的。但太学作为文教的象征是不能没有的。既然不能像太平时期那样去办太学，那就让太学发挥它教书育人的功能吧。于是，西魏帝国的太学就成了不折不扣的贵族学校，不仅为国家培养官僚贵族，而且上学读书的也大多是贵族子弟，杨坚自不必说，当时的鲜卑贵族子弟，比如西魏权臣宇文泰、名将独孤信、赵贵等人的孩子都在那里上学。

从初入太学开始，杨坚就是里面有影响的人物。别看他年纪小，大家都很把他当回事，即使跟他非常亲近的人，也不敢在他面前造次，开那些轻浮的玩笑，他俨然就是太学里的学生领袖，人缘很好，像宇文觉、王谊、郑译、元谐、刘昉等人跟他的关系都很铁，这些人后来都成了一世豪杰，其中宇文觉是宇文泰的儿子——北周帝国的开国皇帝——孝闵帝。除了宇文觉外，这些人都成了杨坚事业上的得力助手。可以说，两年的太学生涯，编织了杨坚的第一张社会关系网。

对于杨坚这帮贵族子弟而言，读书的目的不过是识文断句，能写一般公文就行了，犯不着像曹丕、曹植那样成为文坛领袖，肩负起振兴文教的使命。他们读完几年书，就要走上官场，写奏章、批案牍将成为他们进入官场的主要任务，因此，他们犯不着像今天的孩子那样废寝忘食地读书，也不会为题海战术犯愁，那时科举制度还没有兴起，不必为了博取功名而寒窗苦读，皓首穷经。做官对于他们来说，是轻而易举的事，他们的祖辈、父辈已经为他们铺平了通往官场的道路。

四、为奸雄正名

杨坚不是一个爱读书的人，在太学读书，他实际上是挂羊头卖狗肉，成绩一塌糊涂，后来做了皇帝后，他还非常后悔，说自己小时候没有好好读书，"不晓书语"，这不是谦虚，从他写的文章和与儿子们翻脸时说的那些话可以看出来，

当然，读书成绩的好坏不妨碍杨坚按常规步入官场。因为他有一位好父亲。

十四岁那年，杨坚被京兆尹薛善征召为功曹。所谓功曹，就是负责人事和日常事务的属官。当时的京兆尹相当于今天的北京市市长，那么功曹就相当于北京市人事局局长兼市政府秘书长，正厅级。这样的年龄，这样的行政级别，在今天是不可想象的。

眷顾杨坚的，不只是父亲的功荫，还有西魏当家人宇文泰的垂青。宇文泰垂青于杨坚，不只是为了笼络杨忠这位百年难遇的忠勇名将，还因为他认为杨坚不

是常人。他第一次看见杨坚时，就喟然长叹："此儿风骨，不似代间人!"这孩子的气质模样，不像是世上的凡人!

如果说尼姑智仙的话可以当着民间传言，街坊邻居的话可以视作善意的恭维，那么，宇文泰这番话，就是对杨坚形象的定格。

杨坚的长相成了人们街谈巷议、饭后茶余的谈资，越说越玄，有人甚至说杨坚是真龙下凡，将来要做皇帝。

对于杨坚来说，这些传言是好事，更是坏事。说它是好事，是因为他走到哪里，别人都会对他另眼相看。说它是坏事，是因为这副长相也让某些人耿耿于怀，使他此后的官场生涯险象环生，差点为此丢掉了性命。

看他那副长相最不顺眼的是宇文家族的人。当然，直接的危险不是来自于宇文泰，对于宇文泰这个人，我们有必要在这里多说两句。

有人说，既然宇文泰认为"此儿风骨，不似代间有"，那他为什么不杀了杨坚呢？

持这种观点的人显然不了解什么叫枭雄、奸雄。宇文泰何许人也？他是曹操一类的枭雄、奸雄，胸怀雄才大略，以经略天下为己任。众所周知，当年是司马氏夺取了曹魏的天下，但是，是谁第一个重用了司马懿呢？是曹操。汉建安六年，司马懿不想出来做官，司空曹操三番五次征召，弄得司马懿不得不伪装瘫病，才暂时躲过征召。后来曹操做了丞相，再次派人征召，还带去一句话：再不赴召，就杀掉你! 司马懿只好奉召到丞相府任职。论看相的本领，曹操不输于宇文泰，他第一次看到司马懿，见其举止如"鹰视狼顾"，就知道他不是等闲之辈，但这不妨碍他对其委以重任。后来，曹操还做了一个怪梦，梦见"三马共食一槽"，便疑心司马懿，甚至对曹丕说："司马懿非人臣也，必预汝家事。"话都说到这个份儿上了，可曹操还是没有杀司马懿，尽管他要杀司马懿易如反掌。那他为什么不杀呢？

世人只知道奸雄之奸，不知奸雄之雄，奸雄乃一世豪杰，心胸气度非常人所能比，用人用其长。虽然他们也信奉面相之说，但不会迷信，他们自视甚高，认为取天下是靠本事，不是靠脸谱。因而，他们把面相当一回事，也不当一回事。曹操没杀司马懿，曹丕也同样不杀，不但不杀，反而倚为心腹，委以重任，临死前，指定司马懿与曹真、陈群三人为顾命大臣，对太子曹睿说："有间此三公者，慎勿疑之。"即若有人挑拨离间这三人，你一定不要怀疑他们。

基于上面的分析，我们就不难理解宇文泰为什么不杀杨坚。宇文泰认为杨坚不是凡人，却不会认为杨坚是宇文家族的掘墓人，此时的宇文家族还不能与皇室画等号，杨坚不是凡人也不意味着他就是未来的皇帝，他不是信佛吗？或许他只是佛教里的某位菩萨下凡来普度众生。也许，在惊叹之余，宇文泰心里还在想：只要自己善待杨忠、杨坚父子，有恩于杨家，将来杨坚也会像其父亲那样尽心辅佐自己的儿子，确保宇文家族在西魏帝国的强势地位！

杨坚丝毫没有感受到来自宇文泰的敌意，相反，在宇文泰的关照下，他顺风顺水地行进在西魏帝国的官场上！

十五岁时，杨坚被授为散骑常侍、车骑大将军、仪同三司之职，封为成纪县公，有了自己的世袭产业。

这一年，杨坚迎来了人生中的另一件大事：他被父亲的老上司独孤信看中了，独孤信将自己的七女儿独孤伽罗嫁给了他。独孤伽罗漂亮贤惠，非常能干，里里外外一把好手，把杨府打理得井井有条。年轻的杨坚享受着初入官场的快感和来自妻子的体贴照顾，惬意极了！独孤信与宇文泰、赵贵等人并列为西魏八大柱国大将军，地位比杨忠还高，势倾朝野，有这样一位强势的岳父做靠山，杨坚的腰板更硬了。他憧憬着自己的美好未来，深信自己左脚站父亲的肩上，右脚站在岳父的肩上，有这两位大人扛着，定然会飞黄腾达。

此时的西魏帝国看上去风平浪静，但这只是其表象，平静的背后正酝酿着一场重大的政治变故，朝中政治格局即将洗牌，在这场政治变故中，一些人会成为受益者，一些人会成为失意者，杨坚到底会成为哪一类人呢？

第二章　城头变幻大王旗

一、东魏西魏俱作古

乱世的时局总是变化不定，在杨坚尚未进入官场时，时局已经发生了剧变。

547年，东魏权臣高欢死去，26岁的长子高澄继承相位，操纵东魏大权，与23岁的东魏孝静帝发生矛盾，势同水火。正当高澄决定废帝自立的时候，却被他家的厨师兰京刺杀，其弟高洋指挥部众诛杀兰京等人，以迅雷不及掩耳之势控制了东魏局势！

武定八年（550），在高洋的授意下，东魏群臣上表要求孝静帝禅位给高洋，各地藩将也积极示威配合。孝静帝见大势已去，不得不于这年五月下诏禅位高洋。21岁的高洋穿上龙袍，坐上龙椅，君临天下，改国号为"齐"，年号天保，史称"北齐"。

高洋篡位的消息传到西魏，西魏大冢宰宇文泰欣喜若狂，一则他所掌控的西魏皇帝成了唯一的正统，可以"挟天子以令诸侯"，打着光复魏朝的旗号，号令所有的反齐势力；二则他以前最忌惮高欢、高澄父子，如今这两个强人都死了，高洋乳臭未干，虽然坐上了龙椅，但肯定驾驭不了朝局。他挥师东进，想给北齐一个下马威，然而，高洋很快就给他上了惊心动魄的一课。

宇文泰再一次认清了形势：高洋的雄才大略不在高欢之下，北齐远比西魏强大。他现在所能做的是带领西魏上下励精图治，积蓄力量，等待时机！

他等待了六年，终于等得不行了！公元556年，也就是杨坚进入官场的第三年，宇文泰病逝于巡行郡县的途中。

临终前，他仿效刘备白帝城托孤，将后事托付给中山公宇文护，希望宇文护好好辅佐自己的嫡长子宇文觉。

宇文护何许人也？他是宇文泰的长兄宇文颢的幼子。

据史书记载，宇文护年少端庄，气度不凡，志向远大，深得祖父宇文肱喜爱。在民间有一种说法：凡是特别受祖父喜欢的孙子往往都有过人之处，宇文护也不例外。遗憾的是，在他11岁那年，父亲死去，他不得不跟着追随葛荣造反的叔父们过起了颠沛流离的战乱生活。葛荣失败后，宇文护迁居晋阳（今山西太原）。后来宇文泰挥师入关，雄踞关陇，担任关西大都督，17岁的宇文护前往投奔。宇文泰的儿子们很小，家事繁杂，就让宇文护替他管理家务。宇文护管家很有一套，既不施威，又不吆喝，三下五除二就把偌大的关西大都督府打理得井井有条，深得宇文泰赏识。随后，宇文护跟随宇文泰东征西讨，屡立战功，被封为中山公，升大将军，成为宇文家族中的实力派人物。

平心而论，西魏帝国的江山是宇文泰一手撑起来的，他对这个国家的功劳太大。虽然他没有觊觎皇位之心，但他认为这个国家理应有他宇文家族的一份子，他不想在自己死后，宇文家族成为被遗忘的一族，更希望儿子能够接班，继续为西魏皇帝当家。可是放眼望去，自己的儿子虽多，但一个个年纪尚幼。尽管宇文泰麾下英才汇聚，忠勇智能之士不乏其人，但在家事问题上，他认为还是自家人可靠，因此，宇文护顺理成章地成了宇文家族的代理人。

此时的宇文护44岁，年富力强，要经验有经验，要能力有能力，又是自家人，哪能不尽心尽力呢？宇文泰是这样想的，他深信宇文护能够辅佐好自己的儿子。

宇文泰死后，嫡长子宇文觉承袭了宇文泰生前的一切爵位，此时才15岁。要让一个15岁的孩子统摄军国大事，是有难度的，确实需要有宇文护这样的能人辅佐。

但是，朝中很多有资历的大臣对此并不服气，处处给宇文护使绊子。好在宇文护是个很会来事的人。他赶紧找到大司寇于谨，向他求助。于谨是八大柱国大将军之一，宇文泰在世时对他也礼让三分，在朝中素有威望，宇文护一直视他为长辈，非常敬重。于谨答应帮忙，带头服从宇文护，见于谨如此，那些不服气的大臣也只好勉强服从。

宇文护确实很能干，他安抚百官，稳定朝政，西魏王朝很快度过了困难期。

　　不过，权力是个可怕的东西，一旦接触它，很少有人不产生野心。宇文护不是周公，也不是诸葛亮，他没有"俯首甘为孺子牛"的精神，不愿一辈子为别人做嫁衣裳。渐渐地，他把辅政的重心从稳定局势转到了大肆揽权。随着朝野人心的安定，宇文护开始越俎代庖，根本不在乎宇文觉的感受，很多事情不同他商量，就直接按自己的意愿做决定，他成了西魏王朝的实际当家人。

　　此时，宇文护最看不顺眼的是西魏皇帝拓跋廓。只要西魏皇帝在位一天，那些对他不服气的元老重臣就可以凭忠于西魏王朝的名义，名正言顺地和他分庭抗礼，尤其是那些资历和战功都在他之上的大柱国、大将军们，这些人对宇文泰心悦诚服，但没有义务服从宇文护。宇文泰为西魏王朝的建立和发展立下了不世之功，在位一天，替西魏王朝当家一天，大家没有话说。但是，无论宇文泰怎样功盖天地，权倾朝野，他到底还是西魏皇帝的臣子，他的一切封爵可以世袭，权力却不能世袭，他死后，西魏王朝的当家人应该是西魏皇帝。别说你宇文护没有这个资格，就算是宇文泰的儿子，也没有这个资格，除非宇文泰的儿子是曹丕一类的人物，文韬武略不亚其父，但15岁的宇文觉显然不具备这样的政治能量。

　　宇文护也深知自己掌管西魏朝政名不正、言不顺，不服气的人很多，若不想法改变现状，这些人终究会成为他的绊脚石。怎么办？思来想去，他决定一不做，二不休，废掉西魏皇帝。当然，他心里很明白，自己只能一脚踢开西魏皇帝，却不能做皇帝。不过，这不是什么问题，只要能保证自己比皇帝还皇帝，又何必在意那顶冠冕呢？他的叔父宇文泰不就是这样的吗？他认为只要把宇文觉变成皇帝，自己以堂兄的身份辅佐朝政就名正言顺了，谁要是再不服，那就是公然与国家执政作对，是犯上作乱。

　　打定主意后，他打出了一张死人牌，派人去对西魏皇帝拓跋廓说宇文泰生前是如何有功于魏朝，如今上天感德，四海归心，臣民都归心于宇文家族，魏帝理当顺从天意民心，报答宇文周公，禅位给宇文周公之子宇文觉。

　　拓跋廓在当皇帝之前，虽然与杨忠、达奚武、李远等人并列为西魏府兵十二大将军，却是个地地道道的软蛋，他是稀里糊涂地被宇文泰扶上帝位的，即位以来啥事不管，也不敢管，于是啥事也没干，唯一的任务就是修理妃子和宫女们，成天寻欢作乐！如今宇文护要他"禅让"，他哪敢说半个"不"字！

　　于是，在隆重的"禅让"仪式中，宇文觉登上了帝位。改国号为"周"，史称"北周"。拓拔廓则被降为宋王，几个月后，被宇文护找了个理由做掉了。

　　此时的杨坚刚满16岁，结婚不到一年。生活在战乱岁月的人虽然心理早熟，但面对突如其来的改朝换代，他还是一时难以适应。以前和他尔汝相称的那位同学现在一下子坐上了龙椅，接受百官朝拜，这令他羡慕。他知道，他们之间不能再以朋友相处，以后见了面，他得下跪请安！这让他感到很不自然，他必须加快角色转变，努力适应环境。

几年的官场生涯使杨坚遇事变得爱思考，可有些事再怎么思考还是弄不明白。比如宇文泰在世时，势倾朝野，比皇帝还皇帝，尚且不敢取西魏皇帝而代之，宇文觉一个少年人，手里无权无势，怎么可能做成他父亲都不敢做的事情呢？况且历来都是权臣逼弱主禅位，比如曹丕逼汉献帝，刘裕逼晋恭帝等等。拓跋廓虽是弱主，宇文觉却不是权臣，他根本没有能力去夺取皇位。杨坚隐隐感觉这场政变背后的那只强大推手，这是一股可怕的力量。

不管怎么说，做了皇帝的宇文觉是要展示皇恩浩荡的，满朝文武都沐浴皇恩，加官晋爵，享受改朝换代的好处。杨坚升任骠骑大将军，加授开府，成为又一位官场新锐！

二、独孤信之死

权力是个极具诱惑的东西，它能让一个人的野心急剧膨胀。宇文护以大冢宰、大司马、晋国公的身份辅佐朝政，控制了北周的军政大权，什么好事都往自己身上揽，我的是我的，你的还是我的，根本不把宇文觉放在眼里，凡事都由他说了算。

血气方刚的宇文觉内心非常愤怒，既然自己做了皇帝，就应像模像样地做，成为这个国家名副其实的当家人，在他眼里，专横跋扈的宇文护就是他通往权力路上的绊脚石。他想搬掉这块绊脚石。

如何才能搬掉这块绊脚石呢？他苦苦寻思着对策。

在宇文觉想法对付宇文护时，朝中另一股反对宇文护的力量也在积极采取行动。这就是以楚国公赵贵为首的元老派重臣。

赵贵，字元贵，天水南安人，年轻时跟随贺拔岳平定关中，后来，贺拔岳被侯莫陈悦杀害，赵贵不畏凶险，只身前往侯莫陈悦处为贺拔岳收葬，随后又与寇洛等人纠集部众，逃往平凉，抗拒侯莫陈悦，迎接宇文泰入关，随宇文泰四处征讨，功勋卓著，深得宇文泰倚重。宇文泰仿《周礼》重建六官，赵贵被任命为太保、大宗伯、南阳郡公，后与宇文泰等人一起并列为西魏八大柱国大将军。宇文觉登基后，赵贵升太傅、大冢宰，晋封楚国公，食邑一万户。

论功勋，论资历，赵贵远在宇文护之上，如今却要听从宇文护使唤，不服是肯定的。再加上宇文护飞扬跋扈，不把皇帝放在眼里，这让赵贵感到很是不平。先是不服，后是不平，再到后来就是对宇文护所作所为的无法容忍，继而产生了"清君侧"、除掉宇文护的想法。

他觉得单靠自己的力量去除掉宇文护有些不现实，便去找独孤信帮忙。独孤信与赵贵交情深厚。宇文护当权，他也受到冷落。两人一拍即合：除掉宇文护，让宇文觉亲政。

但是，到了约定那一天，独孤信反悔了，不是因为害怕，而是经过冷静的思考后，他发现自己是最不应该掺和这件事的人。因为，他是宇文泰的庶长子宇文毓的岳父。宇文毓比宇文觉大7岁，当初宇文泰之所以迟迟不立嫡长子宇文觉为世子，就是因为宇文毓的缘故，宇文毓的背后有独孤信撑腰，独孤信在军界和政界的威信都很高，一呼百应。尽管独孤信没有帮自己的女婿谋取世子之位的想法，但这不妨碍宇文泰要这样想，两人还为此闹了一场不愉快，弄得很多人都认为独孤信存心要帮女婿谋取世子之位。如今赵贵要诛杀宇文护，行动计划又没有通知宇文觉，这就面临着这样一个问题：在皇帝不知情的情况下诛杀辅政大臣，皇帝会怎么想？其他文武大臣又会怎么看？他们会不会认为独孤信和赵贵是为了取代宇文护，然后废掉宇文觉，立宇文毓呢？

独孤信不参与，赵贵就势孤力单了。为了不让赵贵犯险，他劝赵贵也放弃行动。但赵贵一意孤行：你不干，我一个人照常干！

更不幸的是，赵贵在失去独孤信这位盟友的同时，又被骠骑大将军宇文盛告了密。很快，宇文护以强势手段诛杀了赵贵等人。

赵贵的失败使独孤信的处境变得很尴尬，虽然他可以说自己没有参与行动，可是谁能替他证明呢？就算你真的没有参与行动，那你也是知情不报，同样脱不了干系。

碍于独孤信在军界和政界的威信，宇文护不好明着向他挥舞屠刀，让宇文觉免去了独孤信的官职。

免职只是权宜之计，宇文护的最终目的是要让独孤信死。因为独孤信不同于赵贵，如果说赵贵在朝中资历最老，那么独孤信在朝中就是实力最强、背景最深，裙带关系最广的元老重臣。

他的长女为宇文泰庶长子宇文毓的妻子，即后来的明敬皇后，宇文毓当时的身份是大将军、宁都公、柱国；

四女儿是柱国大将军李虎的儿媳，即李昺的老婆，唐高祖李渊的母亲；

七女儿是大将军杨忠的儿媳，即杨坚的妻子；

……

亲家、女婿都手握重兵，十二大将军中，明里就有六个是同情并支持他的，何况那些未表明态度的大将军，比如，达奚武、豆卢宁、王雄等人与独孤信的交情都不一般。

不仅如此，独孤信坐镇陇右多年，治绩斐然，深得民心。

对于这样一个具有军心民望、又对自己不满的人，宇文护怎么可能放过他呢？

但是，如何既让独孤信死，又不惹火烧身呢？宇文护决定从宇文觉身上做文章。

由于宇文觉对赵贵等人的行动并不知情，他们的矛头到底指向谁，宇文觉也是一头雾水。宇文护借此大做文章，说赵贵等人的矛头是指向朝廷，他们的后台是独孤信。独孤信之所以不出面，是假意避嫌，一旦事成，他就会抬出自己的女婿取代陛下。先前太祖（宇文泰）立陛下为嗣时之所以长久犹豫不决，就是因为独孤信从中作梗，试图让太祖立宇文毓为嗣，幸亏李远将军仗义执言，才使局势得以挽回。如今赵贵等人伏诛，陛下对独孤信网开一面，独孤信不但不感念陛下的盛德，反而心生怨恨，终日耿耿于怀。如此居心叵测之人若不早除，必将成为大周后患。

宇文觉对宇文护的话半信半疑，但毕竟还是太年轻，经不起宇文护的反复离间，最后御赐毒酒，将独孤信毒死于家中。一代名将就这样悲赴九泉，时年五十五岁。

独孤信之死，也波及杨家！

杨忠与独孤信既是患难之交，又是儿女亲家，在宇文护眼里，是地地道道的独孤一党，受猜忌是必然的。杨坚作为独孤信的女婿，受冲击也是必然的，此次事件让他刻骨铭心，第一次感受到了政治斗争的残酷性，他一面安慰自己的妻子，一面低调做人，审时度势，适应险象丛生的官场环境。

当然，宇文护是权臣，不是疯子，他的头脑异常清醒，不到万不得已，是不会四处树敌的。对于杨忠，他一方面猜忌，另一方面为了修复与上层军功贵族的关系，又不断笼络杨忠，给他提供建功立业的机会。杨忠是个善于抓住机会立功的人，凭着日积月累的军功进一步提升自己在军界和政界的地位。

三、悲情的同窗皇帝

赵贵和独孤信等人死后，朝中再也没有人敢明目张胆地对宇文护说半个"不"字，北周帝国进入了宇文护时代。

皇帝宇文觉活脱脱地成了一个摆设。他开始静下心来寻思近来发生的一连串事情。渐渐地，他觉得处死赵贵和独孤信是宇文护精心设下的圈套，自己则充当了宇文护的炮手，心里很是懊悔。如今朝中政治格局已经被彻底打破，以前有赵贵、独孤信等元老重臣在，尚可在一定程度上制衡宇文护，现在这些人死了，宇文护可以一手遮天。想到这些，宇文觉感到彻骨生寒，仿佛前面就是万丈深渊。

他郁闷极了，烦躁极了！很想摆脱眼前的处境，却又深感势孤力单，无能为力。

一帮对宇文护不满的大臣看出了这个少年皇帝的心思。他们认为，既然宇文护可以借皇帝的名义除掉赵贵、独孤信等人，我们为什么不可以联合小皇帝除掉宇文护呢？何况小皇帝做梦都想除掉宇文护。再说，再让宇文护这样飞扬跋扈下去，说不定哪天赵贵等人的下场就会落到自己身上。有这种想法的人以司会（相代于唐代的户部尚书）李植、军司马（相当于隋唐时期的兵部侍郎）孙恒为代表。

孙恒和李植的私交很好，经常在一起谈论时局，谈到宇文护时，彼此都耿耿于怀，必欲除之而后快。但是，要除掉宇文护仅靠两人的力量是不行的，他们便分头活动，秘密串联，得到了宫伯乙弗凤、贺拔提、元进等人的响应，几人共同谋划，结成了反对宇文护的同盟。

鉴于赵贵等人的教训，李植等人认为若不能取得皇帝的支持，他们就出师无名。宇文护再怎么飞扬跋扈，也是辅政大臣，身份是合法的。没有皇帝的许可，擅自除掉辅政大臣，等于谋反。因此，皇帝的工作是必须要做的，至少要跟他通通气。

于是，李植就去见宇文觉，一番试探之后，彼此很快达成了共识：宇文护不除，天下不宁！

行动目标决定了，接下来就是制定行动策略。宇文觉手里没有军队，连禁军也掌握在宇文护手里，如何才能除掉宇文护呢？

李植给他想了个好办法："陛下青春年少，正是学文习武的黄金年龄，何不召集一些有资质的少年到宫内陪您练武，借此锻炼出一批忠于陛下的年轻高手，一旦时机成熟，便趁宇文护进宫觐见之机，将他一举拿下，宣布其罪状，将其绳之以法呢？"

宇文觉认为此计甚好，说干就干。他召集了一批武士，在皇家花园讲习传授武艺，习练擒拿捆缚的技巧。不知道后来康熙计除鳌拜，是不是从宇文觉这里学的，所不同的是，康熙青出于蓝而胜于蓝，取得了成功，而宇文觉却以失败告终。

一切都按部就班地进行着，事情无限接近成功，但是，在关键时刻却出现了漏子。原来，这伙人怕势孤力单，打算继续扩大阵营，加强力量，便由李植去拉宫伯张光洛入伙。张光洛慷慨答应了，一副赴汤蹈火、在所不惜的样子，李植非常高兴，宇文觉更是兴奋不已，革命力量越来越强，胜利指日可待。殊不知，问题就出在张光洛身上。

我们不能说张光洛没有正义感，毕竟杀人不是请客吃饭，是件很血腥的事情，何况要杀的人是宇文护。凭赵贵和独孤信的实力，尚且不是他的对手，靠这帮没有实力的蛮干分子就能取宇文护的性命吗？若是不能成功，那可是株连九族的罪！张光洛越想越害怕，很快就改变了立场，悄悄把这件事报告了宇文护。

出人意料的是，宇文护听到这一消息，并不震怒，他决定冷处理此事。

之所以要冷处理，是因为诛杀赵贵、逼死独孤信所造成的负面影响太大，上层军功贵族人心惶惶，现在是稳定人心的时候，不宜再生事端，况且，仅凭宇文觉和一帮少年人在一起讲习武艺，就说人家要对他下手，这个理由难以服众，鲜卑族是尚武的民族，讲习武艺是几百年来的传统。再说，宇文护也没有把这帮人放在眼里，这年头，手里没有军队，要想干大事是很难的，"枪杆子里面出政权"是亘古以来的真理。他认为只要把主谋李植、孙恒调离小皇帝身边，小皇帝就搞不出什么名堂了。

很快，李植被调出京城出任梁州刺史，孙恒出任潼州刺史，宇文护只字未提他们结党谋划的事。

如果事情到此为止，大家也许会相安无事。偏偏宇文觉除掉宇文护之心不死，可悲的是，他不知道自己内部已经出现叛徒，认为宇文护将李植、孙恒调出京城，只是因为排挤打击旧臣，他哪里知道宇文护已经了解了他们的全部计划。

因为无知，所以无畏，宇文觉认为自己的身边不能没有李植、孙恒等人，没过多久，他就准备把李植和孙恒召回长安。宇文护多次阻止，宇文觉不予理睬。

宇文觉的态度激怒了宇文护，两人在朝堂上发生了争执。

宇文护郑重劝谏："陛下，李植孙恒等人间离我们兄弟关系，将他们留在朝廷，必将祸乱朝政，引发党争。为大周天下计，恳请陛下不要召回他们!"

宇文觉却说："李植等人是先皇信奉的重臣，说他们间离我们兄弟，不过是传闻而已。将他们贬出京城也好，可以警示一下百官，现在这个目的已经达到。朕还年轻，许多政事都要仰仗有经验的大臣，召回他们有何不可?"

双方唇枪舌剑，僵持不下，场面非常尴尬，群臣见状，纷纷跪下，恳请宇文觉以大局为重。

宇文觉最终放弃了召回李植等人的念头，但他与宇文护的关系也从此恶化。

乙弗凤等人非常不安，认为双方既已撕破脸皮，翻脸是必然的，再拖下去，对宇文觉更加不利。他们加紧密谋，奏请宇文觉，准备约定日期，召集各位公爵进宫会宴，乘机除掉宇文护。

宇文觉同意了他们的建议。但张光洛再一次出卖了他们。

事情到了这一步，再无回旋的余地，宇文护发动政变，废黜了宇文觉，把先前诛杀赵贵、逼死独孤信的事全都推到宇文觉身上。就这样，宇文觉丢了皇位，还背了一身的罪名。

被废的皇帝命运比垃圾还不如，垃圾可以回收利用，被废的皇帝结局只有一个：死路一条。一个月后，宇文觉被毒死，葬于静陵! 从兴周代魏到被毒杀，他只做了九个月的皇帝。

在这九个月里，宇文护以铁腕手法，除掉了朝中最有实力、最有影响的反对派，废黜了不听话的少年皇帝，手段不黄，却很暴力。大周的天下继续属于宇文护时代。

十六七岁的杨坚目睹了这一系列惊心动魄的剧变，内心受到震动，一次次受到煎熬，这是必须的，这让他进一步意识到政治斗争的残酷和险恶，变得成熟、坚强，而他的人生考验也将接踵而来!

四、宇文护的如意算盘

宇文护在权力角逐中取得了胜利，但他的内心并不痛快，因为他无形中得罪了很多人，尤其是赵贵、独孤信之死，使他和军功贵族阶层的关系闹得很僵。虽然，他大权在握，那些人不能把他怎么样，只能把愤怒埋藏在心底，但若让他们长久保持愤怒情绪，迟早会弄出事端来。冤家宜解不宜结，他决定趁皇帝废立之际，着手恢复与军功贵族的关系。

迎立宇文毓为帝，是宇文护修复与鲜卑军功贵族阶层关系的最重要一步。

宇文护之所以要立宇文毓为皇帝，主要有两点考虑。

首先，他认为宇文毓会对他感恩戴德，承认他现有的权力。宇文毓是宇文泰的庶长子，按照嫡长子继承制，是没有资格继承皇位的。宇文觉被废后，按次序，应该由嫡二子继承皇位，宇文泰有好几个嫡子，怎么也轮不到宇文毓。但现在宇文毓登上了皇位，这是拜宇文护所赐。宇文护认为，宇文毓没有理由不感恩戴德，不接受自己的控制。

其次，在宇文护看来，宇文毓可以作为他在军中的润滑剂。此时的宇文毓虽然才23岁，但出生在乱世的他已经有了近十年的征战生涯，身为大将军，大柱国，凭着袍泽之义，在军界说得上话，可以通过他去疏通宇文护与那些军功贵族的关系。事实上，宇文毓要做到这一点并不难，且不说他本人在军界的地位，单看他的社会关系，就知道他能做到这一点。

宇文毓是柱国大将军独孤信的大女婿，是柱国大将军李虎之子李昺的连襟，又是大将军杨忠之子杨坚的连襟。换句话说，只要宇文毓愿意出面，宇文护与独孤信旧部的关系就能弥合，还可以拉拢李虎一派。宇文护废黜宇文觉时，指责他肆意诛杀功臣名将，把赵贵之死赖在他身上，这等于是为赵贵平反，向赵贵的旧部示好，此举可以缓和与赵贵旧部的关系，只要宇文毓出面疏通，弥合与赵贵旧部的关系也不成问题。再加上宇文护、宇文毓各自在军界的人脉，宇文护相信自己与大部分军功贵族的关系都能修复，这样就可以消除诛杀赵贵、独孤信所造成的负面影响，并藉此向那些曾对他不满的人宣布：我宇文护一直是很敬重你们的，诛杀赵贵、赐死独孤信，那是宇文觉的主意，与我无关，现在宇文觉这个昏君已被废黜，明君继位，所有的误会都不复存在，大家可以齐心协力，共辅明君，共享富贵！

宇文护的如意算盘打得很响，只是事情并没有朝着他所有的预期发展。宇文毓虽然对他感恩戴德，也愿意帮他修复与军功贵族的关系，却不愿接受他的摆布。之所以这么说，我们首先要弄清楚皇帝的概念。

什么是皇帝？皇帝就是君临天下的人，所谓"普天之下，莫非王土；率土之滨，莫非王臣"，他是全天下的老大，一切要由他说了算，一言九鼎，金科玉律，主宰天下生杀大权，皇帝的旁边是容不得权臣存在的，除非这个皇帝是个孩子、需要权臣保驾。在这个世界上，几乎所有的东西都可以分享，包括女人、金钱，但是，权力是不能分享的，尤其是皇帝的权力！

宇文毓登基之初确实对宇文护心存感激，没有宇文护，他不可能当上皇帝。因此，登基之初，他并未称帝，自称"天王"。在处理与宇文护的关系上，他勤做事，不揽权，绝不刺激宇文护的神经。在一团和气中，北周帝国渐入佳境。

在宇文毓登基一年零四个月后，公元559年正月，宇文护上表归政。此时的他46岁，属于政治上的黄金年龄，要让他远离权力中心，他岂会心甘？但这个姿态他是必须要做的。毕竟宇文毓已经25岁，皇帝的见习期已满，表现又好，自己再不去掉辅政大臣的身份，肯定会流言四起。宇文毓当然知道其中的厉害，坚决挽留，让其继续辅政。宇文护"再三"请辞。一番你推我让之后，宇文毓最后答应亲政，但仍保留宇文护的军事大权，任命他为都督诸州军事总管。这个结果，是宇文护希望的，他接受了。

庶子出身的苦命人就是不一样，宇文毓亲政后，一心想做个好皇帝。他提倡节俭，抚恤孤寡，带头不用丝绸锦绣雕刻之物，宽仁厚道，严禁官吏贪污、徇私舞弊，整顿吏治。一时风气肃然，国家井然有序。

他大兴文教，优待士人，延揽四方鸿儒，一时饱学之士云集，蔚为大观。他还专门召集八十余名文人在麟趾殿校刊经史，博采众书，编成世谱五百卷，使长安成为当时天下的学术文化中心。

他为人宽容，君臣关系融洽。对外，周军打退了吐谷浑的侵犯。

宇文毓威望与日俱增。同年八月，他去掉天王的称号，正式称帝，年号武成。他决意大干一场，做个青史留名的好皇帝。

很快，他以雷厉风行的手段，革除了一大批不称职的官吏，同时任命了一大批德才兼备的新人。朝廷气象为之一变，百官们有事都去找皇帝，去宇文护那里请安的人少了。

宇文护很失落，也很恐慌。再这样下去，自己会成为这个国家的多余人！怎么办呢？他决定挑拨宇文毓与那些实力派大臣的关系。

五、相面事件

很快，宇文护发现，杨坚是一颗可以利用的棋子。

客观地说，此时的杨坚并不是什么实力派人物，但是，他有一个很有实力、文韬武略出众的父亲。

自兴周代魏以来，北周帝国政局动荡，北齐趁火打劫，派兵屡犯北周边境。杨坚的父亲杨忠奉命出镇蒲阪，化解来自齐国的侵略攻势，继续发挥其善于抓住机会立功的特长，尤其是在迎接齐国北豫州刺史司马消难归降一役中，杨忠用实际行动证明，他是北周帝国的第一名将，连那位从不服人的达奚武也心悦诚服地感叹道："达奚自认为是天下健儿，今日见杨公如此神勇，服矣！"此役之后，杨忠被进位为柱国大将军。宇文毓正式称帝后，又进封隋国公，食邑万户，别食竟陵县一千户，不久又被任命为御正中大夫。杨忠俨然成了独孤信第二。

先前，借着皇帝废立之机，宇文护着手恢复与军功贵族的关系，积极向杨忠示好，封其子杨坚为右小宫伯。

右小宫伯的职责是宿卫皇宫，保卫皇帝的安全，因为经常跟随在皇帝身边，很容易得到提拔，是个很有前途的职位。宇文护认为自己给杨坚安排了这么好的一个职位，他一定会感恩戴德，这样杨忠父子就会顺理成章地站到自己这一边来。

面对如此具有诱惑力的职位，杨坚却犯难了。因为这个职位对他来说太尴尬。之所以尴尬，是因为名义上它是负责保卫皇帝的安全，却不受皇帝节制，直接掌控它的是天官大冢宰宇文护，如此一来，杨坚就被摆在了皇帝和权臣之间：一边是皇帝，是他的连襟，从道义和感情上讲，他应该站在皇帝一边；另一边是当朝辅政大臣，炙手可热，势倾朝野，举手投足间就能左右天下人的命运，跟着这样的人，能够很快得到提拔。

到底跟谁呢？杨坚陷入了沉思。

有句俗话说得好，在官场上，很多时候不是脑袋决定屁股，而是屁股决定脑袋！站错了队，坐错了位，后果是很严重的。杨坚拿不定主意，便去请教父亲杨忠，杨忠戎马半生，心里对官场中的游戏规则和北周帝国的政治走向是亮镗的，见儿子拿不定主意，便说了一句很通俗、睿智的话："两姑之间难为妇，汝其勿往。"意思是夹在两个婆婆之间，是不好做媳妇的，你还是不要投靠他为好。经父亲这么一点拨，杨坚明白了自己该怎么做。是呀，宇文护再怎么能耐也只是权臣，当今皇上宇文毓不是弱主，是能屈能伸、能干大事的英明之主，宇文护以臣凌君，很难长久。再说宇文护还逼死了自己的岳父，自己的爱妻对其恨之入骨，无论是从国家，还是从自己这个小家考虑，都没有理由投靠宇文护，他接受了右小宫伯一职，但既不感恩，也不戴德，对宇文护摆出一副不冷不热、不即不离的姿态。宇文护觉得自己好心换来了驴肝肺，从此对杨坚怀恨在心，虽然，慑于杨忠的威势，他不好意思明目张胆地给杨坚小鞋穿，但是，杨坚提拔升迁一事就这样黄了。从公元 557 年接受右小宫伯一职开始，整整 8 年过去，他的很多同事都一个个平步青云，身居要职，他却纹丝未动，一直待在宫伯的位置上，内心失意极了！

宇文护不仅不提拔杨坚，还想借皇帝之手杀掉他，借此挑起宇文毓与杨忠等军功贵族之间的矛盾。

前面讲了，杨坚长相非凡，坊间有传言他有天子相。宇文护是一世枭雄，向来认定实力决定一切，是不会在意这种传言的。在他看来，杨坚除了长相与众不同外，并没有什么过人之处。不过，此时，他却认为这是一篇可以大做而特做的文章，因为，他深信有一个人一定在意坊间传言，忌讳杨坚那副长相。这个人就是宇文毓。

只要能促成宇文毓杀掉杨坚，不但会使杨忠和宇文毓反目成仇，而且还会让另一敏感人物李昺感到心寒，因为他与杨坚、宇文毓同为独孤信的女婿，彼此是连襟关系，当一个连襟杀了另一个连襟，必然会使剩下的那一个连襟彻骨生寒。李昺的父亲李虎是当朝太尉、柱国大将军、大都督、左仆射、陇西郡开国公，掌握着北周帝国一个很强大的方面军。

如果事情真朝这方面发展，那么最后坐收渔利的就是宇文护。

打定主意后，宇文护就派人四处煽风点火，说杨坚的相貌亘古罕见，地地道道的真龙天子相。坊间本来就有此传言，现在宇文护又派人暗中渲染，一时风生水起，传言漫天飞舞，很快，整个长安城都传遍了。

宇文毓也知道了，虽然他是个饱读诗书的人，却不是个彻底的唯物主义者！

有人说：谎言说上三遍，就会被人视为真理。杨坚是真龙天子的传言，宇文毓听到的远远不止三遍，何况他跟杨坚是连襟，经常走动，杨坚那副奇特的长相他太熟悉了。

更重要的是，宇文毓相信面相之说，他十几岁的时候，一位面相师看到他时非常吃惊，说他将来"贵不可言"。他当时并不相信，因为自己身为庶子，不受父亲待见，父亲虽然在西魏呼风唤雨，但嫡子那么多，继承父亲的大业怎么也轮不到自己。但后来，他真的做了皇帝，印证了面相师那句"贵不可言"的话。如今满城都在说杨坚有天子相，自己身为一国之君，哪能容忍这个潜在的异姓天子在身边晃来晃去呢?

宇文毓的心在颤动,有些坐不住了!

这也难怪,皇权是个极其自私的东西,不容许他人染指。当年,秦始皇听说东南一带出现了天子气,便多次巡游东方,查访天子之气的下落,最后病死于巡游途中。以秦始皇的雄才大略,尚且如此忌讳民间传言,何况是宇文毓呢?

不过,宇文毓到底是读书人,做事不那么莽撞。他心里清楚,面相之学虽然玄妙,但到底拿不上桌面,杨坚既没有谋反,又没有欺君,也没有怠工不干活儿,总不能说人家长相不俗,就杀掉他吧!何况自己正对他老爸倚重有加。

思来想去,宇文毓找到了一个解决办法:相面。既然杨坚长相不凡,那就好好给他看一看相,毕竟面相师的结论比坊间传言更可靠。

当年,为宇文毓相面的那位大师叫赵昭。宇文毓认为,既然赵昭能看出自己"贵不可言",就一定能看出杨坚的真面目,是骡子是马,先牵出来溜一溜再说。只要赵昭说是就是,赵昭说不是就不是。先弄清楚真相,再决定是否动手也不迟。

宇文毓召赵昭进宫,命他暗中为杨坚看相,并问像杨坚这样的相貌,能做多大的官。

其实,赵昭早就暗中看过杨坚的相,只是不曾向任何人提起,因为天机不可泄露。当年他为宇文毓看相后,也没有把"贵不可言"的话告诉其他人。

赵昭心里很清楚,宇文毓让他暗中为杨坚看相,绝不是为了弄清楚杨坚到底能做多大的官,而是想印证坊间的传言:杨坚是不是有天子相?

本着天机不可泄露的原则,赵昭忽悠了宇文毓一把:"杨坚那副相貌看上去很奇特,但虚而不实,最多不过官至柱国!"

听了赵昭的话,悬在宇文毓心中的那块石头终于落地,宇文毓心想:当官好说,咱们宇文家的官总得有人来当,你若能当柱国,那就让你当柱国吧!

就这样,宇文毓放过了杨坚,他哪里知道,他被自己最信任的面相大师忽悠了!

相应地,宇文护的离间计划也流产了!

赵昭则悄悄跑去私会杨坚,告诉他:"你将来肯定会成为天下之主,但必须是在大开杀戒之后,你才能拥有天下。请好好地记住我的这番话!"

杨坚终于逃过一劫!

宇文毓放过杨坚,却加速了自己的灭亡。

这是一个历史误会。

宇文毓放过杨坚，宇文护却误认为自己的离间计被他识破，这个人太不可思议，一旦让他羽翼丰满，他必将卸磨杀驴，自己将死无葬身之地！

宇文护心里很清楚，曾经废黜过皇帝的权臣，是最受皇帝猜忌的。当年霍光废掉昌邑王刘贺，改立刘询为帝，是为汉宣帝。霍光死后，宣帝却以其子霍禹等人谋反为由，诛杀了霍氏满门，受牵连而被定罪诛灭的外姓人氏达数千家。霍光只是废了放荡无羁的昌邑王，而自己则废掉了两朝不是昏君的皇帝。想到这里，宇文护透心发凉，决定除掉宇文毓，册立新皇帝，重操辅政旧业。

他买通宇文毓的厨师李安，让李安在食物中下毒。李安在宇文毓的饮食里放了慢性毒药。宇文毓吃着吃着，一段时间后，身体渐感不适，先是上吐下泻，继而口鼻流血，卧病不起，御医百般诊治，不见任何起色。

宇文毓明白自己被人暗算了，而且知道暗算他的人是谁，不过，他没有说出来。他知道这个世界即将不属于他，他将不久于人世，为了不让宇文护矫诏册立他人，他趁着自己还能说话，召集众大臣，当着众人的面口授了一道遗诏，传位给自己的弟弟宇文邕。

武成二年（公元560）四月二十日，宇文毓驾崩，时年二十七岁。谥号明皇帝，庙号世宗。根据遗诏，宇文邕登基即位，是为周武帝。

宇文护也在不经意间创造了一个历史纪录：三年杀了三个皇帝，真是"倚天屠龙"，堪称"史上屠龙第一人"！

第三章　栖身于权臣与明主之间

一、宇文邕两手皆妙手

宇文邕是宇文泰的第四子，生于公元 543 年，据说，出生的时候，神光照耀屋宇，是个奇人。在宇文泰的众多儿子中，他的天赋最高，从小机敏异常，很会处世，各种各样的人都能应付。宇文泰很是惊诧，说将来能完成自己宏伟志向的人，一定是这个儿子。宇文毓在位时，也多次夸宇文邕："此人不言，言必有中。"意思是他从不轻易发表意见，但只要发表意见，就一定是真知灼见。兄弟两人相处融洽，宇文毓视他为左膀右臂，临终前遗诏传位于他。

宇文邕知道自己的两位兄长是怎么死的，此时凶手正注视着自己，等待着自己表态。他深知凭自己现在的实力，根本不足以对付宇文护，于是决定委曲求全，从长计议，先争取宇文护的信任再说。这是宇文邕比他两个哥哥聪明的地方，他知道，心急吃不了热豆腐，时间可以解决一切，只要忍辱负重，假以时日，就能化一切不利因素为有利条件。

登基后，宇文邕下诏说："大冢宰晋国公亲则懿昆，任当元辅，自今诏告及百司文书皆不得称公名。"意思是，从亲戚的角度上讲，大冢宰晋公宇文护是朕的哥哥，从国家的角度讲，他是首辅，于国于家，他都是朕最尊重的人。因此，从今以后，所有官方文书，都不能直呼宇文护之名。

宇文邕给宇文护的这一待遇就是古代大臣们梦寐以求的赞拜不名，这是一个大臣所能获得的最高荣誉。宇文护当然很受用。

宇文邕还在诏令中说，以大冢宰宇文护都督中外诸军事，政事无论大小，先由大冢宰决断，再上报皇帝。这就确保了宇文护独断朝纲的地位。这还不算，每次在宫里相见，宇文邕都会站起来跟宇文护说话，皇帝站着跟大臣说话，这是很不合适的，此举引起了朝野的非议，可是宇文邕说，宫廷是皇家私人活动的场所，宇文护不仅是国家首辅，还是朕的大哥！当兄弟的在大哥面前站着说话，这有什么好议论的。

宇文护又回到了权力的顶峰，继续表演他的专权本领。

宇文邕很配合，一副甘愿做傀儡的样子！

宇文护大权独揽，拍马屁的人很多，络绎不绝，门庭若市。宇文邕不但没有表现出不高兴，反而跑去凑热闹，经常拜访、请安，还近乎肉麻地下诏拍马屁，把宇文护专权说成是周公辅政，称颂他是当代的周公。

这一幕让我们想起了三国时期陆逊吹捧关云长的那一幕。当时，没有名气的书生陆逊用一番阿谀之词吹捧关云长，吹得关云长飘飘然如云雾升腾，从此"勿虑东矣"，他哪里知道，最后置他于死地的恰恰是这个拍马屁的人。

宇文护一副飘飘然的样子，渐渐放松了对宇文邕的警惕。

取信于宇文护后，宇文邕开始暗中扶植牵制宇文护的势力。理想的人选已在他心中产生，这个人就是杨坚的父亲杨忠。他之所以要选择杨忠，有以下几方面原因：

其一，杨忠以忠勇闻名，功勋卓著，资历深，是北周帝国的第一名将，足以让宇文护心生忌惮。同时，宇文护也比较认同杨忠。

其二，杨忠的人缘好，群众基础不错。

其三，宇文邕和杨忠的儿子杨坚关系很好，他比杨坚小两岁，两人曾一起在太学读书，相处融洽。

政治路线确定以后，宇文邕就开始行动了。不久，杨坚从右小宫伯升转为左小宫伯，官职虽然没有升，但可以随便出入宫中。宇文邕把杨坚视为知己，杨坚尽心尽力地为宇文邕做好每一件事，君臣亲密无间，情好日密。杨坚在官场上迎来了艳阳天。

杨忠继续在战场上挥洒才情，建功立业。

保定三年（563），宇文邕下诏征讨北齐，任命杨忠为元帅，指挥大将军杨纂、李穆、王杰、尔朱敏以及开府元寿、田弘、慕容延等十余路大军；又命令达奚武率领步骑兵三万人，从南路推进，相约在晋阳会师。

这是杨忠与达奚武又一次联合对付北齐的军事行动。

杨忠率军一鼓作气攻占了北齐二十余座军事重镇。北齐大军无法阻挡杨忠的攻势，便退守陉岭要道，企图凭借天险阻挡北周大军的攻势。杨忠用奇兵突袭，突破陉岭，齐军遭遇惨败。杨忠大军顺利推进到晋阳城下！

这时，突厥可汗也根据约定，率领十万大军前来助战。保定四年（564）正月初一，北周和突厥联军对北齐军驻守的晋阳发起进攻。

晋阳是北齐的第一军事重镇，从尔朱荣到高欢父子，前后经营了几十年，城池坚固，守军众多，给养丰富，战斗力非常强大。当时天降大雪，连续几十天不止，寒风凛冽，齐军坚守不出，联军屯兵坚城之下，顶风冒雪，逐渐出现了疲态。以逸待劳的齐军突然出动全部精锐，一鼓作气杀出。突厥大军惊惶失措，迅速退向西山，不肯出战。战场顿时陷入混乱，周军险象环生。

突厥是指望不上的了，要想活命，只能自救。杨忠振臂高呼，声震天地，号令诸将："成事在天，誓死向前，不要考虑人数多少。"他亲率领七百人与齐军步战，将士们见主帅亲自上阵搏杀，哪敢落后？一个个都豁出性命与齐军厮杀，战况惨烈，杨忠率领的 700 人伤亡过半，英勇的周军终于打退了北齐军的反攻。

齐军退回城里，再也不敢出来。继续凭借坚城固守。

由于突厥军率先退出战场，达奚武误期未能如约而至，战机已失，杨忠独力难撑，只好退军而去。

此战虽然没有达到会师晋阳的目的，但周军打出了军威、国威，一举扭转了北周对北齐在军事上的劣势。而杨忠的军事才能也在此役中发挥到了极致。从此，对于北齐大军来说，杨忠就是他们的死亡之神，只要听到杨忠领兵而至，无不望风避战。

杨忠到京后，宇文邕亲自设宴，大会群臣，为杨忠庆功。为了表彰杨忠的功劳，宇文邕拟封杨忠为太傅。但是，此举遭到了宇文护的干涉。宇文邕不便和宇文护翻脸，便改授杨忠为总管泾豳灵云盐显六州诸军事、泾州刺史。

有了父亲的光环和宇文邕的青睐，杨坚在官场的处境改善了。

二、结识野心家庞晃

鉴于杨忠的威信，宇文护再怎么不高兴杨坚，也得做一些表面文章，何况杨坚这些年只是保持中立态度，没有做出令宇文护痛心疾首的事。公元 565 年，在宫伯位置上盘旋 8 年之久的杨坚迎来了久违的升迁，被进位为大将军，出任随州刺史。随州就是现在湖北的随州，在北周帝国，这不是一个很重要的州，但对杨坚来说仍是一个很好的去处，他可以离开沉闷的京城，不用天天看宇文护的脸色了。

第一次离京外任，杨坚非常兴奋，怀揣梦想，打算在随州干一番政绩出来。然而，命运之神又一次捉弄了他，到任没多久，他又被一纸诏书召回朝廷。杨坚心有不甘，却又无可奈何。不过，此次随州之行，杨坚还是有收获的。在随州，他结识了一个叫庞晃的朋友，此人对他的一生产生了很大影响。

杨坚是怎么认识庞晃的呢？原来杨坚到随州履新后，按照惯例要去拜访自己的顶头上司，当时随州隶属于襄州总管府，担任襄州总管的是卫刺王宇文直，此人是宇文邕的弟弟，同时又是辅政大臣宇文护的亲信。杨坚上任后，前往拜访宇文直。宇文直仗着宇文护飞扬跋扈惯了，没有把杨坚这个下属放在眼里，跟他敷衍了几句，就把他打发走了，连饭也没有留他吃。按照惯例，新来履新的下属拜访上司后，上司要派一个下属回访，宇文直派去回访杨坚的那个人就是庞晃。

庞晃是一个有见识、有胆略的人，只是时运不济，年纪一大把了，还是一个不起眼的总管府属官，他对自己的处境不满意，思忖着如何改变处境，可是指望宇文家族的人良心发现，赏自己一个高官显职是不现实的。他苦苦寻找着能够改变自己处境和命运的人。他奉命回访杨坚，看见杨坚的相貌举止，心里非常吃惊，真是"踏破铁鞋无觅处，得来全不费工夫"，将来改变自己命运的人居然就在眼前。从此，他跟杨坚倾心结交。杨坚在随州没有待多久，就被一纸诏书调回朝廷。从随州回长安要路过襄州总管府，庞晃早已专程等候，给杨坚饯行。

两人一块儿喝酒，有说不完的知心话，边喝边聊，喝到东方欲晓，还意犹未尽。两个人都有些晕乎乎的，不过，彼此心里都很明白。分别在即，庞晃忽然凑到杨坚耳边，低声说道："公相貌非常，名在图箓，九五之日，幸愿不忘。"意思是：你相貌非凡，相书上说你这种相貌的人，今后是要当皇帝的，到了那一天，千万别忘了我呀。杨坚一听，酒醒了大半，赶紧阻止：不要乱说！当今皇上如此英明，年富力强，比我还年轻，你瞎说八道干什么呀！就在此时，传来了雄鸡打鸣的声音，杨坚举目望着窗外，东方已然破晓，心中不免微微一怔，顿了顿，又说，既然你说得有板有眼，那这样吧，我给你一支箭，如果你能一箭射杀刚才报晓的那只雄鸡，我就相信你的话，今后真有那么一天，你就持此箭来见我，决不相负。庞晃一听，挽弓就射，一箭就射死了那只雄鸡。杨坚拊掌而笑：

看来这是天意呀！高兴之余，就把两个贴身的婢女送给了庞晃。

此时的杨坚才24岁，官位说不上高，社会影响力谈不上大，庞晃怎么就看中了他呢？而杨坚就怎么对庞晃的话信以为真呢？这很好理解，自五胡播乱中原以来，王朝更迭快如走马，只要你有本事，有背景，有实力，就可以问鼎天下。在北周帝国，杨坚的背景是显赫的，他的父亲、独孤家族，还有陇西李姓家族都是他的社会资源，何况，他的女儿后来又成了太子妃，这样的身份背景，在北周帝国几乎不可复制，而杨坚本人又长得高大威猛，行事果断、干练，具有干大事、成大器的素质。于是，两个人一个他信，一个自信就顺理成章了。

杨坚带着庞晃送给他的好心情，兴奋地回到长安。但是，回到长安后，他又不得不面对冰冷的现实。所谓回朝另有任用，那不过是宇文护的一句托词，宇文护根本不想让他在外面逍遥自在。自杨忠伐齐归来，誉满朝野，宇文邕对他加官晋爵，甚是亲近，这是宇文护不愿看到的，在这样的情况下，如果让杨坚长时间待在外地，在远离朝廷的地方再扩充起一股势力，对宇文护绝不是好事。宇文护决意将杨坚置于自己的眼皮底下监管起来。

杨坚苦闷极了，为了打发无聊的时光，他不时流连于市井，寻访三教九流之士，尤其是与那些看相、算命的过从甚密。当时有个著名的相士叫来和，看了杨坚的相貌，对他说："公眼如曙星，无所不照，当王有天下。"你的眼睛就像天上的星辰，普照着天地万物，将来你一定会拥有天下。想起当初尼姑智仙、相士赵昭、智士庞晃等人的话，如今来和又这么说，杨坚心里陡然一亮，失落苦闷的内心得到了些许安慰。日子就这样一天天过去，杨坚在不动声色中思考着自己的未来，这些方外的高人都说自己将来要当皇帝，可眼前的处境又让他看不到自己的前途在哪里！他只好安于现状，沉默是金！

三、二次相面事件

宇文护决定离间宇文邕和杨坚父子的关系，使宇文邕再度回到孤家寡人的状态。但是，他的离间实在没有什么新意，又拿杨坚的相貌做起文章来，他把这个工作交给了齐王宇文宪。

宇文宪是宇文邕的兄弟，是个很有责任感的人，听说杨坚生就一副天子相，会危及宇文家族的统治，哪能袖手旁观？他前去对宇文邕说："普六茹坚（即杨坚）这个人相貌非凡，每次看到他，我都有种自卑感，此人不会久居人下，必将成为我大周的威胁，请陛下及早除之。"

听了宇文宪的话，宇文邕漫不经心地回复道："杨坚的相貌有什么奇特的？先帝早就派人给他相过面，他不过是个当柱国的命。"

见宇文宪没有完成使命，宇文护又派内史王轨出马。

王轨是很有资历和声望的老臣，见了宇文邕，摆出一副忧心忡忡的样子说："陛下，皇太子恐怕难以承载大周的天下，普六茹坚（杨坚）这个人有反相。"

估计王内史书读多了，糊涂了，普天之下，最忌讳的就是当着别人的面说别人的儿子不行，何况是当着皇帝的面说皇太子不行！

宇文邕一脸不高兴地回答说："依你所说，若真的是天命所在，那你我又有什么办法？"

王轨碰了一鼻子灰，灰溜溜走了。

不过，宇文邕也不是什么彻底的唯物主义者，对于面相之说，虽然他不迷信，但也并非不信。他之所以压住宇文宪和王轨的话，不让他们就此事大做文章，是因为他的当务之急是稳定压倒一切，面对来自宇文护的权威，他不得不倚重杨坚父子。当然，他也不可能对宇文宪和王轨的话置若罔闻，为了证实杨坚到底有没有天子相和反相，他请了一个相面专家暗地里给杨坚看相，这位面相专家叫来和。

对于来和来说，这个相是不需要再看的，杨坚早就找他看过相，他对杨坚那副相貌太震撼了，那是一副天子相，他早就对杨坚说过。但此时他却不能实话实说，如果实话实说，不但杨坚要丢性命，他本人也可能会被牵扯进去，小命难保。于是，本着保杨坚，也是保自己的原则，来和对宇文邕说了这样一番话："隋公止是守节人，可镇一方。若为将领，阵无不破。"意思是杨坚这个人很有操守，办事干练，是个坐镇一方的将才，如果让他做将军，临阵对敌，一定会战无不胜。来和在江湖上很有名气，是北周帝国的顶级算命专家，在他的一番忽悠之下，宇文邕也姑且信之，此事就此告一段落。

四、权臣请罪

北周帝国蒸蒸日上。

北齐的处境却越来越不妙，自高洋死后，北齐外战失利，内耗连年，甚至在一年之内换了三个皇帝。内忧外患交相困扰，为了缓和局势，在杨忠伐齐之后，北齐皇帝决定与北周讲和，送回扣押在北齐三十多年的北周皇族家眷，这其中包括宇文护的母亲阎姬。

一番谈判后，双方达成了协议。为了庆贺此事，宇文邕下诏大赦天下。

阎姬归来，宇文护潸然泪下，母子抱头痛哭，三十多年不见，此情此景，难以言说。从此，宇文护亲自照顾母亲的饮食起居，一应供给、侍奉，都安排得非常豪华。宇文邕继续低调处世，对宇文护摆出谦恭姿态，每逢春夏秋冬的节日和伏日、腊日，他都要亲率皇族成员前往宇文护家，向阎姬行家人之礼。

阎姬回到北周，又活了三年，于天和二年（567）去世。她是庆幸的，在晚年享受了天伦之乐，荣华富贵无比，没有亲眼看到儿子覆亡的结局。

北齐送回宇文护的母亲不久，突厥可汗根据先前的约定，又率军前来约会，与北周军队一起攻打齐国。宇文护鉴于齐国刚送还母亲，不想立即对齐用兵，但又担心此举会失信于突厥人，导致双方不和，引发边境冲突。一番权衡之后，决定履行与突厥的约定，他亲率 20 万大军征讨齐国。

面对宇文护的背信弃义，齐国上下义愤填膺，纷纷操起家伙，走上战场，以哀兵之势迎击北周大军。

宇文护是搞政治权谋的高手，打仗的水平却不怎么样，他在弘农集结重兵，命先锋尉迟迥率军围攻洛阳，宇文宪和达奚武等人进驻邙山，周兵首尾不能相顾。齐军集结重兵，各个突破，迅速将围攻洛阳的 10 万周军击溃，乘胜追击，周军兵败如山倒。幸亏宇文宪率领邙山诸将拼死抵抗，宇文护大军才得以撤回北周地界。

而负责出兵沃野、接应突厥的杨忠却利用权谋机变降服了稽胡各部落，获得了大批军用物资。这是此次军事行动的唯一收获，此时的杨忠已年近六旬。名将就是名将，不一样就是不一样，所有的将领不得不再一次对他刮目相看！

这次出兵齐国，是宇文护的主张，如今大败而归，他必须为此承担责任。回朝后，他带领诸将叩首，向宇文邕请罪，宇文邕没有责怪他们，还说了些诸如"胜败乃兵家常事"的安慰话。

这是宇文护辅政十多年来，首次灰头土脸地向皇帝谢罪。一个不容回避的事实是，他在诸将和文武百官中的威望下降了。这就是发动这场不义战争的报应。

宇文护的败运开始了！

五、宇文邕亲政

杨忠凭着钢铁般的意志为大周帝国东征西杀，一天天透支着自己的身体，渐渐地，身体吃不消了。天和三年（568），61岁的杨忠积劳成疾，病倒了，不得不回京休养。

杨坚整日守在父亲的病榻前，悉心照料、调理，病情不见好转。杨坚是个孝子，却无法用孝心感动上天，留住亲人的性命。四年前，他失去了自己的母亲，如今他又要失去自己的父亲。父亲戎马一生，长年征战，为这个家庭带来了荣耀，却没有享受到多少天伦之乐，他想趁此机会好好伺候父亲。

宇文邕亲自到杨家探望，望着病榻上功勋卓著的老将军，他一边安慰，一边默默地为他祈祷，希望老将军能多活几年，有他在，大周帝国对外更有底气。

宇文护也前来探望，他身为宰辅，不能不关心这位德高望重的一代名将。虽然，他巴不得杨忠一病不起，但礼节是必须要尽到的。

上天似乎成全了宇文护的心愿。天和三年（568）七月初九，杨忠病逝，享年61岁。他的一生是传奇的一生，奋斗的一生，功勋卓著的一生。他完成了振兴杨家、光宗耀祖的宏伟事业，为杨坚的飞黄腾达、君临天下，打下了坚实的基础。他死而无憾！

杨忠死得很风光，葬礼很隆重！

杨坚承袭了杨忠生前的一切爵封，以父亲的辉煌为新起点，开启了杨氏家族的杨坚时代。杨忠令人敬重，而在不久的将来，他的儿子杨坚将使人敬畏！替杨家遮风挡雨的大树已经倒下，杨坚必须把自己变成大树，替杨家遮风挡雨！

杨坚深知宇文护不待见自己，他必须低调做人。长期的历练，已使他变成了韬光养晦的大师。

为了避免节外生枝，杨坚严格管束家人，不准任何人在外面惹是生非。杨门子弟一个个很懂事，没有谁在外面乱来。杨坚的家教颇受同僚称道，连宇文护也不得不佩服，因为，他正被自己的家人折腾得死去活来，他的兄弟子侄仗着他的权势，在外面胡作非为，丑闻被接二连三曝光。前来告状的人很多，这让宇文护很难堪！

家事不消停，朝局也让他忧心忡忡。这些年，他主宰朝局，提拔了大批亲信，但在历年的官吏考评中，称职者寥寥无几，这一点，很受朝野诟病。

这些年，宇文护飞扬跋扈惯了，从不把皇帝放在眼里，对宇文觉、宇文毓如此，对宇文邕也是如此。相府的卫兵比皇宫还多，没有他的手令，皇帝不能调动兵马。宇文邕每次在宫中遇见他都要先行家弟之礼；两人一同去看望太后，太后得赐宇文护座，宇文邕则在一旁站着，堂堂皇帝变成了侍从。天长日久，很多大臣都觉得宇文护太不像话，以致和他很亲近的稍伯大夫庾季才也劝他归政于天子，回家养老。宇文护对此非常反感，从此疏远了庾季才。

这一切，宇文邕都看在眼里，记在心里，之所以要装聋作哑，一忍再忍，只是时机未到，他深信，天要其亡，必令其狂。宇文邕暗自磨刀霍霍，等待时机。

不久，有人主动找上门来，此人是宇文直。

宇文直本是宇文护的亲信，为什么此时要反戈一击呢？因为在572年初，南方陈朝的湘州刺史华皎举州归附北周，宇文护派宇文直率军前往接应，却被陈朝大将淳于量、吴明彻打得大败，回朝后，就被宇文护革职。

官场是个冷暖分明的地方，你在职，大家都会尊重你，一旦你失职失势，你面对的将是一双双刺骨的冷眼。被革职后的宇文直非常失落，从此对宇文护怀恨在心。

没有官做的日子实在无法忍受，宇文直请求宇文邕授给他官职。宇文邕摆出一副很为难的样子说："五弟，朕也想授予你官职，可朕没有这个权力呀，朕自登基以来，所有军国大事都委托晋公（宇文护）处理，朕不能坏了这个规矩，你要当官应该找晋公才是。"

宇文直急了："陛下是皇帝，普天之下莫非王土，率土之滨莫非王臣，朝中大事当然应该由陛下说了算！"他发誓要帮宇文邕除掉宇文护。

一番试探后，确定了彼此都是真心要除掉宇文护，两人开始密谋。参与筹划的还有右宫伯大夫宇文神举、内史下大夫王轨、右侍上士宇文孝伯。

一张无形的大网向宇文护及其党羽张开，飞扬跋扈的宇文护却被蒙在鼓里，十多年来，他早已习惯了宇文邕的服服帖帖、唯命是从，他哪里知道，死神已经向他招手！

建德元年（572）三月十四日，宇文护巡视同州回到长安，宇文邕驾临文安殿，亲自迎接，对宇文护一番歌功颂德，宇文护继续如坐春风，如饮美酒佳酿。

随后，宇文邕随同宇文护前往含仁殿拜见太后。这是他每次出巡归来的惯例。

快到含元殿时，宇文邕语重心长地对宇文护说："太后年事已高，最近很爱喝酒，时喜时怒，脾气有些反常，不是亲近的人，不让拜见，朕劝过她好多次，她都听不进去。她老人家平常最爱听兄长的话，今天兄长前往拜见，希望能好好劝慰她，让她少喝酒！"说完，就从怀中取出《酒诰》，交给宇文护，让他用《酒诰》去劝诫太后。

宇文护没有多想，接过《酒诰》就走进含元殿，向太后宣读。这正是宇文邕想看到的一幕。所谓《酒诰》，就是《尚书》中的一篇，是西周时期的周公写的，内容是禁止酗酒，是一个相当于法令的东西。宇文护向太后宣读《酒诰》，就是指责太后酗酒，目无国法。太后是谁？是皇帝的老妈，是宇文护的婶婶，皇帝都得听她的。宇文护权力再大，但于国他是皇帝的臣子，于家他是太后的侄子，无论从哪个角度上讲，此举都脱不了犯上的干系！

宇文护一本正经地宣读着《酒诰》，宇文邕轻轻走了进来，站在他的身后。这是惯例，每次拜见太后，宇文邕都站在他的身后，他不认为这有什么不正常。还没有等他读完，宇文邕就取出藏在袖筒的玉笏，朝着他的后脑勺猛地一击，宇文护顿觉天旋地转，晕倒在地。宇文邕随即大声喝道：宇文护犯上作乱，对太后无礼，罪该万死。说完便令太后的贴身太监何泉拿御刀砍杀宇文护。

何泉平时慑于宇文护的淫威，举着佩刀居然不敢往下砍，好不容易砍下去，却没有伤着宇文护。这时，预先藏在殿内的宇文直冲出来，挥刀砍断了宇文护双手。宇文邕情急之中从何泉手中夺过刀来，捅进了宇文护的胸膛。

一代权臣就这样结束了飞扬跋扈的一生。

宇文邕立即召见宫伯长孙览等人入宫，宣布宇文护对太后不敬，图谋刺杀太后，被太后的侍卫何泉所杀。随即下令诛杀宇文护诸子及其亲信宇文乾嘉、宇文乾基、宇文乾光、宇文乾蔚、宇文乾祖、宇文乾威、刘勇、尹公正、袁杰、李安等人。这些人无一漏网，全部跟随宇文护见阎王爷去了。

压在宇文邕头上的大山倒下了，他一身轻松，从此可以根据自己的愿望革除弊政，经略天下，北周帝国的历史迎来了灿烂的春天。

与此同时，身在官场的杨坚也如坐春风，这么多年，他一直在宇文护的压制下生活，现在宇文护死了，他终于可以长长地舒一口气了！他积极配合宇文邕的政治经济改革和对外征战，不断立功受赏，为杨氏家族积累更多的政治资本。

"天高任鸟飞，海阔凭鱼跃"，杨坚很快就会变成一只鹰、一头鲸。长空任他搏击，大海任他遨游。

六、灭佛运动

以宇文邕的雄才大略，当然不会做一个守成之主。他认为大周帝国的地盘不应局限于关陇一隅，应扫灭六合，一统天下。这是他的使命！为了完成这个使命，他开始了艰苦的准备工作，实施了一系列的举措，以积聚人力、物力、财力。这些措施主要有：

大力整顿吏治，革除不称职的官吏，惩治鱼肉百姓、为害一方的豪强劣绅。诏令公卿以下官员各自举荐德才兼备的人才，充实中央各部门和地方政府，加大对各级官吏的考核力度，确保官吏素质。

勤俭治国，戒除奢侈之风，节约用度，充实国库；撤并郡县，裁汰冗员，提高各级政府的行政效率；广开言路，百官军民均可上密封奏章，放言指陈政事得失。取消全国各地的特贡，减轻地方政府和百姓负担。宇文邕非常重视教育，他经常视察太学，将德才兼优者提拔为官。

这些措施很得民心，北周帝国气象升腾，国力蒸蒸日上。有了这些基础，宇文邕又着手办了三件大事。

第一，整顿军队。宇文邕连续颁布诏令，宣布改诸军士为侍官，"募百姓充之，除其县籍"，拉开了整顿军队的大幕。此前北周的军士都直属于本军的长官，将军的权力特别大，他们手里有武装，常常拥兵自重，各行其是，有时连皇帝也奈何他们不得，现在把军士改名为侍官，意味着军队的性质变了，军士不再是某位将军的士兵，而是国家的军人，对皇帝负责，承担起保家卫国的重任。如此一来，军队的最高领导人不再是某个军阀，而是皇帝，皇帝掌握了全国军队的最高指挥调动权，从某种意义上讲，整顿军队其实就是加强皇权。在军士改为侍官的同时，宇文邕又宣布汉人也可以当兵，即"募百姓充之，除其县籍"。自五胡播乱中原以来，中原少数民族政权实行的都是部落兵制，只有本民族的人才能当兵，这样，他们通过拥有军队，实现了对人口占绝大多数的汉人的专政。即使到了宇文泰实行府兵制后，中原的汉人也是没有资格当兵的，除非那些胡化了的汉人，比如杨忠、李远、李穆等人。现在宇文邕说中原人可以当兵了，不再是国家的二等公民，就等于废除了民族不平等政策，同时也解决了国家的兵源问题。毕竟少数民族部落的人口很少，连年征战，部队减员严重，迫切需要补充新鲜血液。随着大批汉人进入军队，军队的主体力量变了，国家政权的性质也随之发生变化，以前，它只是鲜卑族人镇压汉人和其他民族的工具，现在，它成了鲜卑族人和汉人以及其他少数民族的共同体，国家的凝聚力、向心力大大提升。

第二，掀起灭佛运动。自魏晋南北朝以来，宗教势力在中原地区不断膨胀，尤其是佛教，俨然可以和世俗政权对垒。在北周，全国有寺院一万所，僧尼一百多万，占了全国人口的十分之一。寺院还占有大量肥沃土地，不交租，不纳税，这给国家的税收和兵源造成了严重危机。

更要命的是，这些佛教徒平常诵念经文，能读会写，属于社会的知识阶层，他们四处串联、渗透，触觉伸到了社会各阶层。这是一股可怕的力量。如果不加以抑制，将严重影响世俗政权的稳定。

建德二年（573），关中地区遭遇天灾，粮食极度紧张。宇文邕下诏：无论世家大族、寺院道观，凡有存粮者留下自己一家人的口粮，其余一律卖出。但是，那些寺院不但不放粮赈济灾民，反而大放高利贷，牟取暴利，比商人还狠，没有一点善男信女的样子。这让宇文邕很是震惊：不收拾这帮家伙，天下就要完蛋！

当然，要解决这股势力，必须要找个堂而皇之的理由，否则师出无名，反而会让自己下不了台。不过，这难不倒雄才大略的宇文邕，他导演了一出黑色幽默剧。

建德二年（573）十二月，宇文邕召集群臣、僧徒和道士，在京城展开辩论，论题是"三教优劣"，辩论者要理论结合实际，尤其是要结合在这次赈灾活动中的表现展开辩论。

辩论会很快变成了批判会，很多老百姓出来指证，说寺院和僧尼们如何囤积居奇，不管大家死活。人证物证俱在，辩论很快分出了优劣：儒家为先，道教为次，佛教为后。

这样的结果是宇文邕最想要的，一切都在他的预料中。既然佛教最落后，落后就得挨打！"三教优劣"辩论奏响了灭佛的前奏曲！宇文邕开始行动了，他的目标很明确："求兵于僧众之间，取地于塔庙之下。"

灭佛运动正式吹响了号角。

建德三年（574），宇文邕正式下诏禁止佛教，没收寺院财产充作军费，摧毁佛教经卷，勒令百万僧尼还俗，适龄丁壮编入军队，其他人回家从事农业生产。

宇文邕手握国家强制力，谁敢不从？不从的人当然有，结局只有一个：死路一条。

灭佛运动很快取得成功！国家的财政收入增加了，府兵的规模扩大了。轰轰烈烈的宇文邕改革画上了圆满的句号。

第三，实施远交近攻的外交政策。自西魏以来，宇文家族既与南方的梁朝、陈朝交兵，又与北齐针锋相对。宇文邕亲政后，认为北周当前的主要敌人是北齐，应集中力量加快灭齐的步伐。基于这种考虑，他缓和了与陈朝的关系，同时又把跟突厥的联盟加深了一步。为了让突厥在北周与北齐的较量中坚定地站在北周一方，周武帝除了按先前的约定按时纳贡之外，又额外送去了大量的钱财，还娶了突厥公主阿史那氏为妃，通过政治联姻巩固军事同盟。

杨坚耳闻目睹并亲自参与了这场改革运动，从宇文邕身上，杨坚学到了很多东西，开阔了政治视野，见识了什么是最高权力者的政治素养和政治手段，比如深沉刚毅，机变权谋，隐匿心迹，喜怒不形于色，自奉节俭，等等，这是一个成功帝王的必备素质，在耳闻目濡、躬身参与中，杨坚也铸就了这种素质。

更让杨坚感到可喜的是，建德二年（573），宇文邕为他的太子宇文赟纳妃，这位太子妃的人选最终花落杨家，杨坚的长女杨丽华成了宇文邕的儿媳，现在的太子妃，未来的皇后。杨坚一下子与宇文邕成了亲家，地位更加显赫。此时的杨坚不仅是隋国公、大将军，还是皇亲国戚，真正是位高权重，与国休戚。

七、灭齐之战

宇文邕的一系列改革目标很明确：灭掉北齐。从宇文泰时代起，东魏与西魏、北周与北齐对峙，宇文家族就处于弱势的一方，高氏家族则咄咄逼人，非常强暴，于是，东魏压着西魏打，北齐压着北周打，这种态势持续了30多年，双方才逐渐进入均势状态。试想，连北周大冢宰、辅政大臣宇文护的母亲尚且在北齐被扣押了35年，可见北周君臣这些年的日子过得多么窝囊，他们一心想着报仇雪耻，而最好的雪耻办法，就是灭掉北齐。

大家看到宇文邕励精图治，整顿军队、扩充兵源粮饷，实施务实外交，对北齐磨刀霍霍，一个个都摩拳擦掌，跃跃欲试。身为将门之子的杨坚心情非常激动，随着政治地位和自身处境的改善，他心潮澎湃，建功立业的心情比以往任何时候都迫切，毕竟他目前拥有的一切，是他父亲帮他挣来的，他想证明将门无犬子，他和他父亲一样优秀。虽然，他从来没有带过兵、打过仗，但是，现在既然继承了父亲隋国公爵位，拥有了大将军的官位，就要继承父亲的使命，把父亲的功业发扬光大，而宇文邕的灭齐战略给他提供了这样的机会。

应该说上天是很眷顾宇文邕和杨坚的，因为，在北周君臣同仇敌忾、励精图治时，北齐君臣却在同流合污，祸国殃民，一派暮气攻心的景象，高洋时代的雄风早已荡然无存。

此时的北齐皇帝叫高纬，这是中国历史上有名的昏君，真不知道他是怎么当上皇帝的。别看他贵为天子，君临天下，却是个懦弱胆小的人，每天上朝时，不敢正眼看着大臣说话，他不敢看着大臣说话也就罢了，还不让大臣正眼看他，大臣们汇报工作时，谁要是正眼看着他，或者多看了他几眼，他就会大发雷霆，试想，君臣见面的情景搞得如此紧张，又怎么可能齐心协力处理好朝政呢？于是，朝政一天天荒废，大家都得过且过，阳奉阴违。

高纬虽然懦弱胆小，却并不缺乏自高欢以来高氏家族的凶残本色。他有个弟弟在地方做官，不管百姓死活，整天以喝酒杀人为乐，可恶至极，地方官把此事上报朝廷，希望高纬出面管教一下。高纬把弟弟召回朝廷，对他说，听说你在地方喜欢玩游戏，什么游戏最好玩儿啊？弟弟说弄一盆蝎子，放一只猴子进去，看那些蝎子是怎样蛰那个猴子的，这样玩起来很刺激。高纬一听，挺好，不过这还够刺激，哥让你见识一下更刺激的。他连夜就叫人去捉了两三升蝎子，装到浴缸里，然后将一个人脱光扔进去，蝎子一拥而上，那人连声惨叫，高纬却在外面哈哈大笑。这哪里是训导弟弟，分明是助纣为虐！

与凶残相应的是荒唐。提起高纬的荒唐，那是史上一绝。他有个奶妈，叫陆令萱，其丈夫谋叛被判死刑，她便被没入宫中为奴，高纬出生后，她做了高纬的奶妈。仗着奶妈的身份，她施展投机本领，讨好胡太后，结党营私。高纬当了皇帝后，陆令萱被封为女侍中，与和士开、高阿那肱、穆提婆、韩长鸾等佞幸小人把持朝政，一时间，奴婢、太监、娼优等人都被高纬封官晋爵，官爵泛滥到了无以复加的地步，仅开府一职就多达1000余人，仪同更是不计其数。官职泛滥，必然会导致职权不明，朝廷下达的诏令、文书，往往你推我诿，无人执行。

皇宫中有500个宫女，高纬将其全封为郡官，每人赏赐一条价值万金的裙子和价值连城的镜台。朝廷的官职在他眼里完全是儿戏，只要是他看着顺眼的人，不管这人的能力和品行怎样，他都统统给予高官，甚至连阿猫阿狗，也给予高官厚禄，他宫里养的很多宠物都当了大官，波斯狗、猎鹰、斗鸡一个个都成了显贵，雄性的宠物当仪同，雌性的宠物当郡君，于是他的坐骑按性别被封为赤彪仪同、逍遥郡君、凌霄郡君，斗鸡则被封为开府斗鸡、郡君斗鸡等。

他在邺城大兴土木，还在晋阳兴建十二座宫殿，丹青雕刻，巧夺天工。宫内的珍宝往往是早上爱不释手，晚上便弃如敝屣，随意扔弃。他命人在晋阳的两座山上雕凿两座大佛，为了让工匠们夜以继日地干活儿，他命人在晚上用油作燃料，数万盆油同时在夜间燃烧，方圆几十里被辉映得如同白昼。

高纬不仅荒唐，而且变态。天下人都想当皇帝，他却觉得当皇帝不过瘾，想当叫花子，为了满足这一愿望，他在自己的后花园里修了一座贫民窟，把自己打扮成叫花子模样，成天在里面游荡。他觉得一个人玩不过瘾，索性让那些公卿大臣、宦官也参与进来，于是就有了一群叫花子，皇帝的后花园成了丐帮聚会的地方。他还在贫民窟办了一个跳蚤市场，让所有的叫花子都在这儿摆摊做生意，他穿梭于市场，一会儿买，一会儿卖，很是逍遥自在。

高纬虽然治国不行，但在艺术方面很有造诣，擅长弹琵琶，能歌善舞，还能填词谱曲。他曾经写过一个曲子，叫《无愁》曲，在北齐广泛流传，所以，人们又称他为"无愁天子"。

当时，在北齐活跃着一支特殊的艺术力量，那就是来自西域的胡人，他们都是唱歌跳舞、弹琵琶、吹胡笳的高手，高纬见了他们，仿佛找到了知音，将他们大量请入宫廷，好酒好肉招待不说，还封以高官显爵。《北史》中有这样一段记载："西域丑胡，龟兹杂伎，封王者接武，开府者比肩。"朝廷被这样一批吃喝玩乐的人把持，焉能不国事日非！

高纬还是一个有名的色鬼，在所有的后宫女子中，最得宠的是冯小怜，也就是冯淑妃，冯淑妃本是婢女出身，因为生得聪明伶俐，有沉鱼落雁之姿，能歌善舞，擅弹琵琶，与高纬有着共同的志趣和爱好，深得高纬的宠幸，以至坐则同席，出则并马。自从有了冯小怜，高纬对朝政就更加不感兴趣，曾经盛极一时的北齐帝国很快变得外强中干。

此消彼长，北周与北齐的力量对比发生了根本性改变。北周从战略防御到战略均势，再到战略进攻，实现了华丽的转身，宇文邕认为对北齐用兵的时机到了。

建德四年（575）七月二十三日，宇文邕在大德殿召集文武大臣，宣布御驾亲征。杨坚随军出征，这是他第一次以偏师统帅的身份走上战场。

十八万周军浩浩荡荡向北齐境内进发，在进攻潭城（今河南孟津县）时，遭到了北齐守军的顽强阻击。双方鏖战二十余日，死伤惨烈，周军毫无进展，宇文邕心急如焚，染上重病，不得不下令退军。

这次铩羽而归没有影响宇文邕的斗志，他很快总结了经验教训，积极筹划战争。建德五年（576）十月初四，宇文邕再次宣布伐齐。15万大军被分成了左右各三路：

宇文盛、宇文亮、杨坚分别为右三军总管；

宇文俭、窦恭、丘崇分别为左三军总管；

宇文宪、宇文纯为先锋。

从军队部署可以看出，上一次出征齐国虽以失败告终，但杨坚在那次军事行动中的表现很抢眼，因此，这次出征，他的地位提高了，成了右路第三军的统帅。

宇文邕吸取了第一次出征失利的教训，放弃了攻打洛阳的计划，直接北上攻打晋州（今天山西省的临汾市）。十月二十八日，周军攻取了晋州城，齐军被俘者达8000千余人。

宇文邕命梁士彦为晋州刺史，率领一万精兵镇守晋州城。

当晋州告急时，北齐皇帝高纬就在离晋州不远的晋阳（今山西省太原市），晋阳是北齐的别都，高纬来晋阳不是为了督战，而是休闲度假，他根本不知道晋州那边发生了战事，尽管两地相去不远。晋州陷落那天，他没有在晋阳城里，而是和冯淑妃在祁连池打猎。祁连池也叫天池，在今山西宁武县境内的管涔山。当时，从早上到中午，晋州告急的文书三次传来，均被陪猎的右丞相高阿那肱扣下。他对送信人说："皇上正玩得起劲儿，怎么能在这个时候打扰他呢？区区小兵犯境，小事一桩，何需大惊小怪！"所以，晋州的战事，高纬一直被蒙在鼓里。直到黄昏时分，又有使者来报，说晋州城已经陷落，高阿那肱这才意识到事态的严重性，向高纬作了禀告。高纬一听，非常着急，因为晋州是晋阳的门户，晋州失守，晋阳难保。他想马上组织人马去救援，可是冯淑妃还没有尽兴，嚷着要"更杀一围"。一边是江山，一边是美人，这对一般人来说，可能是个二难选择，但对于高纬来说，这很容易选择，他又陪着冯小怜猎杀了一阵，直至夜幕低垂，才拖着疲惫的身子回到行宫。

高纬返回晋阳，纠集10万鲜卑精锐士卒，在晋祠誓师，宣布御驾亲征，随即浩浩荡荡往晋州进发。

宇文邕见齐军来势凶猛，兵锋正锐，认为不宜硬碰，下令主力后撤，暂避其锋。命宇文宪断后。

齐军在鸡栖原与宇文宪部相遇，双方列阵对峙，相持到深夜，宇文宪使用金蝉脱壳之计，率军夜渡汾水而去。齐军包围了晋州城，十一月四日，开始对晋州城发起攻击。

晋州城内，只有梁士彦率领的一万守军，力量对比十分悬殊！

齐军轮番攻击，昼夜不停，守城周军抱定必死的决心，以一当十。双方展开了攻防演练，你攻我守，浴血奋战。战况异常惨烈，先是城墙上的垛子打平了，接着城墙一天一天变矮，到后来，只剩下1米多高。按照常规逻辑判断，城墙低矮到如此地步，是无法阻挡敌人进城的，守城的士兵非常紧张，关键时刻，梁士彦展示了他的硬汉本色，他告诉士兵：不要怕，为国而战是何等光荣的事，现在胜负未分，一切都有可能，即使城破，我梁士彦也要死在你们前头，绝不苟且偷生。说完一声吆喝：兄弟们跟我冲。梁士彦身先士卒，守城士兵紧随其后，如一只只猛虎下山，齐军措手不及，顿时被砍倒一片，其余的纷纷后退，梁士彦追了好几百米，才收兵回城。齐军见守城军士一个个视死如归，知道硬取不行，便暂停进攻，好好休整了几天。梁士彦则抓紧时间修理城池，晋州城里的士兵、居民，不分男女老少，一齐上阵，连梁士彦的妻妾也加入了修城大军，真正是众志成城，只用了三天三夜的时间，一座坚城又呈现在北齐大军面前。

齐军改变了战术，不再硬攻，开始挖掘地道，一直挖到城墙脚下，结果动摇了城墙的根基，只听"哗"的一声，城墙坍塌出好几米宽的一个缺口。齐军乘势擂鼓进攻，守军情势危急。就在千钧一发之时，只听得一声高喊：暂停进攻。听到喊声，齐军只好停止进攻。高喊暂停的不是别人，正是齐后主高纬。他认为大军进城是一个激动人心的时刻，如此精彩的瞬间他不愿独享，他要与爱妃冯小怜分享，偏偏冯小怜这时又不在身边，他就让攻城士兵先停下来，等冯小怜来了再攻。前去叫冯小怜的士兵飞马到了大帐，冯小怜一听也兴奋不已，既然要去参观齐军的入城式，那就要正式一些，于是她精心梳妆打扮了一番。等她梳妆打扮完毕，再骑马迈着优雅的步伐来到晋州城下时，晋州城里的守军已经用滚木乱石把那个缺口堵上了。齐军丧失了攻取城池的最佳战机。

很快，一个月过去了，攻城的齐军付出了重大的伤亡，却不能踏进晋州城门半步。

此时，宇文邕却没有闲着，他回到长安不久，就带着新征的8万精锐部队，重返战场，向晋州城开拔。守城的北周士兵听说援军到来，对齐军形成里外夹击之势，士气倍受鼓舞。

不过，宇文邕要对齐军实施里外夹攻也不是件容易的事！高纬虽是无愁天子，却不是傻子，他早就料定周军会卷土重来，为了避免腹背受敌，下令在晋州城南挖了一条又宽又深的壕沟。从乔山一直延伸至汾水，他深信，即使战局不利，有了这个缓冲地带，齐军也不至于陷入腹背受敌的窘境！宇文邕要想和晋州城里的部队形成里外夹击之势，就必须首先突破壕沟，而突破这深达数米的壕沟要付出多大的伤亡代价，他不敢想象。不过，既然已经来了，就没有理由不战而退。为了鼓舞城内守军的士气，同时也向齐军展示自己的军威，他将大军摆成一字长蛇阵，从东到西足足有二十里长。

这是临战前的检阅，也是向齐军示威。宇文邕骑着高头大马，从头到尾巡视，一路上，他频频向将士们致意，高喊"大周的勇士们，你们辛苦了！"将士们山呼"万岁"，群情振奋。

高纬见状，感觉伤了自己的面子，心里很不舒服。他立即召开军事会议，将军和宠臣们济济一堂，商量如何打好这一仗。北齐从来不缺名将，然而，在军事会议上，高纬并不把将军们的意见当回事。一个宠臣进言说：宇文邕是一国之君，陛下也是一国之君，现在他摆出一副咄咄逼人的攻势，陛下怎么能躲在壕沟后面示弱呢？况且几十年来，一直是我们压着他们打，现在怎么能让他们在我们家门口逞能呢？臣以为我军应该填平壕沟，冲过去与周军决战，方显我大国雄风。高纬一听，有道理，立即命令士兵填平壕沟，放马过去，与周军决战。

宇文邕一看，差点傻眼了，天下居然有如此友善的敌人，不灭齐国，简直对不起老天爷。他挥剑高呼：大周的勇士们，杀敌报国的时刻到了！

高纬命高延宗率军先战。高延宗是齐国皇室中有名的猛人，天不怕地不怕，就怕没仗打。他率军冲进周军阵列，左冲右突，如入无人之境。但是，其他各路齐军历经一月的攻城战后，非常疲惫，战斗力参差不齐，尤其是东路齐军抵不住以逸待劳的周军轮番冲击，逐渐败下阵来。

这样的战斗态势很正常，毕竟齐军有高延宗这样的猛人，周军也有宇文宪、宇文神举这样的名将，你来我往，有胜有负，这在大兵团作战中是司空见惯的事。但是，有一个人觉得这不正常，这个人就是冯小怜。两军交战时，她和高纬在一旁观战，高延宗的大举前进她视而不见，东路齐军阵形稍稍后退，她就花容失色，大呼小叫：陛下不好了，我军败了，赶快跑吧。高纬本是胆小懦弱之人，关键时刻既没主意，又没立场，见爱妃这么一叫，拨转马头就跑，情形慌张狼狈。他这一跑，扰乱了齐军的军心，战场形势变得一发不可收拾。

皇帝跑了，齐军将士也跟着跑，跑了一阵，觉得跟皇帝跑没意思，索性各跑各的。周军乘势掩杀，齐军接连溃败，数几百里内，到处都是丢弃的辎重、盔甲和兵器，死伤数以万计。

高纬率领数十骑逃到晋阳，还想继续北逃，众将坚决反对。高延宗随后赶来，所部阵容整齐，再加上晋阳城原有的守军，很快稳定了晋阳的形势。

宇文邕挥师向晋阳进发，兵不血刃地攻占了晋阳外围的高壁和介休，晋阳很快暴露在周军的攻击波前。高纬无心抵抗，他封高延宗为相国、并州刺史、总管山西军事，语重心长地对高延宗说："朕要走了，晋阳就交给你了！"

高延宗慷慨陈词："陛下，为了保全社稷，请您千万别离开晋阳。臣愿为陛下出力死战，必能破敌！"高纬哪里听得进这些，当天晚上，他趁高延宗不备，率领朝臣卫士夺五龙门出城，逃离晋阳。他打算投奔突厥，随从们不干，国家还没有灭亡，就打算做亡国之君，这太不可思议。很多人离他而去。高纬没有办法，只好改变主意，逃回齐都邺城（今河北临漳）。

留在晋阳的齐军将士义愤填膺，拥立高延宗为帝。高延宗拿出府藏的所有金银财宝和后宫美女，将其全部赏赐给将士。将士们十分感动，纷纷表示愿誓死效力，保卫晋阳！

周军大举攻城，齐军顽强抵抗，最大限度发挥战斗潜能，妇女和儿童们也不甘落后，他们爬上屋顶，向进攻的周军投掷石块。战况非常激烈。

高延宗亲自率军出城，打败周军精锐宇文宪所部，随后"关门"痛击攻入城内的周军，北周皇帝宇文邕差点命丧此役。齐军战果辉煌。但是，齐军将士被这次大胜冲昏了头脑，他们坚信宇文邕已死于乱军之中，于是摆酒庆贺，一个个喝得烂醉如泥。

跑出城外的宇文邕重新集结周军，卷土重来，他做梦也没有想到这一次竟能如此轻易地攻破城门。齐军将士大多醉卧梦乡，高延宗手无御敌之兵，只好率领卫队力战，终因寡不敌众，力尽被擒。

从登基即位到成为阶下囚，高延宗只做了两天皇帝，一不留神就创下了中国皇权史的最短纪录！

宇文邕命令周军向邺城挺进！

高纬坐立不安，立即召集文武大臣商议对策。大臣们建议重赏将士，整军备战，坚决打击来犯之敌。高纬也很配合，当即下诏重赏。可是，他只有承诺，没有行动，所谓重赏不过是一纸空文的嘉奖。

此时，邺城的守备力量不弱，守军是鲜卑人的底子，骁勇善战，只要上下齐心，同仇敌忾，要守住邺城不是难事。负责守卫邺城的将军叫斛律孝卿，他对高纬说，周军之所以如此勇敢，是因为宇文邕善于在战前激励士卒，如今大敌当前，陛下也应该对士兵进行战前动员，发表演讲，鼓舞士气，振奋人心。

高纬答应了。

斛律孝卿特地为高纬写了发言稿，告诉他照着这个讲，一定要把稿子背得滚瓜烂熟，在士兵面前发言时，一定要慷慨悲壮，声泪俱下。

斛律孝卿的忠告是对的，因为士兵们普遍比较朴实，容易被感动。只要皇帝悲壮地哭几声，士兵们纵然是铁石心肠，也会被感染，然后纷纷誓死效命。

但是，高纬没有感染他们，刚走出皇宫就忘记了发言稿的内容。他本来就很胆小懦弱，不擅长在公众场合讲话，又害怕有人正视他，如今10万将士睁着炯炯有神的眼睛望着他，他心里很发慌，呆呆地站在那儿，不知说些什么才好，于是傻乎乎地笑，笑着笑着，又控制不住自己，突然哈哈大笑。左右侍从见他笑，也跟着大笑。将士们见此情景，心里凉了半截：国难当头，皇帝都不急，我们着什么急？齐军士气顿时瓦解！

高纬知道眼前的局势他玩不转了，不想玩儿了！不想玩那就让别人来玩儿吧！建德六年（577）正月初一，高纬下诏传位给7岁的儿子高恒，自己做起了太上皇。

不过，一个7岁的孩子再怎么能耐，也不过是活蹦乱跳、四处捣蛋而已，哪里管得了军国大事。没有办法，高纬还得自己管事，问题是，他压根儿就管不了事！

邺城是守不住了！

大臣颜之推、薛道衡等人劝高纬暂避周军锋芒，前往河南招募新军，抵御周师，即使失败，还可以南投陈国避难。高纬本是个没主见的人，见两人这么说，便命大将慕容三藏留守邺城，然后带着高恒等人逃到了济州（今山东平阴西）。

正月十九日，邺城陷落。高纬闻讯，犹如惊弓之鸟，又往青州（今山东益都）奔逃。父子两人彻底玩儿不动了。在耶律孝卿和薛道衡的劝说下，高纬经过一番思想斗争，终于做出英明的决定：让新皇帝传位给任城王高湝。

就这样，7岁的高恒成了太上皇，20岁的高纬则成了无上皇。两人一不留神又创造了中国皇权史上的两大神话：最年轻的太上皇和唯一的无上皇！

此时，任成王高湝正手握重兵，盘踞冀州。耶律孝卿奉高纬、高恒之命将传国玉玺送到任城王处，不巧的是，在半道上他遇到周兵，成了俘虏。耶律孝卿见高氏政权大势已去，回天无力，心灰意冷，索性把传国玉玺献给了宇文邕！

与此同时，驻守济州的高阿那肱也暗中投降北周，他与周军将领商议，制定了活捉高纬、高恒父子的计划。高氏父子对此毫不知情。高阿那肱一面接连派人到青州对高纬说，周军离青州很远，不久就会班师，不会来青州，让高纬放心；一面配合周军烧毁桥梁、截断要道，堵死高纬父子向南投奔陈国的去路。高纬听了高阿那肱的谎言，信以为真，以为周军不会来青州，可转眼间北周大将尉迟勤就兵临城下。

高纬情急之中决定投奔陈国，他将装着金子的麻袋捆扎在马鞍后，带着冯淑妃等十几骑向南奔驰而去，刚到青州南部的邓村，就被等候在那里的尉迟纲候个正着，一行人全部被俘，被押解至邺城，又转往长安。

至此，北齐宣告灭亡。从公元534年北魏分裂为东魏、西魏，到现在合二为一，中原地区在历经43年的战乱后，又一次实现了统一，这是宇文邕对中国历史所做出的贡献，历史将永远铭记这一刻。

八、定州城开门事件

在宇文邕灭齐之战中，杨坚作为右路第三军统帅参与此次军事行动，那他有什么出彩的地方呢？严格地说，此次军事行动，他不是主角，风头远不如梁士彦、宇文宪、宇文神举等人，但他也有出彩的地方，只不过出彩时，整个战役已经接近尾声。

高纬被俘，北齐政权宣告灭亡，并不意味着北齐的地盘全部纳入了北周版图，一些残余势力还在做最后的挣扎。在北齐的残余势力中，有一支很重要的力量，这就是任城王高湝，高湝是北齐的奠基者高欢的儿子，是高纬的叔叔，在宗室里头辈分高，声望高，很有影响力。

当高纬四处逃跑时，高湝正与广宁王高孝珩在冀州招兵买马，聚集起一支四万余人的队伍，抗拒周军，拒不投降。他并不知道高纬已让高恒传位于他，因为耶律孝卿在半道上就被周军将士拦截。不过，家国情深，他不愿看到父兄辛辛苦苦打下的江山就这样轻易送人，他现在所做的一切只是为了证明一件事：高欢的儿子决不是贪生怕死之辈！

宇文邕先是派人前去招降，被高湝严词拒绝，于是就命齐王宇文宪和隋国公杨坚率军前往征讨。大战之前，宇文宪又派人给高湝送去宇文邕的赦免诏和劝降信，希望他放下武器，率部归降，高湝直接将劝降信和赦免诏扔进了水井。双方只好兵戎相见！

周军势头正盛，人数占优，战事很快呈一边倒的态势。

齐军战败，高湝和广宁王高孝珩双双被俘，被押解到宇文宪面前！

宇文宪惋惜地对高湝说："任城王何苦要把自己逼到这个地步呢？"

高湝理直气壮地说："下官是神武皇帝（高欢）之子，兄弟十五人，现只有我一人独存，既逢宗庙社稷遭难，今日得死，亦无愧于祖宗坟陵。"宇文宪壮其行色，归还了他的妻子。

高湝被押往邺城，快到邺城时，他自感无颜见邺中父老，在马上放声大哭，随即自投于地，血流满面……

此战的主角是宇文宪，杨坚扮演的是配角，但是，从中我们也可以看出杨坚此时在北周王朝的重要地位。宇文宪是宇文邕的亲弟弟，是宇文邕最信任的将军，派宇文宪征讨高湝，说明宇文邕对此战非常重视，这是一次非常重要的战役，因为高湝是高欢的儿子，在宗室的地位高，影响力大，手下有几万军队，实力很强，只要打败他，就足以动摇北齐的其他残余势力。杨坚得以参与这次战役，也足见宇文邕对他的信任。如果要记功的话，此战，他的功劳也仅次于宇文宪。

宇文邕论功行赏，杨坚被任命为定州总管，定州就是今天河北的定州，当时人口众多，经济富庶，军事地位非常重要。能到这么一个地方独当一面，杨坚非常高兴。他很快走马上任，然而，到了定州不久，他就引起了宇文邕对他的猜忌。

原来，定州城西门久闭不开。北齐文宣帝高洋在位时，有人请求打开此门，以方便城中百姓进出。高洋却不答应，说："你们用不着费力去打开它，将来自有圣人来打开。"

杨坚来到定州赴任，听说西城门长久未开，便去看个究竟，一行人来到西城门，正思忖着要不要打开此门，城门却"吱呀"一声，自动打开了。城中军民见状，无不称奇，认为杨坚就是高洋所说的圣人，无不敬畏。

要知道，在中国古代，"圣人"这两个字可不是随便说的，它有两层含义，一是指那些学问和道德修养高于当世，可为千秋万代楷模的人，比如孔子、孟子、老子、庄子等人；一是指皇帝。杨坚显然不属于前一种人，现在定州百姓认为他是圣人，这个圣人就是指皇帝，试想，杨坚跟皇帝划上了等号，这意味着什么？此事越传越玄，越传越远，最后传到宇文邕耳朵里。他敏感了，因为，关于杨坚有帝王相的传言已经不止一天，先前宇文宪、王轨还拿它说过事，希望除掉杨坚，如今传言又起，他不能不正视。虽然，北周帝国的顶级相士来和曾亲口告诉他，杨坚只是做将军的料，但此时听了来自定州方面的传言，他心里又犯起了嘀咕。那该怎么处置杨坚呢？杨坚的父亲杨忠为北周帝国的建立和发展立下了赫赫战功，杨坚本人又是自己的儿女亲家，在工作上兢兢业业，没有什么对不起自己的地方，杨家人在外面也守规矩，没有惹是生非，总不能凭外面的传言，或者说他长相不凡就杀掉他吧。既然不能杀掉他，那该怎么处置他呢？定州是不能让他再待了，那地方太重要、太敏感，兵强马壮，又是北齐故地，靠近突厥，再说，杨坚毕竟不是自家人，在政治上是否可靠，谁心里也没有底，当务之急还是给他换个工作吧。

建德六年（577）十二月，也就是在杨坚担任定州总管十个月之后，宇文邕一纸诏令将他调到南兖州，任南兖州总管。南兖州也就是今天安徽的亳州，在当时，无论人口、经济的繁荣程度，还是战略地位都远远不如定州。

接到调令，杨坚很不甘心，他隐隐感觉宇文邕没那么信任他了，开始猜忌他了。从小到大，一直都有人说他相貌不凡，将来要做皇帝，虽然他曾经沾沾自喜，但这些年来，他一直过得很压抑，很窝囊，一度怀疑自己那副相貌真的如相士们所说"贵不可言"，直到他做了定州总管，掌握了一个经济和军事实力超强、战略位置非常重要的大州，他才深信相士们的话不是胡说八道。然而，他在定州总管的位置上才待了十个月，宇文邕就给他发来了一纸调令，这显然是宇文邕对他不放心，有意猜忌他，压制他。要知道，一个人被其他人妒忌，还情有可原，凡事还有回旋的余地，一旦被皇帝猜忌，这辈子就悬了，即使能苟延残喘，也不会有什么好前途。杨坚愤怒了，我父子两代为了你们宇文家族的天下铁血横戈，历尽千辛万苦，到头来得到的却是这种待遇！

在杨坚愤愤不平之时，另一个人也不甘寂寞，借势给杨坚火上加油，这个人就是庞晃。从随州相识后，庞晃就成了杨坚的好朋友，眼看杨坚就要离开定州前往南兖州赴任，庞晃又来给杨坚饯行。酒过三巡，庞晃便杀气腾腾地对杨坚说："燕、代精兵之处，今若动众，天下不足图也。"定州地处燕赵之交，是天下精兵汇集之处，现在我们若从此地起兵，取天下易如反掌。杨坚一听，有道理！不过，他没有冲动，定州虽是天下精兵汇集之处，可先前的北齐也云集了天下之精兵，不是照样被北周灭了吗？现在的宇文邕如日中天，挟其雄才大略和灭齐余威，慑服天下，自己这条胳膊是撼不动宇文邕这条大腿的。对于庞晃的鼓舞和煽动，他只说了四个字："时未可也。"时机还不成熟呀！于此可见杨坚已经有了觊觎皇位的野心，只是在等待一个合适的时机而已，同时也可以看出，关键时刻他是一个多么稳健的人，尽管，被调离定州他心有不甘，但他还是出奇的冷静，分析双方的实力对比。从这个角度上讲，杨坚已经具备了帝王的城府，只要时来运转，他就能站到历史的前台。

人生就是一场马拉松，不仅要拼爆发力，还要拼忍耐力。杨坚决定先去南兖州总管这个位置上待着，静观其变。

见杨坚无声无息地前往南兖州上任，宇文邕也就把这事搁到了一边，打消了对他的猜忌。

九、宇文邕英年早逝

宇文邕是个非常敬业的皇帝，勤于政事，常常通宵达旦地批阅奏章。

灭掉北齐，对于宇文邕的统一大业来说，只是万里长征走完了第一步，他不敢懈怠，南方的陈国，实力强大，又有长江天险，隔江对峙。如果不征服陈国，宇文邕的统一大业只是个画不圆的句号。

战争必须以强大的经济基础作后盾。宇文邕决定让北周帝国进一步强大起来。灭齐之后，他采取了一系列行之有效的措施：

1. 厉行法治，在《大周律》的基础上，颁布《刑书要制》，有条不紊地管理幅员辽阔的帝国。

2. 在原北齐境内开展灭佛运动。自此，整个中原地区的四万余所寺庙全被充公，成了王公贵族、有功将士的宅第，300多万僧尼还俗，成为政府管辖下的编户，当兵的当兵，种地的种地，经商的经商，府兵的规模扩大了，农村的劳动力增加，国家的税收增多，经济实力增强。

3. 下令释放奴婢和杂户，使他们成为朝廷治下的平民，提高他们从事社会生产的积极性。

4. 继续提倡勤俭治国，严禁奢侈浪费。宇文邕以身作则，穿布制的皇袍，盖布制的被子，取消宫中的一切华丽装饰，宫中一应供应之物从简，削减宫女，后宫只留下皇妃十余人。

……

北周帝国有条不紊地行进在强盛的道路上，一派欣欣向荣的景象。

南方的陈国也没有闲着，北齐的覆亡惊醒了陈国的统治者，他们知道，三强鼎立的局面结束了，陈国和北周摊牌是迟早的事。双方都打定了主意：不是你死，就是我亡。

还没有等到宇文邕兵发江南，陈国就主动打上门儿来！

建德六年（577）十一月四日，陈国大将吴明彻率军侵犯，兵锋直抵徐州。宇文邕命王轨为行军总管，率领各路大军前往救援。建德七年（578）初，北周大军大败陈军，除陈将萧摩诃带领的两千骑兵得以逃脱外，吴明彻及其手下将士三万余人，连同器械辎重，全被俘获。

宇文邕非常兴奋，他深信，在不久的将来，北周帝国的铁骑将饮马长江，纵横江南。为了表达征服江南的决心，他宣布改元为宣政。所谓宣政，就是向江南宣播大周帝国的德政。

不过，宇文邕到底还是没有实现陈兵江南的宏伟构想。因为，他的后院窜进一帮强盗，放起大火，还杀了不少人！这伙人不是别人，正是北周帝国以前的盟友——突厥！

中原纷争时期，突厥的对外政策是，扶植一方打击另一方，有机会就抢，抢了就跑，跑了再找机会来的游击战略，从中渔利。当北齐强大的时候，突厥和北周结盟，每年对北齐来一次联合军事行动，从中捞取好处。他们认为保持这样的现状很好。如今，北齐完蛋了，北齐的地盘变成了北周的疆域，他们不能再像往常那样在这些地方打劫，心里倍感失落和恐慌。

不过，他们很快又眼前一亮：一帮走投无路的北齐亡国贵族投奔了他们。

原来，宇文邕攻克晋州后，以北齐降将封辅相为北朔州（今山西朔县）总管。北朔州是北齐北方边境上的军事重镇，其职责是控制和防御突厥南侵，战略位置十分重要。邺城陷落后，前长史赵穆、司马王当万等将吏不甘心降周，密谋囚禁了封辅相，准备迎立坚决抗周的任城王高湝。不巧的是，宇文宪和杨坚的军事行动太迅速，很快攻克冀州，俘获了高湝。

没能迎立高湝，这帮人便转而迎立北齐定州刺史、范阳王高绍义。高绍义是高洋的第三子，威望虽然不如高湝，但毕竟也是宗室亲王，有一定号召力。很快，自肆州（今山西忻县）以北二百八十余城纷纷反正，归附高绍义。高绍义随即率军南下，准备攻取晋阳。

晋阳是北魏尔朱荣的老巢，也是高欢起家的地方，如果能夺回晋阳，必能振奋人心，鼓舞士气。从战略上讲，这是成功的一步。但是，宇文邕早已看到了这步棋，预先部下了棋局。

当高绍义的队伍抵达新兴时，北周大军抢先攻占了肆州。北齐前锋部队的主将见势不妙，再次认清形势，率部投降了周军。

周军乘势攻占显州，活捉刺史陆琼，又以闪电般的速度夺取了显州周围城镇。高绍义无奈，只好退保马邑！

周军主将宇文神举正杀得兴起，立即将攻击的矛头指向马邑！

高绍义命大将杜明达率军迎战，杜明达不堪一击，大败而还。

宇文神举给高绍义送去书信，劝他识时务，立即开城投降，免得城破受辱。

高绍义一副大义凛然的样子："有死而已，绝不投降。"

死是不可能的，投降是肯定的，只是他没有投降北周，而是投降了突厥人。

这是一件很伤面子的事，在北齐诸将眼里，自高欢以来，北齐军虎视天下，从不正眼看突厥人，如今却要委身于突厥，心里无法接受。因此，当高绍义对身边的士卒说："愿意跟本王去突厥的就去，不愿去的悉听尊便。"话音刚落，士卒就散去一大半。

高绍义带着零星的几千人投奔突厥而去。

突厥大可汗佗钵一向敬重北齐开国皇帝高洋，偏偏高绍义又长得太像高洋，刚见面时，佗钵可汗对高绍义很是敬重，声称逃到突厥境内的所有齐国人全归高绍义管辖。

佗钵可汗的如意算盘是，再扶植一个北齐势力，对抗北周，就像当年联合北周对付北齐一样。高绍义的势力很快得到了补充。此时，一支更大的势力也积极向他靠拢！这支力量的领头人叫高宝宁。

高宝宁不是北齐的嫡系宗室成员，不过北齐未亡时，他很受器重，被委任为辽东刺史，成为独当一面的封疆大吏；北齐灭亡后，他感念北齐皇帝的恩德，盘踞辽东，不愿投降北周。听说高绍义在突厥的日子过得不错，高宝宁更来了精神：咱们高家还是有希望呀！高宝宁上表劝进，希望高绍义继位称帝，继续扛起光复北齐的大旗。这是高绍义所希望的，也是突厥人愿意看到的。在一片拥戴声中，高绍义做了皇帝，改元武平，以赵穆为天水王。高宝宁非常配合，他率军攻取平州，以此作为送给高绍义的登基厚礼，拉开了所谓光复北齐的序幕。高宝宁首战得胜，士气大增。佗钵可汗闻讯，认为机会来了，立即召集诸部，举兵南向，声称拥戴范阳王，为齐国报仇。

宣政元年（578）夏四月二十三日，突厥人兵发幽州，开始了又一轮掠夺和抢劫，杀戮北周军民无数。突厥与大周的政治联盟宣告破裂，宇文邕的南征大计不得不搁浅。

幽州连连告急，宇文邕决定御驾亲征。他派原国公姬愿、东平公宇文神举等率军五路并进。下诏关中地区所有公家、私家的驴马悉数从军，支援前线。宇文邕下了狠心，不打则已，要打就往死里打，毕其功于一役，一举消灭高绍义，荡平北齐残余势力，震慑突厥，为南征扫除后顾之忧。

宣政元年（578）五月二十三日，大军出发。然而，上天不愿再成全宇文邕的宏基伟业！出发后的第四天，宇文邕突然患病。当部队到达云阳宫时，宇文邕病情急剧加重，随军御医束手无策，东征部队被迫队停止前进。

三十日，宇文邕自感行将作古，不得不下诏停止一切军事行动。六月一日，宇文邕病危，下令东征部队返回京师。他没能回到京师，当天夜里，宇文邕病逝于所乘车辇之中，享年三十六岁。

壮志未酬，英年早逝，惜哉，宇文邕！

这是历史留给北周帝国的最大遗憾。

对于宇文邕之死，杨坚的心情是复杂的。一方面，在宇文护专权的时代，宇文邕给了他太多的庇护，对此他心存感激。另一方面，宇文邕在扫灭北齐后又转而对他心生猜忌，将其调离定州，挪到无足轻重的南衮州，使他一度光明的前途变得非常黯淡，对此他耿耿于怀，怀恨在心。如今宇文邕作古了，以往的一切恩恩怨怨都化作过眼云烟，随风而逝。

宇文邕死后，皇太子宇文赟登基继位，史称周宣帝。

此时的宇文赟年仅二十岁。他是杨坚的女婿，如今成了北周帝国的皇帝，杨坚顺理成章就成了国丈爷。那么，新皇帝会如何对待他这位国丈爷呢？

平心而论，杨坚此时的心情除了复杂，更多的是轻松，一则他现在是国丈，而宇文邕在世时，他只是普通的国戚，国丈比普通的国戚关系更进了一层！抛开这层关系不论，就宇文邕父子的政治能量而言，宇文邕是一个政治成熟、睿智、具有雄才大略的一代英主，灭齐之后，威望达到顶峰，宇文邕打一个喷嚏，他杨坚就要患一次感冒，让他去南衮州，他就得去南衮州。宇文赟则不一样，他只是一个年仅20岁的毛头小伙子，政治经验远比他差，他相信自己在这个女婿皇帝面前会顺风顺水。

那么，宇文赟会怎样对待自己的老丈人，杨坚是否会在宇文赟时代迎来官场的转机呢？

第四章 岳父与女婿的较量

一、位极人臣

要知道宇文赟将怎样对待杨坚，首先要弄清楚宇文赟是怎样一个人。

宇文赟是宇文邕的长子，他的母亲曾是宇文邕的侍女，因貌美被幸，生下了他。在他两岁那年，宇文邕当上了皇帝，封他做了鲁国公；在他14岁那年，宇文邕杀掉宇文护亲政，他被立为太子。

遗憾的是，这位生于战乱年月的太子没有半点伤时悯乱的情结，从他懂事的那一天起，他就乐于被人奉承，成天和一帮小人厮混在一起。负责太子日常生活和教育的左宫伯宇文孝伯认为这是个不好的苗头，向宇文邕如实地反映了这一情况！

宇文邕是个明白人，听了左宫伯的报告，很快精挑细选了一批东宫官吏，组成"攻关团"，朝夕督导太子，帮助宇文赟早日成才。宇文赟每天都有大量的功课要做。

首先他必须学礼。北周标榜自己复兴"周礼"，而周礼是一套非常繁琐的礼制，学起来千头万绪，对宇文赟来说是一件头疼的事。宇文邕本着"万丈高楼从地起"的道理，不让宇文赟从太子之礼、天子之礼学起，而命他先学为臣之礼，每天上朝下朝都和群臣一样，必须严格遵守各种礼节，这让宇文赟很不自在，如牛负重。

不知汉朝的陆贾出于什么动机，对汉高祖说了句"马上得天下不能马上治天下"，宇文邕非常推崇这句话，他认为"马上得天下"的重任可以由他来完成，但太子必须学会下马治天下。基于这样的认识，他告诉宇文赟必须要好好读书，经年累月，没有寒暑假。宇文赟根本不是读书的料，为了应付宇文邕的检查，他不得不装模作样地念着"之乎者也"，听老师讲解那些枯燥无味的章句，日复一日，年复一年，心里像被千斤顶抵住似的，郁闷极了。

除了刻苦读书、学礼外，宇文赟不能有娱乐消遣节目。鲜卑族人都有喝酒的习惯，以此展示他们的豪爽，但宇文赟不能喝酒，因为宇文邕下令禁止把酒送到东宫。看到别人鲸吞海饮的情景，宇文赟就有一种如饥似渴的感觉，难受极了。

再难受，他也得忍受，因为一旦违反，他必须要接受惩罚！宇文邕的惩罚是非常严厉的！只要宇文赟犯了错，什么棍棒、鞭子就会噼里啪啦地向他袭来！宇文赟没有少吃苦头。

在宇文邕看来，所谓"天将降大任于斯人也，必先苦其心志，劳其筋骨，饿其体肤，空乏其身"，太子必须多吃一些苦头，才能成器，才能承受天下之重。他每次打了宇文赟，都要语重心长告诫他："自古以来有多少不成器的太子被废去，难道只有皇帝的嫡长子才能被立为太子吗？"这话说得很明白，你别怪老子对你太狠，其实老子是为你好！想当太子的人多的是，你别不识好歹。

为了让宇文赟成为他心目中的理想继承人，宇文邕甚至责令东宫官员每天记录宇文赟的言行，按月上报。如果宇文赟有违纪行为，不用说，又是一顿皮鞭棍棒。

宇文赟只好努力克制自己，摆出一副循规蹈矩、勇于上进的样子。

严格地说，他的表演天赋是一流的，因为他骗取了那些东宫官吏的信任，很多人改变了以往对他的看法，连宇文邕也认为太子学好了，将来能承继大统。殊不知，他心里一直压抑着仇恨，天长日久，对宇文邕的积怨越来越深。

无数的事例证明，一个人的欲望和真实想法被压抑得越久，一旦宣泄的机会来临，宣泄起来就越可怕。

我们知道中国古代推崇孝道，北周崇尚周礼，对这一点尤其看重。父亲死了，儿子应该椎心泣血，尽孝尽哀，哪怕你内心并不悲痛，也得做出悲天惨地的样子来，但是，宇文赟颠覆了这一切。

在宇文邕的灵柩面前，群臣痛哭，如丧考妣。草木为之含悲，风云因而变色。但宇文赟没有半点悲痛的神色，他抚摸着身上被宇文邕打过留下的伤疤，心里恨恨地骂道："老东西，你早该死了！"宇文邕死时 36 岁，属于英年早逝，但宇文赟觉得他死得太迟，早该死了。

宇文赟的表现非常率真，既然心里不悲痛，又何必要装出一副悲痛的样子呢？

那一刻，他剥去了所有的伪装。

在宇文邕的灵柩前，宇文赟继承了大周帝国的皇位。一个真实的宇文赟展示在文武百官面前！即位后，宇文赟所做的第一件事就是：放松自己。

压抑了这么久，是该好好放松一下！他把先帝的所有宫女召集在一起，清点人数，辨别美丑，看看哪些适合自己的胃口，然后让她们排轮站队，依次与自己淫乱。

此时，宇文邕的尸骨尚未安葬，望着尸骨未寒的宇文邕，宇文赟心里有一种从未有过的满足感：你生前不让我享乐，你死后我就玩你的女人，这是你欠我的！这就是宇文赟的逻辑！

从当上皇帝的那一天起，宇文赟就决定跟他老爸对着干，以前他老爸是这样做的，他就要那样做；以前他老爸提倡的，他就禁止；以前他老爸讨厌的，他偏偏要喜欢……总之，要反其道而行之。

宇文赟一夜之间回到了从前，那些曾经和他一起厮混的小人更是弹冠相庆，不少人转眼之间走上了飞黄腾达的道路，尤其是那个叫郑译的人，由吏部下大人一跃而成为开府仪同三司、大将军、内史中大夫，成了宇文赟面前的红人。在宇文赟看来，这些人在朝廷里没有根基，没有背景，只能唯他马首是瞻，一心一意拥戴他。这样一来，他就有了属于自己的班底，有了班底就可以理直气壮地行使皇权，把那些绊手绊脚的人一脚踢开。

宇文赟一边放松自己，一边开始收拾那些处处掣肘他的人。他的动作之快，下手之重，令人瞠目结舌！首当其冲的是齐王宇文宪。

在北周历史上，宇文宪是个难以回避的人物，他是宇文泰的五儿子，与宇文邕同父异母。论辈分，他是宇文赟的皇叔。他性格通达机敏，做人有器量，小时候与宇文邕一起诵读《诗经》、《春秋》，往往能综合要点，得其旨意，深得宇文泰赏识，认为他识见不凡，能成大器。长大后，他为北周帝国的万里江山四处征战，并在平定宇文直叛乱和灭齐战役中立下首功，威名日重。

宇文宪自知以前和宇文护过从甚密，深感功高震主，威名越大，危险也越大。因此，灭齐之后，刚过尔立之年的他萌生了隐退之意。当宇文邕准备征讨突厥，任命他为统帅时，他便以身患疾病，无法领兵为由，婉言谢绝，并请求退休，不再参与军国大事。宇文邕深知他的想法，认为他能主动隐退，避免君臣猜忌，也是皆大欢喜的事情，同时也给了宇文家族其他子弟更多的锻炼机会。宇文邕答应了他的要求。

宇文宪的想法很简单：生命可贵，善始善终，交出军权，打消皇帝的顾虑，歌儿舞女以终天年。假如宇文邕能再活二十年，宇文宪的想法也许能够变成现实。不幸的是宇文邕一命呜呼，继位的宇文赟根本不是什么善类，凡是他父亲欣赏的人，他一律不待见！

尽管宇文宪对朝廷没有野心，但宇文赟并不这样认为。他认为宇文宪功劳大、威望高、辈分高、人缘好，一呼百应，一言九鼎，哪天看自己不顺眼，不就成了第二个宇文护了吗？

宇文赟是个做事绝不拖延的人，有了想法，马上就会行动。他解决宇文宪的办法非常简单，直接找来宇文孝伯，对他说："只要你能帮我除掉齐王，他的官位和爵位便是你的。"

这是很具诱惑力的一个条件，偏偏宇文孝伯是个非常正直的人，不但不接招儿，反而搬出宇文邕的遗诏说事："先帝遗诏，不许滥诛骨肉。齐王是陛下的叔父，功高德重，是国家重臣。臣若听从陛下之言，无故杀害他，则臣为不忠之臣，陛下为先帝的不孝之子！"

宇文赟碰了一鼻子灰，转而找自己的亲信郑译、于智等人商量如何除掉宇文宪。于智在齐王府四周布控监视，搜集齐王所谓的谋反证据！很快他便装模作样地向宇文赟告发：宇文宪即将谋反！

宇文赟不是傻子，他知道仅有于智的告发是不够的，必须要坐实这些所谓的谋反证据。他派宇文孝伯前去探望宇文宪，并带去自己的旨意："三公之位，应当归于亲属中的贤能之人，朕如今打算任命叔父为太师，九叔为太傅，十一叔为太保，叔父认为怎么样？"

宇文宪回答得非常干脆："微臣才能低下，位高权重，常引以为惧。三师的重任，不是我们兄弟敢担当的。应该任用太祖（宇文泰）时的功臣担当此任，如果只用我们兄弟几人，恐怕会招致非议。"他的回答非常得体。

见宇文宪不上套，宇文赟又让宇文孝伯前去告知宇文宪说："陛下诏命大王今晚和诸王一起到宫内议事。"晚上，宇文宪和诸王到了殿门外，殿内传出旨意：宣齐王进殿，诸王在外等候。宇文宪一个人被领进大殿，埋伏在殿内的刀斧手一拥而上，将他捉拿！

宇文宪心地坦然，神色不屈，高声质问宇文赟："陛下，臣所犯何罪？"

宇文赟说："有人告你谋反！"

紧接着，于智站出来，与宇文宪当庭对质。

面对这个无耻小人，宇文宪目光如炬，言词慷慨，几句话就驳得于智理屈词穷。

黑色幽默的一幕出现了。不知是谁说了这样一句话："以大王今天的形势，还用多说吗？"言外之意就是：你身为冢宰，位高权重，声名显赫，举手投足，天下震恐，皇帝对你不放心，要杀你，你说那么多干嘛！

宇文宪反唇相讥说："我既然位重辈高，早就将生死置之度外，一切听天由命，到了今天这个地步，难道你认为我还想活着出去吗？我只是因为老母还在，唯恐留下遗憾而已！"说完将朝笏往地下一扔，再也不和那帮家伙说一句话。

宇文宪被缢死在大殿之内，时年35岁。

与齐王关系密切的大将军王兴、独孤熊、豆卢绍等人也被以谋反的罪名，一一处死。对于他们的死，时人称之为"伴死"。这一切发生在宇文邕死去的当月，即宇文邕下葬后的第五天。如此拙劣的手法，也能取得胜利，不服不行啦！

长安城悲情笼罩，到处都是血腥味。有了这些冤死的大臣做伴，相信黄泉路上的宇文邕不寂寞了！

朝野上下很快达成共识：这小子简直就是纣王转世，六亲不认，手段残忍，还是别惹他为好！大家都开始韬光养晦，重足而听，缄口不言，任由宇文赟尽情表演。

问题的关键在于，你不去惹他，不等于他不找你的茬！凡是宇文赟看不顺眼的，跟他有过节的人，他一个也不放过，倒霉的大臣接二连三，尤其是他做太子时，在宇文邕面前告过他状的那些人。这些人中，首当其冲的又是王轨。

王轨是宇文邕最信任的大臣之一，宇文邕临死时以后事相托，让他辅佐年轻的宇文赟。殊不知，宇文邕的高度信任和良苦用心，恰恰加速了王轨的死亡。一般而言辅政大臣和少年皇帝之间很容易产生矛盾，更要命的是，当年，王轨还多次在宇文邕面前说过皇太子不堪重任的话，以宇文赟的脾气，要是还能让他活在这个世界上，那简直就是人间奇迹。

一天，宇文赟闲来无事，指着当年做太子时被打留下的一道伤痕说："这是谁干的？"郑译说："这事儿要怪王轨和宇文孝伯，是他们在先帝面前告的状！"

宇文赟立即命内史杜庆信前往将王轨处死。几天以后，宇文孝伯被赐死于家中。宇文赟又怀疑并州刺史宇文神举曾经和王轨一道告过自己状，便派人前往并州将其毒死。

这几个人的死让曾做过太子宫正的尉迟运深感自危，为了避祸，他主动要求离朝出任秦州总管。到了秦州，他仍提心吊胆，唯恐哪一天催命钦差就会登门拜访，每天郁郁寡欢，还没等到催命钦差上门，他就忧惧而死。紧接着，宇文赟又将他的另外五位皇叔赵王、陈王、越王、代王、滕王赶出了京城。

真正是：一朝天子一朝臣！

宇文赟对元老大臣大开杀戒时，有一个人正在冷眼旁观，此人不是别人，正是他的老丈人杨坚。闻着扑面而来的血腥味，杨坚心中一阵窃喜，有说不出的快感。因为宇文赟杀死的那些元老重臣，恰恰是一直以来对他疑心最重的人，比如说宇文宪、王轨，当年还曾提醒宇文邕除掉他。这些人把责任看得比泰山还重，政治敏感度高，政治鉴别力强，敢说真话，如今这些人都见阎王爷去了，也就不会再有谁成天去宇文赟面前唠叨，提醒他小心防范杨坚。

对杨坚来说，更大的喜事还不止于此，这些元老重臣或者去见鬼，或者被外放，留下的职位总得有人来填补，而宇文赟身边的那帮亲信，无论从资历和能力上讲，都不足以担当治国理政的重任，那么谁能担当起这个重任呢？最佳人选当然是杨坚。一则杨坚出身贵族，立有战功，既是地方大员，又是当朝国丈，还是五朝元老，政治经验丰富，而且才三十七八岁，年富力强；二则因为，杨坚是宇文邕生前猜忌打压的人，凡是宇文邕不喜欢的人，宇文赟都要起用。这些因素综合在一起，杨坚就时来运转了。宇文赟当上皇帝之后，很快就将杨坚从南兖州召回朝廷，而且在一年之内连升三级，将其提拔到大前疑的位置上来，这是首席宰相。此时的杨坚集首席宰相的官位、上柱国的勋位、隋国公的爵位于一身，真正是位极人臣，势倾朝野。

二、极品天子

宇文赟顺利地杀了一个个想杀的人，认为自己很能干，没有他干不了的事。他拒绝群臣劝谏，只要是他决定的事，谁敢劝谏阻止，谁就得付出代价！

他常常派人悄悄跟踪侦察群臣，记录他们的一言一行，稍有过失，就给他们扣上罪名，施刑定罪。自公卿以下的官员，几乎都有被严刑拷打的经历，被杀被罢官者，不计其数。每次拷打人，他都以一百二十杖为标准，名曰"天杖"，一

"天杖"打一百二十板，上不封顶。宫女和女官也难逃此劫，即使是受宠的皇后、妃子等人，也大多曾被杖击背部。于是内外恐惧，人人自危，大家都抱着明哲保身的态度，惹不起你，难道还躲不起你？

宇文邕在世时不让他喝酒，现在他要把那些酒都补回来，他经常通宵达旦地在后宫饮酒，一顿酒喝下来醉倒一大片，妃子醉了，宫女也醉了，他仍不尽兴，又把太监找来，大家都醉了，他才一阵狂笑、怪笑，然后又自己一个人豪饮，直到自己也醉了，宫里才归于沉寂。

宇文邕勤于政事，经常通宵达旦地批阅奏章，宇文赟却常常不上朝。公卿大臣请示政事他全让太监转奏。幸亏，那些太监没有赵高那样的心计和水平，要不然，他有得受的！

宇文邕在位时，生活俭朴，一心想着积累财富，充实军需，统一天下，宇文赟却志在享乐。他住的宫殿，帐子上都镶满了金玉珠宝，光彩眩目，一派富丽堂皇。他下诏广征天下美女充实后宫，日夜淫乐。

历代昏庸的皇帝都喜欢大兴土木，宇文赟也不例外，他下令修复旧都洛阳，征调太行山以东各州军队，把老百姓的劳役从法定的 30 天改为 45 天，大批青壮劳力不得不抛下良田，来到洛阳，日夜不停地修建洛阳宫殿。

洛阳城修复得差不多了，宇文赟便把相州六府移到洛阳，改称东京六府。为了让洛阳一下子恢复到当年的繁荣盛况，他下诏说：旧都洛阳今已修复，原来迁走之户，可任其返回洛州；其他百姓有愿意迁来的，亦可任其迁来；河阳、幽、相、豫、亳、青、徐州均受东京六府管辖。

这是一项让人难以理解的决定，这意味着在很短的时间内，洛阳的住户和人口将增加好几倍，且不说吃的用的，光基础设施建设的花费就是一个天文数字。更致命的是，那些地处边远的居民，也趁此机会迁往洛阳，边地的居民少了，边境自然变得空虚。要知道，守边并不只是军队的事，还需要边境居民的配合，保证军队日常生活用品的供给。宇文赟此举，显然是视国家安全如儿戏。

为了满足春夏秋冬各个季节游玩的需要，宇文赟下令在各地建立行宫。杞国公宇文亮劝谏道："陛下，突厥不时侵扰我国边境，陈国也不时发出挑衅信号，现在不是大兴土木之时啊！"

宇文赟听了，当即拉下脸，冲宇文亮说："朕在东宫做太子时，父皇待朕十分苛刻：让朕像诸臣一样学习朝见进退的各种礼节，严冬酷暑，不准休息；明知朕喜欢喝酒，却令禁止把酒类送到东宫；朕每有过失，招致的都是鞭抽棍打。朕早已受够了！现在，朕做了皇帝，你却来限制朕。这天下到底是朕的天下，还是你的天下？"

连先皇的账他都敢算，这摆明了是一副要干架的样子！双方不是一个等量级的选手，宇文亮吓得大汗淋漓，赶紧跪在地上求饶，一个劲儿地说"臣冒犯圣躬，罪该万死！"旁边的宇文盛、尉迟迥、李穆、杨坚等人纷纷替宇文亮求情，宇文赟这才饶过了宇文亮。

宇文赟每天最重要的事有两件：整人和玩乐。他整治的人数不胜数，他玩耍的花样更是层出不穷。

一天，宇文赟心血来潮，宣布传位于不到7岁的太子宇文阐（也叫宇文衍），自称"天元皇帝"。所谓天元皇帝就是比皇帝还要高一等的上帝。此时他即位才半年多时间。为了表示自己至高无上，与众不同，他不称"朕"而自称为"天"，所居住的地方称为"天台"，改"制"为"天制"，改"敕"为"天敕"，举国上下除了他，所有的人都不能用"天"、"高"、"上"、"大"之类的字眼，凡有此类字眼的名字，必须改掉，即使是他已故的老祖宗也不例外，于是，姓高的人被改为姓姜，他父亲的庙号原是"高祖"，也因此被改为"长祖"。如果大臣要去天台朝见他，必须事先斋戒三天，净身一天，否则将被视为大不敬，施以酷刑。他还不许大臣和他穿戴同颜色、同款式的衣服、帽子，又下令除宫人外，天下妇女都不得涂脂抹粉。

他对军国大计毫无兴趣，每次召见大臣都不谈政事，他最关心的是如何多修几座楼台馆所，如何想点新鲜花样折腾群臣，愚弄百姓。他常常带着仪仗队早上出门，深夜才归，游戏取乐，毫无节制，那些陪侍的大臣，个个苦不堪言，疲于奔命。

宇文赟尽情地发挥着他的表演天赋，很快，他又创造了中国历史上的一项纪录！

即位不到一年，他就册立了四个皇后：杨坚的女儿杨氏为天元皇后、司马消难的女儿为正阳宫皇后、妃子元氏为天右皇后，妃子陈氏为天左皇后。但是，这还不是最终的数目。

大象二年二月，西阳公宇文温的妻子尉迟繁炽进宫朝见。论辈分，她是宇文赟的婶子。但宇文赟从来就是个敢拿辈分开玩笑的人，他见尉迟繁炽长得如花似玉，娇艳无比，立刻淫心动荡。他用美酒将她灌醉之后，将她强奸。为了完全占有这个女人，一个月后，宇文赟随便找了个借口就把宇文温杀了，随后光明正大地将尉迟繁炽纳入后宫，封为皇后。

就这样，宇文赟在短短一年时间里，册立了五个皇后，她们同时在位在世，彼此天天见面。这是中国历史上绝无仅有的现象。每次出行，他常让五个皇后各坐一辆车行进在前面，车上挂着许多倒悬的活鸡和散瓦片，他自己则率领左右侍卫跟在后面。随着车子的移动，碎瓦的碰击声和活鸡的扑腾声交织在一起，乱成一团，像交响乐似的，每每看到这样的场面，他都乐不可支。也许宇文赟就是世界上第一位交响乐大师，做皇帝实在委屈了他的表演天赋！

就这样，北周帝国的朝廷成了宇文赟的个人表演舞台，所有的功臣宿将都靠边站，躲得越远越好，做个沉默的观众，否则一旦让宇文赟看不顺眼，就活到头了！

摊上这样的女婿皇帝，杨坚将如何自处呢？

三、翁婿反目

客观地说，宇文赟荒淫残暴，但并不昏庸，杨坚的老成持重，政治经验丰富恰恰可以跟他互补，两个人若是密切配合，取长补短，完全可以把北周帝国的朝政打理好。实际上，他们两人确实有过一段蜜月期，杨坚能从南兖州被召回朝廷，在一年之内连升三级，就是很好的明证。遗憾的是两个人的蜜月期没过多长时间，就结束了。

杨坚从生下来开始，人们就说他不凡，从智仙、赵昭，到来和、庞晃，还有无数的人都说他不是凡人，有九五之相，这样的话听多了，由不得他不信，尤其是现在，位极人臣，皇帝又那么荒唐，不理政事，他认为这是上天给自己提供了一个绝好的机会。本来刚回朝廷的时候，他还想好好辅佐自己的女婿皇帝，现在他改变主意了，与其与虎谋皮，还不如取而代之，不臣之心油然而生。

但是，要取而代之谈何容易，别看宇文赟做事荒唐，不把规矩当回事，对于权力却一点不糊涂，不许他人染指。当杨坚也把目光投向了帝国的最高权力时，岳父与女婿皇帝的矛盾就不可避免爆发了。有了矛盾就一定会有斗争，岳父与女婿之间的权力博弈就此拉开序幕。

两人公开撕破脸皮是从修订和调整法律开始的。

周武帝宇文邕在世时，北周和北齐东西对峙，北有突厥、南有陈朝，一个个虎视眈眈，处境非常艰危。要治理好乱世，就得用重典，所以在他统治的时期，北周帝国的法令比较苛严。宇文赟继位后，怀着对父亲的深仇大恨，只要是父亲提倡的，他就要反对，推倒重来。在这一背景下，他宣布废除父亲推行的重典，实施宽松的刑法。对于老百姓来说，这本是一件好事，宇文赟若把这件事做好了，老百姓会对他感恩戴德。遗憾的是，他没有把这件事做好。究其原因，在于他太年轻，缺乏政治经验。一般而言，在废除旧法之前，要做大量的准备工作，比如成立新法起草委员会，确定新法的指导思想，如何草拟新法，新法应该包括哪些条款，新法的解释工作等等，这是一项系统而浩大的工程，但是，宇文赟把它想得太简单，在新的法律还没有制定时，他就急不可耐地把旧法废了。既然旧法废了，按照旧法的适用范围被抓起来的那些犯罪分子就全部从监狱里被释放。这些人有很多是道德品质败坏、目无法纪之徒，应该好好改造，现在可好，把他们全放了，他们刚回到社会，又开始为非作歹，致使民怨沸腾，怨声载道。就这样，周宣帝好心办了一件坏事，感觉很没有面子。既然实施宽松的法律你们有意见，那就实施严酷的法律吧。于是，他命人火速制定了一部新的法律，名叫《刑经圣制》，这部法律比周武帝时的法律还要严苛，超过了老百姓的承受极限，老百姓又是一片反对之声。此时，杨坚便以大前疑的身份上书宇文赟，指出："法令滋章，非兴化之道。"法令的条款太多、太细、太严，不是治理一个国家的好办法，他建议宇文赟推行仁政。

平心而论，杨坚的建议是对的，在常人看来，此举似乎与什么野心无关，宇文赟若能虚心接受，就会演绎出一幅君臣同心同德的和谐画卷。不过，宇文赟是一个非常自负自大的人，他认准的事，九匹马也拉不回来，不允许有人反对。他当即驳回杨坚的上书。这件事很快从朝廷传到了市井，成了老百姓街谈巷议和饭后茶余的谈资，他们把前因后果进行一番梳理，就得出了这样一个结论：辅政大臣分明是好人，可皇帝不是个好东西。社会舆论纷纷倒向杨坚一边，谴责宇文赟倒行逆施。这些言论传到宇文赟的耳朵里，就有了另外一番解读。宇文赟对权力极为敏感，在他看来，这不是仁政与暴政之间的分歧，而是臣与不臣的大是大非问题，杨坚此举是为了邀名，收买民心，试想，一个大臣和皇帝去争夺民心，居心何在？我把你从南兖州召回来，让你位居首辅，位极人臣，赋予了你那么大的权力，你还不满足，还要到处去邀名，收买人心，你到底想怎样？

宇文赟虽是这么想的，但他并不糊涂，他知道这些话只能在心里想，拿不上桌面，尽管他对杨坚有一百二十个不满，却没有直接表现出来，更没有直接报复杨坚。不过，从此之后，他和这位老丈人的政治蜜月期结束了，开始处处防范杨坚，杨坚的霉运又开始了！

四、险遭杀戮

宇文赟虽然没有把怨气直接发泄在杨坚身上，但是有了怨气他是一定要发泄的，只是看谁会成为倒霉鬼而已，很快，他找到了发泄对象。从此，杨坚的女儿杨丽华失宠了。

在宇文赟的五个皇后中，杨坚的女儿杨丽华是原配，被封为天元大皇后。自古以来，后宫就是一个战斗场所，试想历朝历代，一个皇后至高无上尚且难以打理好后宫，何况现在是五个皇后并存，令出多门呢？后宫争斗之激烈不言而喻。不过，性情温和的杨丽华从不参与争斗，也不忌妒他人，她的人际关系很好，其他四位皇后、嫔妃和宫女们都很尊重她。后宫正是因为有了她，在激烈争斗的同时，表面上还能保持一团和气。按理说，皇帝遇到这样的皇后，应该感到庆幸才是，可是宇文赟不这么认为。他认为杨丽华的举动是在配合他的父亲，一个在外面收买人心，一个在后宫收买人心，一唱一和，是想篡他的权、夺他的位。经过这么一番解读，杨丽华的苦日子就来临了。更致命的是，她这个人比较认死理，在任何人都不卑不亢，在宇文赟面前也是如此，从不向他讨好卖乖。

宇文赟是出了名的色鬼、淫棍，他不满足于五个皇后和众多的嫔妃，不间断地向民间搜刮美女，充斥后宫。一天，他对杨丽华说："都说美女能销魂，可惜，很多民间的美女都被那些王公贵族藏匿到府上去了，不能让天（朕）独自享有。天（朕）要下一道旨意，令那些王公大臣将自家的美女都奉献出来，供天（朕）享用！"

杨皇后听了，一句话也没有说，只是不动声色地看了他一眼。宇文赟原以为杨皇后会随声附和，没想到她却如此不把他的话当回事，不禁勃然大怒："你敢蔑视天（朕）！"

杨皇后并不搭理，神态安详，从容镇定。宇文赟感到自己的权威受到了挑战，气急败坏：朝中有多少手握重兵的元老重臣都一个个倒在天（朕）的权威之下，你一个女流之辈，居然敢藐视天（朕）的权威，天（朕）不收拾你，还有何面目面对满朝文武百官。

宇文赟宇当即下令杨皇后自杀。当然，这是气话，不过是想威胁一下杨后，向自己磕头讨饶，满足自己的虚荣心。

出人意料的是，杨皇后无动于衷，对他的愤怒不屑一顾。

宇文赟的自尊受到了极大的伤害，他再次下令杨皇后自尽。这一次不是气话，是要动真格儿了。杨皇后依然不动。她心里很清楚，一旦她自杀，倒霉的不是她一个人，整个杨氏都要跟着倒霉。其他几位皇后和在场的嫔妃感到事态严重，慌忙跪下替杨皇后求情，宇文赟不依不饶，双方僵持不下。

早有宫女出宫把这个消息告诉了杨坚。杨坚一听，倒吸了一口凉气，差点三魂出窍！赶紧让夫人独孤氏飞速进宫。独孤氏跑到宫中，倒地便向宇文赟磕头请罪，苦苦哀求，直叩得头破血流。

望着一大群为杨皇后求饶的人，望着孤独氏那呼天抢地的悲痛情形，宇文赟总算找回了自尊，免去了杨皇后的死罪！不过仍余怒未消，愤愤地对杨皇后说："别以为这事就这么算了，朕早晚要诛灭你九族！"

得悉此事，杨坚非常害怕，他知道这个混蛋女婿说得出干得出，六亲不认，他连自己的亲叔叔都可以杀掉，连自己的婶子都可以霸占，何况是他这位老丈人呢？虽然，他这些日子一直在躲避，尽量不去招惹那个疯子，但没想到他还是惦记上了自己。算了吧，躲脱不是祸，是祸躲不脱，一切听天由命。这样一想，杨坚反而想通了，继续韬光养晦，喜怒不形于色，管教好自己的家人，不给宇文赟以任何治罪的把柄。

宇文赟确实咽不下这口气，这不仅因为杨皇后不给他面子，而且想起当时的情景有些后怕，那么多人为她求情，独孤氏在那么短的时间里就赶到了皇宫，她是怎么知道的？杨家的背景太深，在宫里的耳目不少，里里外外已拧成了一股绳，不然杨后怎么会在他面前如此从容自信，丝毫不把他放在眼里。他越想越不是滋味，决定伺机对杨坚下手。

宇文赟寻机召见杨坚，在召见之前，对左右侍卫说："假如普六茹坚（即杨坚）那个老不死的看见我变了脸色，就说明他心里有鬼，你们就毫不犹豫地给我杀死他！"

这是哪家的逻辑？连侍卫们都觉得这样的理由很荒唐。不过，既然皇帝这样说了，侍卫们没有理由不"遵命"。

杨坚预感大事不妙，但是，多年的官场经验告诉他，越是关键时刻，越要做到处变不惊。该来的迟早要来，既然来了，那就挺起胸膛面对现实吧！

杨坚神情自若地走进大殿，一本正经地叩头请安，一本正见地问："陛下召见微臣，有何吩咐，臣当尽心尽力！"一副很虔诚的样子。左右侍卫见了，面面相觑，这哪里是什么心怀鬼胎的人？

宇文赟反而觉得有些手足无措，他巴不得侍卫们赶快动手，但侍卫们并不配合，因为，杨坚没有变脸。更关键的问题还在于，他们不想杀杨坚，因为坊间关于杨坚的传言太多，说这个人相貌非凡，很可能是天上的某个星宿下凡，杀了他是要遭天谴的。

杨坚见此情形，知道此地不可久留，赶紧找了一个冠冕堂皇的借口告辞而去。

杨坚走后，宇文赟冲着侍卫们大发雷霆："为什么不杀死那个老不死的！"

侍卫们回复道：小人们也是谨遵圣意，普六茹坚神态自若，没有变脸，因此没敢动手。

这件事就这样不了了之。宇文赟第一次感受到了自己的弱小和无能为力！

五、收买近臣

任何一个臣子摊上宇文赟这样的皇帝，都是一件倒霉的事。他喜怒无常，杀人完全凭兴趣，凭感觉，说不定哪一天，自己的脑袋就会莫名其妙地被他搬家！

宇文赟既然放出话来，早晚要族诛灭杨皇后九族，杨坚就不能不当回事。他深知自己处境险恶，必须寻找对策，毕竟生命诚可贵，不能这样等死。

他一面低调处世、韬光养晦，一面积极采取行动，做些符合宇文赟胃口的事，以减轻宇文赟的反感。但做事要符合宇文赟的胃口，就必须要及时把握宇文赟的思想动态，投其所好。要做到这一点，就必须和宇文赟身边的人搞好关系，让他们充当自己的内线和耳目。

人选很快就有了，这个人就是郑译。

让杨坚没想到的是，不待自己去找郑译，郑译就主动找上门来。郑译在宇文赟面前是很得宠的，他为什么会主动找上门来呢？在此，我们有必要对郑译的身世做个简要的介绍。

郑译字正义，荥阳开封人，贵族世家出身，祖父和父亲都做过高官。据史载：郑译很有学问，通晓音乐，善于骑射，是个文武双全的人。宇文邕当皇帝后，郑译一路升官至左侍上士，与刘昉一道成为武帝的近臣。宇文邕亲政后，郑译为御正下大夫，继而转任太子宫尹，负责辅佐和教育太子宇文赟。

宇文赟是典型的纨绔子弟，成天与小人厮混在一起，缺德事儿没少干，很多忠直的大臣都对他不满。内史中大夫王轨就曾多次劝说宇文邕废掉宇文赟，另立秦王为太子。此时，郑译与宇文赟打得火热，当然不希望宇文赟失势，他多方斡旋，告诉宇文赟如何取得宇文邕的信任，一番打理后，总算保住了宇文赟的太子之位。

后来，宇文邕诏命宇文赟率军西征吐谷浑。宇文赟忐忑不安，私下对郑译说："秦王是皇上的爱子，王轨是皇上的宠臣。我这次出征，怎能避免当年扶苏被废、被杀的那种悲剧呢？"看来宇文赟装模作样地读了一阵子书还是有收获的，对这样的历史典故也能信手拈来。

郑译告诉他："既然皇上派殿下率军出征，那说明皇帝是信任殿下的，只要殿下率军打了胜仗，就能为自己树立威信，巩固皇上对以殿下的信任。"他鼓励宇文赟说："希望殿下弘扬仁孝，不失为子之道，不要为别的事而担心。相信此次出征必将满载而归！"

在郑译的鼓励下，宇文赟打起精神，率军出征，郑译也随军前往。此时，北周帝国人才济济，猛将如云，宇文赟出征很快取得了胜利。郑译被赐爵开国子，食邑三百户。但是好景不长，不久宇文邕发现他与宇文赟关系过于亲昵，怀疑他结党营私，便将其削职为民。

此时的宇文赟已经离不开郑译，很快又将他召回来，以平民的身份藏在太子府内，暗中为自己出谋划策。宇文赟继位后，郑译被越级提拔为开府、内史下大夫，封归昌县公，食邑 1000 户。宇文赟醉心于享乐，将朝政全部委托给郑译，郑译手握朝政大权，炙手可热。不久，郑译又被升为内史上大夫，晋爵为沛国公，食邑 5000 户，并负责监修国史，成为宇文赟身边为数不多的大红人之一。

郑译不仅贪权，而且贪财，贪得无厌，贪得连宇文赟都无法容忍。在宇文赟巡幸东京（即洛阳）时，他擅自将官府的建材据为己有，挪用去建造私人府第，惹得宇文赟大动肝火，将其削职为民。

宇文赟对政事全无兴趣，郑译走了以后，所有的政事都得由他一个人处理，看着那一天天累积起来的奏疏文牍，宇文赟很是头疼，不禁又有些怀念郑译。在刘昉的劝说下，宇文赟重新起用了郑译。郑译官复原职，宇文赟继续胡闹，越闹越过分。

郑译意识到像宇文赟这样胡闹下去，迟早会引发变故，自北周取代西魏以来，政坛屡屡发生地震，皇帝被废不是什么新鲜事。想起自己这些年来的升沉起伏，郑译有些后怕，他知道自己在很多朝臣眼里是个不折不扣的小人，一旦朝局发生变故，肯定有很多人找他算账。

想到这些，郑译决定为自己找条后路。他把眼光投向了朝中每一个有实力的重臣，一番扫描筛选后，他认定下一个飞黄腾达的人必将是杨坚。

杨坚出身功勋世家，父亲杨忠堪称是北周帝国的骄傲，谁人不敬，谁人不服？杨坚本人又是五朝重臣，如今位居首辅，处世低调，在朝野上下有很高的威望。况且杨坚相貌奇特，坊间到处传言，说他要做天子，如今宇文赟这样胡搞，看样子大周的江山是不会长久的，莫非将来取代宇文家族君临天下的就是此人？

打定主意后，郑译决定主动和杨坚搞好关系。两人并不陌生，小时候，他们一起在太学里上学，是同学关系，现在攀起家常来自是轻车熟路。

郑译主动示好，杨坚十分高兴，我本来想去找你，你却主动找上门儿来，真是谢天谢地又谢人！郑译主动投靠杨坚时，还带来了另外一个人，这个人就是刘昉。

刘昉也是功勋贵族出身，生性狡猾，头脑好使，富有奸术。宇文赟被立为太子后，他凭着自己是功臣之子的身份，被宇文邕派往东宫，侍奉太子，与太子打得火热。宇文赟继位后，他凭着自己的刁钻奸猾和层出不穷的雕虫小技而被宇文赟宠幸，荣耀冠绝一时，红得比郑译还要发紫。郑译被宇文赟革职后，之所以能够官复原职，很大程度上还要归功于刘昉。

刘昉虽然不学无术，却是个绝顶聪明的人，当郑译看出宇文氏的天下不会长久时，他也看到了这一点，也在积极寻找自己的未来主子。两人都不约而同地选择了杨坚。

平心而论，杨坚看不起刘昉这样的小人，但看不起不等于就要拒之门外，何况小人有小人的用处，所谓"贼是小人，智过君子"，他决定好好利用这个小人。

郑译、刘昉成了杨坚在宇文赟身边最忠实的耳目，宇文赟的一举一动全在他的掌握之中，每次宇文赟对他有想法时，他都能巧妙化解，四两拨千斤，不费吹费之力。宇文赟拿他没办法，又气又急！

杨坚也很知趣，老是让女婿皇帝看自己不顺眼，也不是个办法，他决定离开京城，到外地任官，这样宇文赟眼不见心不烦，也就不再找他的茬了。

一天，他对郑译说："我早就想离京辅佐藩王，为国家建功立业，我的一腔赤诚你是知道的。现在，我向你坦露心迹，请你稍加留意，一旦有机会，千万在皇上面前帮我玉成此事。"

郑译听出了杨坚的弦外之音，巴结讨好说："凭杨公的功德、威望，天下早已归心。杨公既想多求福善，我岂敢不放在心上？只要时机成熟，我就立即向皇上促成此事。"

时机不需要等得太久！因为，陈国在宇文邕死后，胆子又大起来了，时不时要在两国边境找茬。大象二年（580）四月，陈国军队侵犯北周边境。此举激起了宇文赟的愤怒。

宇文赟这辈子最恨的是他老爸，最不服气、最想超越的也是他老爸。他老爸忍辱负重，除掉权臣宇文护，举兵灭齐，这是名垂青史的伟业，他要想超越他老爸，就必须要统一天下，要统一天下就必须要灭掉陈国。宇文赟正盘算着如何灭陈，没想到陈国主动送上门来了，他认为陈国冒犯了自己的天威，决定给陈国一点颜色看看。他命郑译率军南征，踏平江南。

但是，郑译推辞了。他说："若是平定蕞尔小国，微臣尚能胜任，率领一支偏师就够了；但陈国是大国，要平定它，必然要大规模出兵，领军统帅若是资历和威望太浅，是压不住阵脚的。陛下若想平定江南，应该派一位有资历、有威望的贵戚大臣统御三军。"

宇文赟觉得有道理，便问谁适合去统兵，郑译说普六茹坚（杨坚）堪当此任，一则他是国丈，又是当朝首辅，有威望；二则他参加过灭齐之战，有资历、有战争经验。陛下若是愿意，我可以去做监军，随他一同前往，监视他，让他的一举一动按陛下的意思办。

宇文赟正为杨坚的事心烦，这老不死的老在自己面前晃来晃去，总觉得不顺眼，要杀他又找不到借口，要治他，他总能化险为夷，让他滚远点也好！再说，真要跟陈国干一仗，还必须要有一位能压住三军的元老级人物。他准了郑译的奏。

宇文赟的如意算盘是，杨坚此去若干得好，打败陈国、平定江南，那就帮他成就了超越父亲的功业；若是干得不好，打了败仗，他就可以理直气壮地杀了杨坚。他不怕杨坚在外怀有二心，因为，有郑译帮他看着，他深信郑译曾与自己患难与共，是自己一手提拔上来的，一定会对自己忠心耿耿。殊不知，郑译早已成了杨坚的心腹。

大象二年（580）五月四日，宇文赟令杨坚为扬州总管，郑译为长史，一起率军南征陈国。

接到扬州总管的任命，杨坚长长地舒了一口气，终于可以摆脱提心吊胆的日子了。

可是真要离开朝廷时，杨坚又有些不舍。想起一年前，自己从南兖州被召回朝廷，迅速飞黄腾达，可是一年过去，终点又回到起点，政局变幻莫测呀，不知下一次回朝廷会是什么时候。想到这一点，他还真的有些留恋朝廷。而且，更让他不放心的是宇文赟还能撑多久？这些年，他经常和看相算命的人打交道，从中也学到了一些看相算命的本领，他在暗中给宇文赟看相算命，认为宇文赟生就的就是一副短命鬼相，他曾对自己的心腹说："天元实无积德，视其相貌，寿亦不长，加以法令繁苛，耽恣声色，以吾观之，殆将不久。"是呀，长了一副短命鬼相，又不注意积德，好事不做，坏事做绝，老百姓怨声载道，再加上每天通宵达旦地沉迷于声色，如此纵欲，纵是钢铁身躯，也经受不住。只是杨坚虽认为宇文赟活不了多久，却拿不准他到底会在什么时候死去，是几年还是几个月？一旦宇文赟死去，留下一个几岁的小皇帝，朝中政局动荡，自己身在地方，鞭长莫及，最终的受益者肯定不会是自己。

想到这一切，杨坚确实不想走。但是，圣旨既已下达，若不去赴任，就是抗命不遵，这就更给了宇文赟杀他的借口。算啦，还是赴任吧，保命要紧。

就在他准备率军出发时，命运之神再一次跟他开了玩笑。他的脚病突然发作，站都站不起来，如何走路？没有办法，只好拖延几天，等脚病好了再出发。

他隐隐觉得这似乎是某种不寻常的预兆，是好是坏，他说不清，心里忐忑不安。

六、矫诏辅政

中国有句俗话叫：天欲其亡，必令其狂。

宇文赟的表演已经达到了丧心病狂的地步，上天决定要收拾他了！

大象二年（580）五初九的晚上，宇文赟像往常一样，开始了又一次夜游，他备下仪仗卫队前往天兴宫，在路上突遇狂风暴雨。风呼拉拉地吹，雨如倾盆般地下，电闪雷鸣，宇文赟被淋成了落汤鸡，狼狈逃回宫里。

第二天，他全身发烧，四肢无力，头晕目眩，脉络紊乱，很快进入弥留之际。长时间的纵欲，已经耗尽了他的元气，阎王爷给他送来了催命符。

他自感不行了，赶紧召刘昉和御正中大夫颜之仪进入寝殿。北周的御正大臣是专门替皇帝起草诏书的，相当于唐朝的中书舍人，皇帝现在不行了，他们得赶快替皇帝草拟遗诏。按照惯例，遗诏的主要内容是确定接班人，但对于宇文赟来说这不是问题，因为早在一年前他就立7岁的儿子宇文阐为皇帝，自己做了太上皇。问题是，现在小皇帝才8岁，无法独立执掌政权，这个遗诏所要解决的问题就是由谁来辅政。宇文赟当然想让自己信得过的宗室大臣来辅政，但是，此时周宣帝已经不能说话。皇帝说不出话，负责草拟遗诏的两个御正大夫那就是手握重权了，他们的意思就代表皇帝的意思，他们写谁就是谁。但到底写谁呢？颜之仪细细地在宗室大臣中盘算着，刘昉却有了自己的人选，他赶紧跑出去和郑译商量。两人很快达成共识：反正皇帝说不出话来，不如索性矫诏，让杨坚辅政。

他们之所以做出这样的决定，一则因为两人对杨坚的印象不错，况且杨坚曾是当朝首辅、当朝国丈，有威望、有实力，由他出面辅政，压得住阵脚。二则因为两人在朝中没有根基，这些年没有少怂恿和帮着宇文赟干坏事，名声很坏，一旦宇文赟去世，由宇文宗室大臣辅政，两人会首先成为被清洗的对象。三则因为按照惯例，辅政大臣须从宗室大臣中挑选，以确保江山永不变色。杨坚是没有资格辅政的，如今他们矫诏让杨坚辅政，等于对杨坚有拥戴之功，唯其如此，杨坚才会格外对他们感恩戴德，从而善待他们，确保他们的政治前途。

可能有人会问，刘昉和郑译不就是两个佞臣吗，地位不是很高，如此胡闹，北周的那些宗室大臣怎么就坐视不管，不出来主持大局呢？这一切全拜宇文赟所赐，先前，他为了加强皇权，不惜拿宗室开刀，那些德高望重的宗室大臣要么被杀，要么被放逐到地方任职，在他弥留之际，京城就留下了权力真空，给刘昉和郑译提供了可乘之机。

刘昉和郑译打定主意后，赶紧召杨坚入宫：皇帝病了，快进宫去侍奉吧。杨坚不是有足疾吗？听说宇文赟召自己进宫，心里猛然一惊，这是不是宇文赟见自己逗留不去，认为自己抗旨不遵，有意骗自己入宫，杀掉自己呢？他心里非常担心，却又不能不奉诏。怀着忐忑不安的心情，杨坚进宫了。进了皇宫，刘昉和郑译就跟他摊牌：太上皇快不行了，说不出话来，我们打算替他写一份遗诏，让你辅政。听了这话，杨坚感到很突然，他不知两人说的是真是假，毕竟宇文赟前两天还好好的，这么年轻的人，就算害病，也要害一阵子呀。于是，他坚决推辞，还说了一大堆愿太上皇圣躬早安之类的话。这样一来，刘昉和郑译就急了！因为他们矫诏让杨坚辅政冒了巨大的政治风险，如果杨坚不干，那他们的矫诏之举就会大白于天下，那可是株连九族的罪名。刘昉情急生智，说道："公若为，速为之，不为，昉自为也。"咱们也不绕弯子，这事你要干就快干，你若不干，那我刘昉就干！这是一句很有威胁意味的话，我若干了，不仅没你的份儿，我还要杀人灭口。话都说到这个份上了，杨坚不再怀疑，赶紧说，既然如此，还是让我来吧。

于是，刘昉和郑译假传圣旨，宣称太上皇病体欠安，暂时不能亲理朝政，所有文武百官皆受随国公节度。

御正中大夫颜之仪见郑、刘二人假传圣旨，顿感不妙，立即与一帮宦官商议：先由大将军宇文仲监国。在他们的安排下，宇文仲来到了宇文赟面前。

郑译得知此事，马上率开府杨惠及刘昉、皇甫绩、柳裘等人入宫，摆出一副要干架的样子，杨坚也率领一帮人随后赶到。宇文仲和颜之仪见对方人多势众，有些恐慌，一阵犹豫后，想退出了事。杨坚却不答应，下令侍卫将他们全部扣押！

奄奄一息的宇文赟终于明白了一切，完了，一切全完了。他咽下了最后一口气，两脚一伸，到阎王爷那里报到去了，时年二十二岁。

皇帝死了，得赶紧张罗后事，首先是宣读遗诏。这个遗诏虽是伪造的，但伪造的遗诏也得披上合法的外衣，才能杜天下悠悠之口。要让这份遗诏合法，就必须要有郑译、刘昉和颜之仪三位近臣的共同署名。

颜之仪已被扣押，失去了人身自由。刘昉前去劝他签字，声言只要识时务，在遗诏上签字，大家关起门来还是一家人。

颜之仪出生于儒学世家，以学问和操守闻名于当时，对君臣之道看得很重。听了刘昉的话，厉声呵斥说："皇上刚刚去世，嗣子弱小，国家辅政大臣的重任，理应由宗室精英承担。现在宗室贤能之辈中，以赵王年齿最长，论亲疏，论才德，他都堪当此任。你们备受朝廷大恩，理应尽忠报国，为什么要在这个时候把国家神器授予外人！我颜之仪已抱定必死决心，绝不会诬罔先帝旨意。"这话说得很恶毒，矛头直指刘昉、郑译的矫诏行径。

刘昉等人见颜之仪宁死不签，也不想跟他废话：找你签，是给你面子，你不签，难道我就不能代签吗？

杨坚让颜之仪交出符玺，颜之仪义正词严地说："这是天子的信物，自然应由其主人保管，宰相为什么要索要此物？"意外之意，你没有资格索取天子的信物，除非你想篡位！

杨坚大怒："给我拉出去砍了！"

关键时刻，一个人出场解围来了。这个人就是杨坚的女儿杨丽华。要知道，杨丽华的身份是皇太后，太上皇死了，皇帝还小，皇太后的懿旨是可以当圣旨用的。

　　杨丽华是个很温柔的女性，与世无争，没有什么政治野心。正是因为这样，宇文赟一死，她才顿觉天昏地暗。此时，她必须撑起这个危局，而凭她个人的力量是无法撑起这个危局的，几乎所有的女人在无助时，都会想到求助于娘家人，杨丽华也是如此，她希望父亲杨坚能帮她一把。刘昉等人起草遗诏，让杨坚当辅政大臣，她当然会举双手赞成，如今颜之仪说不行，双方僵持不下，她只好出面，以皇太后的身份促使颜之仪就范。颜之仪纵有一万个不愿意，也不能违背皇太后的懿旨。万般无奈之下，颜之仪只好退出争端：我不说了，你们爱怎么的就怎么的吧，反正我不签字。

　　颜之仪不签字不要紧，只要他闭口不言，不要乱说，这事就搞定了。于是，刘昉模仿颜之仪的笔迹，帮他代签了。

　　在杨太后的干预下，杨坚顺利成为了北周帝国的辅政大臣，总知内外兵马事。这就是《隋书天文志》所说的"宣帝崩，杨后令其父隋公为大丞相。总军国事。"

　　杨坚从 14 岁进入官场，历经五朝皇帝，几次大难不死，如履薄冰，如临大敌，伴随着无数噩梦，24 年过去，终于苦尽甘来，可以挺起胸膛面对满朝文武百官了。

第五章　从权臣到皇帝

一、重组权力核心

成为辅政大臣后，杨坚的首要任务是建立以自己为中心的权力构架。

平心而论，没有郑译和刘昉，杨坚不可能成为辅政大臣。但郑译和刘昉拥戴杨坚是有所图的。在决定伪造遗诏时，他们已经打好了如意算盘：由杨坚出任大冢宰，郑译任大司马、刘昉任小冢宰，三人共同执掌朝政。

这样的安排，杨坚肯定不愿意。从名义上讲，大冢宰为百官之首，但是，自从宇文护专权被杀，宇文邕就大大削弱了大冢宰的职权，虽然它名义上仍是百官之首，但实际上已不具有统摄百官的权力。刘昉、郑译提出的方案实际上又进一步分割了大冢宰的权力。因为小冢宰仅次于大冢宰，可以理直气壮地分割一部分行政权力，大司马主管军事，分割了杨坚的军事权力，行政权和军事权都被分割了，这个大冢宰实际上就成了一个空壳。如此一来，杨坚只捞了个辅政大臣的名，刘昉和郑译却得到了真正的实惠。

杨坚虽然心里不赞同刘昉、郑译的方案，却又不好明确反对，毕竟两人对自己有矫诏辅政之恩，怎么办呢？

此时，另一个人重要人物出场了，他的一番话，打翻了刘、郑二人的如意算盘。这个人叫李德林。

李德林，字公辅，博陵平安人，出身于书香显贵之家。几岁时就能熟背左思的《蜀都赋》，十五六岁时就已博通古今，对于古代典籍、天文地理、阴阳之学无不通晓。他的文笔犀利而大器，是公认的天下第一大手笔，提笔作文，一挥而就，从不更改一字。他不仅学问高，文思敏捷，而且人品好，是有名的孝子，曾在三九严冬为其父亲守孝，单衣赤脚，不改其志。后来入朝为官，成为北齐历代皇帝的文胆，朝廷所有重要文稿都由他起草，与赵彦深等人一起，掌管军国机密，声名播于天下。

宇文邕征伐北齐，攻下齐都邺城的那一天，派人向留在邺城的李德林宣读旨意：朕攻取北齐的最大好处，莫过于得到先生，朕非常担心你跟随齐王逃跑，现在听说你还在邺城，大可安慰朕心，务必请先生入朝与朕相见。

李德林归顺了北周，宇文邕交代他两件事：一是负责朝廷诏告文书的起草，二是负责对原齐国官员的人事任免。对他的器重可见一斑。

一天，宇文邕在云阳馆用鲜卑语对群臣们说：以前我只是经常听说李德林这个名字，后来，我看到他给齐国皇帝写的那些诏书檄文，认为他简直就是天上的仙人下凡。没想到现在我居然能得到他，他草拟的诏书文告，真是非同一般！

像李德林这样的人，没有一个想干大事的人不器重他。自归顺北周后，朝中许多大臣争相与他结交，但他都虚与委蛇，应付了事，他认为这些人都是泛泛之辈，不足以成大事。杨太后命杨坚辅政后，杨坚第一时间去拜访了李德林。对他说："朝廷赐令总文武事，经国重任，非群才辅佐，无以克成大业，今欲与公共事，必不得辞。"什么意思呢？朝廷让我来总领文武百官，如此重大的任务，没有贤能之士辅佐，我是无法完成这个任务的，现在我想与你共同完成这项任务，请你一定不要推辞。一席话说得李德林非常感动，想起宇文赟在世时对他的冷落，如今杨坚这样看得起自己，哪能辜负人家的一番美意呢？当即答应愿为杨坚效劳。

这天，杨坚对李德林说：我为大冢宰，郑译想做大司马，刘昉想做小冢宰，你看这件事我该如何处理？

李德林说：既然大冢宰一职已有名无实，不如抛开这一职务，另设大丞相一职。随国公最好做大丞相，而且还要"假黄钺，都督中外诸军事"，不这样做，将难以服众。

这句话的分量不言而喻。所谓大丞相，就是总领全国行政权力的最高行政高官；黄钺是指黄色的大斧子，"假黄钺"就是掌管生杀予夺之权，也就是掌管最高人事权、司法权；"都督中外诸军事"，就是掌管全国的军事大权。将行政权、人事权、司法权、军事权集于一身，这才是真正的独裁者，才是名副其实的辅政大臣。杨坚没有理由拒绝这一方案。不过，如此一来，又该怎样处置刘昉和郑译呢？两人毕竟对自己有大恩。

李德林的一席话又打消了杨坚人顾虑：随国公做了大丞相，就要开大丞相府，可以让刘、郑二人分任大丞相府的长史与司马。这样一来，两人也没有话说，长史是大丞相的副手，司马仍然分管军事。不过，那是分管，而不是掌管，最终的决策者、拍板者还是大丞相。

由于李德林的介入，刘昉和郑译无话可说，毕竟，在杨坚面前两人可以摆谱，在李德林面前他们却无法摆谱。因为李德林完全可以认定那份遗诏是宇文赟的本意，而刘、郑二人却不敢说不是，否则，他们的矫诏行为就会大白于天下，就算他们有十颗脑袋也不够砍。

于是杨坚自任左大丞相，设丞相府，以郑译为丞相府长史，兼内史上大夫，刘昉为丞相府司马，以李德林为府属、仪同大将军，丞相府一应文书及机要之事都交付李德林处理。

郑译和刘昉想与杨坚三权分立、共同执政的愿望就这样落空了，两人都成了丞相府的属官、杨坚的打工仔，虽然心有不甘，却又无可奈何，只好死心塌地为杨坚鞍前马后效劳。因为，一旦离开了杨坚这把保护伞，宇文家族的人是不会放过他们的！

辅政大臣的身份解决了，京师的局势已经控制在自己的手中，杨坚决定正式履行职责。

大象二年（580）五月二十二日，杨坚给周宣帝发丧，五月二十五日，周静帝亲政，杨坚正式就任左大丞相。

当天，杨坚宣布，太上皇驾崩，皇帝既已承继大统，就应入居太上皇先前所住的天台，皇帝原来所住的东宫从即日起改为大丞相府，文武百官从即日起全部搬往大丞相府办公。此语一出，满堂皆惊，把皇帝赶走，把东宫变成大丞相府，这不是僭越吗？真是司马昭之心，路人皆知。也许，很多大臣并不知道先皇死后的种种猫腻，但杨坚如此做法确实太露骨，这是辅政的第一天，他就敢明目张胆赶走皇帝，改东宫为大丞相府，再等几天，岂不是要把小皇帝从皇位上拉下来，自己坐上去？大臣们开始三三两两地小声议论，一副不愿配合的样子。

这时，一个人站出来厉声喝道："欲求富贵者，当相随来！"想追求富贵的人，跟大丞相走吧。此人叫卢贲，是宇文赟当太子时的东宫官员，后来因为跟随宇文邕平齐有功，当了司武上士，成了皇帝禁卫军中的一名军官，后来杨坚统领禁卫军，他又成了杨坚的下属。他见群臣嘀嘀咕咕，一副不合作的样子，就站出来大喊了一声。他这一声喊，表面上是提醒大家跟杨坚一起求富贵，实则是一句威胁之语。群臣立刻出现了分化。识时务的赶紧跟杨坚走，不识时务的还在死撑：行了，我不干了，这个官我不当了，我回家行不行？肯定不行，这些人刚走到门口，迎接他们的就是手持刀枪剑戟、斧钺钩叉的士兵，看着明晃晃的兵器和雄赳赳的士兵，他们终于认清了形势，要想活命，只能跟杨坚走。于是，杨坚在前面带队，卢贲在后面殿后，中间是文武百官，一行人浩浩荡荡奔向东宫。

杨坚正式在大丞相府走马上任了。在最初的几天里，他一直沉浸在巨大的喜悦中，然而，随着喜悦的渐渐淡化，他发现有一种莫名的恐惧感向他袭来。现在他已经是一人之下、万人之上，离皇权也仅有一步之遥，但正是这一步之遥，让他倍感高处不胜寒。当年宇文护不也是这个样子吗？可是最终结局呢？离皇权一步之遥，也意味着离砍头只有一步之遥。想到这里，他心里很是不安，于是，连夜就召见太史中大夫庾季才，太史中大夫是负责观测天象的。他对庾季才说："吾以庸虚，受兹顾命。天时人事，卿以为何如？"现在我身为顾命大臣，上天是怎么看待这件事的呢，世人又是怎么看待这件事的呢？庾季才回答说："天道精微，难可意察！"咱们还是说一说人事吧，事已至此，就算我说你大事不成，难道你还退得回去吗？杨坚听了，默然良久，是呀，开弓没有回头箭，自己一路走来不就是为了这一天吗？既然没有退路，那就勇往直前吧！

为了扩充自己的实力，杨坚笼络了一大批有真才实学的政治精英充实自己的班底，在这些人中，最著名的是高颎。高颎字昭玄，渤海脩人，父亲高宾是独孤信的部下，而杨坚的妻子是独孤信的女儿，所以，杨坚与高颎并不陌生。高颎长相不凡，很有气度，为人聪明机辩，勤奋好学。独孤信死后，他先后跟随齐王宇文宪、越王宇文盛从军，功勋卓著。

杨坚素知高颎聪明能干，懂军事，擅谋略，想把他召进丞相府，便叫邘国公杨惠去找他商量。高颎一听，乐了：都是自家人，还客气什么！当场表态说："高颎愿意听从大丞相调遣，为他奔走效劳，即使大事不能成功，我高颎也绝不推脱灭族之罪。"

对这种掏心窝子干活儿的人，任何一个主子都会动心，就这样，高颎成了丞相府司录。

高颎又通过自己的影响力，为杨坚网罗了大批人才！

权力核心确定了，手下真正能干事的人也有了，杨坚便开始着手解决宇文宗室的问题。

二、忽悠汉王

宇文赟在世时，虽然诛杀了一批宗室王爷，但还有一些人活在世上。在这些人中，实力和能力出色的被外放到地方任职，实力稍弱的留在京城。前一类以赵王、陈王、越王、代王和滕王为代表，这五位王爷都是宇文赟的叔叔，是现任小皇帝的爷爷辈，辈分高，声望高；后一类，以毕王宇文贤、汉王宇文赞为代表，他们是宇文赟的兄弟辈，是现任小皇帝的皇叔。

杨坚是以外戚的身份辅政的，宗室中有很多人对他不服。他心里很清楚，若不清除宗室的势力，他这个辅政大臣就会险象环生。他把第一个清洗的矛头对准了宇文赞。

宇文赞是宇文赟的兄弟，酷爱吃喝嫖赌，是个五毒俱全的问题少年。宇文赟死时，他刚刚 15 岁。因为这个缘故，宇文赟死后，杨坚和刘昉、郑译等人商量，为照顾宇文家族的情绪，诏命汉王宇文赞为上柱国、右大丞相，杨坚任左大丞相。

从名义上讲，宇文赞的职位和杨坚相当，甚至略高。但从实力上讲，两人不是一个当量级。宇文赞年幼天真，能力平平，对军国大事一窍不通。既然如此，那么，杨坚为什么要忌惮他呢？

很简单，宇文赞有上柱国、右大丞相这两块合法的金字招牌，又是宇文赟的兄弟、当今小皇帝的皇叔，这个身份非常高贵，无与伦比，对宇文家族和那些忠于宇文家族的大臣有号召力，一旦经过历练，长大成人，身边有一大批能人云集，将会成为一股可怕的力量。何况，宇文家族向来不缺能人，现在的天下毕竟是宇文家的天下。

更让杨坚感到郁闷的是，宇文赞当了右大丞相后有了一番新气象，吃喝嫖赌的事少了，每天按时上下班，在大丞相府，他和杨坚平起平坐，下面有什么重要的文件送上来，他也要瞧一瞧，甚至还要发表一点自己的意见。杨坚心里虽不舒服，却又不能发作。因为，人家是右大丞相，名义上比左大丞相还略高，左大丞相都能看的文件，右大臣相为什么不能看？

怎么办呢？杀掉他肯定是不行的，毕竟朝廷还不稳定，地方上还有那么多手握重兵、忠于北周王朝的藩臣。但任由他这么一本正经下去也不行，要是他从此好好学习、天天向上，把治国理政这一套搞清楚了，以他的身份，那还了得！既不能杀，又不能留，那该怎么办呢？

办法是有的，关键时刻刘昉出场了。

刘昉虽然读不懂"四书五经"，却是研究关系学的好手，宇文赟在世时，他不仅和宇文赟的关系搞得很好，而且同他的两个弟弟汉王宇文赞和秦王宇文贽的关系也非同一般，对他们的脾气和爱好了如指掌。

刘昉找到宇文赞，又是叙旧，又是喝酒，摆出一副难兄难弟的样子，很快打得火热。

宇文赞青春年少，和他的哥哥宇文赟一样，是个风流起来就不要命的人，刘昉趁机给他物色了不少美妓，亲自送到他的府上，宇文赞十分高兴，连声感谢：刘兄太客气了！

刘昉则趁机装出一副十分关心体贴的样子说："大王，微臣之所以看重您，那是因为大王前途无量呀。有句话，微臣不能不说，您是先皇的弟弟，德才兼备，众望所归。当今皇帝只是个小孩子，啥事都不懂，怎么能肩负起安邦定国的重任呢？最终还得靠大王呀！只是先皇刚刚去世，群情忧虑，人心惶惶。大王此时应该以退为进，暂回王府，等待事态安宁，再接受群臣拥戴，入宫君临天下，这才是万全之策呀！"

宇文赞青春年少，此时正醉心于美色，在刘昉的一番忽悠下，居然信以为真，兴高采烈地带着几个美女回家了。回去后，他还梦想着有朝一日，被群臣山呼"万岁"，那时，皇宫里所有的美女都是他的。

梦想到底是梦想，他从此远离了权力中心。

三、左手大棒，右手大枣

哄走汉王后，杨坚一手举起大棒，一手拿着胡萝卜，用两手对付宇文家族的其他成员：不服气的、想从自己这里分权的，一棒子打死，毕王宇文贤等人就是例子；愿意放下皇族架子归顺自己的，委以重任，如秦王宇文贽被任命为大冢宰，杞国公宇文椿被任命为大司徒。

此时，在宇文家族中，真正能对杨坚构成威胁的是先前提到的"五王"，即赵王宇文招、陈王宇文纯、越王宇文盛、代王宇文达、滕王宇文逌。"五王"是宇文泰的儿子，宇文赟的皇叔，一个个都是经过战火洗礼的人，位高权重，在朝中素有威望。一旦他们不服杨坚，各据封国，举兵反叛，从四面八方杀奔京城，杨坚是吃不消的。

杨坚决定让"五王"离开封国来到京城，把他们置于自己的控制之下。但是，如何让五王进京呢？

早在宇文赟驾崩，杨坚还未给他发丧之前，就已以宇文赟的名义给"五王"发去诏书，说千金公主即将远嫁突厥，朝廷要举行隆重的送亲仪式，请"五王"回朝观礼。所谓千金公主，其实就是"五王"之一的赵王的女儿，当时，突厥可汗求亲，宇文赟才21岁，没有女儿嫁给他，只好挑了一位宗室女，将其册封为公主，许嫁突厥可汗。此事早在一年前就定下来了，突厥的迎亲使者已在580年2月抵达长安，只因为宇文赟被各种杂事困扰，没有心情打理公主出嫁的事，才拖到现在。杨坚以宇文赟的名义请"五王"回朝观看送亲大礼，"五王"是没得说的，何况赵王还是千金公主的生父，岂有不回来观礼的道理。就这样，"五王"就被骗到了京城。

"五王"不是同时进京的，他们在京城会齐时，已经是六月初四。此时京城局势已变，杨坚以辅政大臣的身份控制了整个京师，他们一进京，就成了光杆司令，一下子明白了什么叫"虎落平阳遭犬欺"，可怕的是，杨坚不是"犬"，而是一条龙，虎跟龙斗是要吃亏的。

"五王"不愿接受这样的现实，暗中和时任雍州牧的毕王宇文贤取得联系，唆使宇文贤在雍州起兵，诛杀杨坚。

雍州是京师所在地，雍州牧是京师所在地的最高行政长官，相当于现在的北京市长。宇文贤是宇文赟的堂哥，二三十岁的年龄，精明强干，听了"五王"的指使，加上对杨坚辅政不服气，暗地里磨刀霍霍，准备在雍州起兵。然而，他的一举一动早已处于一个人的监控之下，这个人叫杨雄，是杨坚的堂侄。此时，杨雄的职务是雍州别驾，相当于今天北京市副市长。他是杨坚安排在宇文贤身边的一枚棋子，密切注视着宇文贤的动向，见宇文贤与"五王"暗地里密谋造反，便于六月初十那天向朝廷举报毕王宇文贤纠集同党，诽谤执政，阴谋推翻朝廷。杨坚立刻将宇文贤的一家老小全抓起来，几乎没有怎么审问，就全部杀掉！行动之迅速，让"五王"来不及反应，一个个呆若木鸡。

杀死毕王宇文贤一家，既清除了一个强大的对手，又狠狠地震慑了"五王"一把。但杨坚并不急于向"五王"开刀，"五王"威望高，地方上的很多封疆大吏都是他们的追随者。杨坚辅政不久，当务之急是维持稳定。因而，在诛杀宇文贤全家之后的一个多月，即七月十六日，杨坚主动向"五王"示好，让小皇帝下诏，恩赐"五王""入朝不趋，剑履上殿"。即从此以后，"五王"上朝不用一路小跑，上殿时不用脱鞋，也不用去掉佩剑。要知道，在封建时代，除皇帝特别允许的极少臣子外，大臣们进宫觐见皇帝，必定是文官下轿，武官下马，不准穿鞋，不准带刀剑进宫。"五王"能享受"入朝不趋，剑履上殿"的待遇，足见恩宠之至！可惜的是，这样的待遇不是皇帝给的，而是杨坚给他们的。

杨坚的逻辑是：你们暗中密谋造反，我装着不知道；我当着天下人的面先捧捧你们，给足你们面子，让天下人知道，我是很敬重你们的；只要你们举起造反大旗，那就是向天下人展示你们不识抬举，我正好顺势一棍子打死你们。

在分化、控制、瓦解宇文家族势力的同时，杨坚又刻意拉拢其他异姓大贵族，给他们加官晋爵，争取他们的支持。

大象二年（580）五月二十八日，杨坚任命上柱国、郧国公韦孝宽取代尉迟迥成为相州总管，紧接着神武公窦毅、修武公侯莫陈琼、大安公阎庆、燕国公于算、郜国公贺拔伏恩等人也进位为上柱国，成为杨坚集团中的重要成员。

通过几次乾坤大挪移，杨坚牢牢控制了朝政。接下来他要争取民心。

宇文赟当皇帝的这几年，基本是胡搞，朝政日非，人心惶惶，老百姓早已在骂娘了。杨坚知道只要否定宇文赟的既定政策，就是为老百姓做善事，民心就会归顺于他。

他做的第一件大快人心的事，是停止大兴土木，宇文赟生前在建的那些宫殿一律停建，停止营建洛阳，服役的工匠们各归乡里，从事农业生产。接着以北周皇帝的名义大赦天下，只要不是杀人越货之类的罪犯，统统予以释放，让他们回归乡里，与亲人团聚。

他宣布取消入市税钱，老百姓可以自由自在地把自己的劳动果实拿到市面上去交换，不用交摊位费。手工业、商业很快繁荣起来。

他下令恢复佛、道二教，原来的和尚、道士，只要能谨守清规戒律，可以分别入佛入道。佛、道二教在宇文邕时代被打入冷宫，在"三教优劣"的辩论中，丢尽了面子，被无情禁绝，无数寺院道观被毁，如今得以重整门庭，自然对杨坚感激不尽。佛道二教的很多信徒都是知识分子，他们自然会帮杨坚说话，为杨坚营造有利的社会舆论。

杨坚又下令将南定、北光、衡、巴四州百姓被宇文亮贬为奴婢的，一律赦为平民，恢复他们原有的职业；取消各处鱼池及山泽禁地，与百姓共有。

杨坚还大力推行仁政、廉政，严明法纪。他带头节俭，吃穿住行都非常简朴，坚决杜绝奢侈浪费之风。同时打击贪官污吏，整顿吏治，官场风气肃然，与宇文赟时代形成鲜明对比。

这一系列的举措深得民心，老百姓拍手称快，纷纷倾心于杨坚，认为太平时代即将来临，大家纷纷憧憬着幸福美好的日子。

控制着朝政，赢得了民心，杨坚成了北周帝国名副其实的主宰！周静帝宇文阐则成了不折不扣的傀儡，天下人只知道有杨坚，"宇文阐"这三个字对他们来说，不过是个可有可无的符号而已。

自此，杨坚可以放开手脚，清除通往权力路上的一切绊脚石：顺我者昌，逆我者亡。

四、叛乱四起

自从"五王"进京以后，京城内外的局势就变得很不平静。感到大权旁落的宇文家族把重振家族雄风的希望寄托在"五王"身上，而"五王"进京后，基本处于杨坚的监控之下，心里也郁闷得慌，不甘心接受杨坚的摆布，时时想着推翻杨坚，夺回自己的大权。

响应"五王"的还有一些地方异姓大员，有的和宇文家族有亲戚关系，有的深受宇文家族的国恩而不愿跟杨坚搅在一起。当然，也有一部分人是因为和杨坚有过节，甚至仅仅是出于妒忌。

几千年的历史告诉我们，政治场上从来就没有活雷锋，无论是主角还是配角，他们混迹于政治场的目的只有一个——权力。他们深信有了权力，就会拥有一切。

宇文赟死后，杨坚在北周帝国的政局重组中，以蛇吞象的气魄独占鳌头，那些没有得到好处，或者没有达到预期目的人对此耿耿于怀，纷纷想拿回自己应得的那一份儿。一场围绕权力争夺的博弈拉开了大幕，这场博弈是以战争的形式进行的，血腥气十足，博弈的胜利者，将拥有整个天下。这样的筹码对于杨坚来说，是很有诱惑力的，他做梦都想赢得这场胜利。但是，要赢得这场胜利谈何容易，他的对手实在太多，从四面八方涌来：

大象二年（580）六月十日，相州总管尉迟迥起兵；

七月七日，申州刺史李慧起兵；

七月十七日荥州刺史、邵国公宇文胄起兵;

不久,青州总管尉迟勤举兵;

七月二十六日,司马消难起兵;

豫州、荆州、襄州三总管辖区内的蛮族各率部落反叛,焚烧村庄驿站,攻州略郡,势如破竹;

八月七日,益总管王谦起兵;

随后,沙州氐帅、开府杨永安聚众发难,响应王谦;

……

两个月内,北周帝国发生了十几起叛乱,大半个北周帝国控制在叛军手里,而北方还有突厥,南方还有陈国虎视眈眈,在朝廷内部还有以"五王"为代表的宇文家族势力,他们表面上拥戴杨坚,实际上随时都有可能成为被引爆的定时炸弹。

杨坚面临着前所未有的考验。要么倒下,要么站起来!

他只能选择站起来!因为一旦倒下,倒下的不只是他一个人,而是整个杨氏家族,以及与杨氏家族有千丝万缕联系的若干家族!

在所有的叛乱势力中,尉迟迥、司马消难、王谦三大总管的实力最强,我们称之为"三藩"。"三藩"中又以尉迟迥的实力最雄厚,是最难啃的一块硬骨头。

尉迟迥,字薄居罗,代地人。他的祖先是北魏鲜卑部落的支脉,号称尉迟部,子孙们遂以尉迟为姓,世代尚武。他的父亲娶了宇文泰的姐姐昌乐大长公主为妻,他本人则娶西魏文帝元宝矩之女金明公主为妻,家世非常显赫,在西魏和北周帝国都很有人望,颇得宇文泰、宇文护及北周历代皇帝赏识。

当年,梁朝内乱,尉迟迥奉西魏大冢宰宇文泰之命率军入蜀,一举征服四川,恩威并施,把蜀地治理得井井有条,这是他对西魏和北周帝国的重大贡献。自古以来,以关中为根据地的雄王霸主,如果没有四川盆地这个后院和粮仓,要想取得天下,几乎是不可能的。尉迟迥有了这样的功劳,再加上他是皇亲国戚,一直位高权重,孝闵帝登基时,他被升任为柱国大将军,宁蜀公,食邑万户。宣帝即位后,被封为大前疑,相州总管。

相州是个大州,北魏时从冀州分出来的,治所在邺城,邺城自春秋战国以来就是名城,留下了"西门豹治邺"的佳话,又是兵家必争之地,东汉末年韩馥、袁绍都曾盘踞于此,以其为州牧居住地,它曾是魏王曹操、后赵、前燕、东魏、北齐的都城,在整个魏晋南北朝时期,是北方屈指可数的几个重要军事重镇。相州人口多，地盘大，富庶而繁荣，尉迟迥坐镇此州，有雄兵数十万，成为北周最有实力的大总管。如今宇文赟死了，新皇帝年幼无知，尉迟迥拥有如此雄厚的实力，要让他对杨坚服服贴贴，那是不可能的。

前面讲了，宇文赟在世时一口气封了五个皇后，她们分别是杨皇后、朱皇后（静帝的生母）、陈皇后、元皇后、尉迟皇后。杨皇后是杨坚的女儿，尉迟皇后则是尉迟迥的孙女，换句话说，杨坚是宇文赟的国丈，尉迟迥则是宇文赟的国祖丈，他还是宇文泰的外甥，宇文赟的表叔，关系比杨坚更近。论资历、功劳，他更是远在杨坚之上。无论从哪个角度讲，让杨坚辅政，尉迟迥都不会服。

不服的，还有司马消难。

大象元年（579）二月，醉心于享乐的宇文赟传位给7岁的儿子宇文阐，当年七月，7岁的宇文阐纳司马消难的女儿为妻，是为司马皇后。也就是说，司马消难是周静帝宇文阐的国丈。他这个国丈比杨坚更具有说服力，因为，周静帝不是杨坚的女儿所生，杨坚跟静帝攀不上关系，而司马消难的女儿是静帝的皇后，他成了当朝皇帝理所当然的岳父，杨坚不过是过期的前朝岳父而已。

如果论以国丈的身份辅佐外孙，第一个有资格的应该是朱皇后的父亲，因为朱皇后是宇文阐的生母。偏偏朱皇后的父母兄弟都已不在人世，她家原是吴地人，家族犯法，男丁都被诛杀，所有未婚女子都被没入宫廷为奴，她因为长得漂亮，为时为太子的宇文赟掌管衣服，被宇文赟耍流氓手段给幸了，生下了宇文阐。所以，她虽是皇帝的生母，却无娘家人给她撑腰，孑然一身，孤独无助。

既然朱家没人，撇开宇文家族，那么辅政大臣的位置几位国丈都有份儿，而最有资格的是司马消难。但是，杨坚先下手为强，独占了那个位置，而且做得很绝，不仅没把其他几位国丈纳入权力核心，还勒令陈皇后、元皇后、尉迟皇后出家为尼，那意思很明显：你们还想辅政，门儿都没有，给我滚。

元氏、陈氏两家在北周势力单薄，尚且能忍气吞声，把委屈埋在肚子里。而手握重兵的尉迟迥和司马消难却咽不下这口气。第一个发难的是尉迟迥。

据史载，杨坚给周宣帝发丧时，给相州派去一个叫杨尚希的巡视员，负责协助相州总管府为宣帝举哀祭奠。但是，他在相州待了不到一天就跑回来了，理由是他发现尉迟迥在举哀时假哭，挤不出一滴眼泪，眼珠子还转个不停，一看就没有安好心，图谋不轨，再待下去，恐怕要把自己卷进去。

杨坚知道自己与尉迟迥之间的摊牌不可避免，决定先下手为强！就在杨尚希逃离相州不久，杨坚便以小皇帝的名义下诏宣尉迟迥入京参加周宣帝的葬礼，并以郧公韦孝宽代替尉迟迥担任相州总管。前去传递诏书的人是尉迟迥之子、魏安公尉迟惇。

尉迟迥当然不会接受诏命，新皇帝那么小，所谓诏命，不过是杨坚的命令而已。尉迟惇带着诏书到达邺城后，尉迟迥立即做出两个决定：一是儿子留在相州，不再回京复命；二是拒不接受韦孝宽的替代。尉迟迥此举也在杨坚的意料之中，于是，杨坚启动了第二套方案。

相州总管府长史晋昶早已被杨坚收买，是杨坚放在尉迟迥身边的一枚棋子。尉迟惇带着诏命离去不久，杨坚就派侯正破六汗裒到尉迟迥那里以申明旨意为名，暗地里给晋昶等人带去杨坚的密信，命他们作好准备，里应外合，拿下尉迟迥。不巧的是，他们的保密工作做得不够好，泄密了。尉迟迥勃然大怒：你他奶奶个熊，居然跟老子来这一套，反了他爷爷的！

尉迟迥立即诛杀了晋昶和破六汗裒等人，随即派大都督贺兰贵前去稳住尚未到来的韦孝宽，一面抓紧时间，做起兵的最后准备。

大象二年（580）六月初十，尉迟迥登上相州城北楼，召集文武官员和老百姓发布讨杨檄文，檄文大意说：杨坚以平庸之才，不思报国，却挟持幼主，号令天下，作威作福，赏罚不明。其篡逆之心早已暴露无遗。我尉迟迥身为将相，与太祖皇帝有舅甥之亲，蒙受先皇国恩，理当与皇室同甘共苦，里外一体。当初，先帝把我任命到这个地方，本来就是以安危大计相托付。如今杨贼篡国，我誓与诸公戮力同心，集合义士，匡复国家，救百姓于水火，进可享受荣华富贵，退可保全为臣之节操……

尉迟迥素有威望，无论带兵打仗还是治理地方，都能明赏罚、布恩威，不仅手下将士敬重他，地方百姓也很推崇他，因此，他登高一呼，应者云集，纷纷表示愿意誓死效命！

尉迟迥自称总管，秉承旨意设置官府，除他所管辖的相、卫、黎、毛、贝、赵、冀、瀛、沧各州外，他的弟弟尉迟勤所辖的青、胶、光、莒各州，也全力支持他，总兵力加起来达数十万之众。

荥州刺史宇文胄、申州刺史李惠、东楚州刺史费也利进、东潼州刺史曹孝达等，各自据州响应，关东诸州大半愿意归属他。尉迟迥又向北与高宝宁、突厥结成联盟，相约共同出兵；向南与陈国结成军事同盟，答应事成之后，割让长江、淮河一带的北周领土作为酬谢。

这是一个强大的政治军事同盟，杨坚在权力路上到底能走多远，就看他能否过得了这一关！

打吧，既然迟早会有那么一天，何不让这一天早点到来。既然尉迟迥不服韦孝宽替代，那就让韦孝宽带兵来征讨他。于是杨坚下令征调关中兵马，以韦孝宽为行军元帅，全力讨贼。

大军浩浩荡荡开赴战场！

五、决胜于伐交

对于杨坚来说，能不能打赢这场战争，不仅取决于双方军事实力的对比，还取决于军事实力之外的一些因素，正所谓"将军决战，岂止在战场"。

从双方的整体实力上讲，叛军在军事上占有优势，而杨坚挟天子以令诸侯，占有政治上的优势。综合起来看，双方势均力敌。彼此能否有更多的胜算，取决于能否争取朝野其他势力尤其是有实力的元老重臣的支持。

在元老重臣中有一个代表性的人物，此人叫李穆，是一代名将，据说是西汉飞将军李广之后，他的哥哥李远与杨坚的父亲杨忠并列西魏十二大将军。早在西魏时期，李穆就追随宇文泰征战，屡立战功，还救过宇文泰的命。在一次与东魏军交战中，宇文泰马失前蹄，跌倒在地。东魏士兵蜂拥而上。关键时刻，李穆赶来了，见宇文泰跌倒在地，立即挥鞭朝宇文泰打去，"啪"的一声打在宇文泰身上，骂道：没用的东西，你连马都不会骑吗？说完把自己备用的马匹赶至宇文泰身边，宇文泰立即翻身上马，奔驰而去。当时，李穆的官并不大，东魏士兵一看那人被李穆这样打骂，料定他不是什么大人物，也就没有追赶，宇文泰就这样捡得了一条性命。回去后，他感念李穆的救命之恩，把御马厩里所有的马全都赏给李穆。

在以后的军事生涯中，李穆宠遇日隆，不但功劳大，心态也好，因而寿命也长。当同时期的那些老将一个个作古后，他还活得好好的，坐镇一方，倍受恩宠。尉迟迥叛乱时，他任并州总管。并州是大州，历来是精兵良将云集的地方，当年尔朱荣、高欢就是从这里起家发迹的。从地理位置上看，并州地处尉迟迥的相州与杨坚控制的关中之间，无论杨坚还是尉迟迥，都想争取这一战略要地。那么，在尉迟迥与朝廷间，李穆到底会倾向谁呢？

论年龄，李穆与尉迟迥相当；论交情，两人当年同在宇文泰麾下效力，有几十年的战斗情谊，这是杨坚所不具备的。从人情的角度讲，李穆倾向于尉迟迥的可能性更大。尉迟迥刚起兵，就派人跟李穆联络，希望共图大事，共享富贵，李穆的几个儿子和侄子也倾向于支持尉迟迥。杨坚明知自己处于不利局面，仍然努力争取李穆。他派柳裘为使者，前往游说。柳裘是著名的说客，对李穆及其子侄晓以利害，希望他们在大是大非面前认清形势，站稳立场。杨坚认为，仅凭柳裘去以理服人是远远不够的，还得以诚动人。当时，李穆有一个儿子叫李浑，在京师任职，按常理，在李穆没有表明立场前，杨坚应该扣留他做人质，以此为要挟，迫使李穆就范。然而，杨坚没有这样做，他让李浑回到父亲身边，也顺便劝劝父亲。换句话说，就算你李穆支持尉迟迥，我杨坚也决不拿你儿子做要挟，大丈夫光明磊落，绝不做那些下三烂的事。此举让李穆大受感动，认为杨坚是个君子，具备干大事的胸襟和气魄。

　　李穆是成熟的政治家，这么多年的官场和战场历练，早已将利害二字烂熟于心，支持谁与不支持谁，取决于风险与收益的比例，而不仅仅是交情。他知道，自己倒向谁，谁的胜算就更大。不过，无论是杨坚胜，还是尉迟迥胜，他也只能保持现有的利益。所不同的是，支持尉迟迥，他必须要跟着尉迟迥起兵，而支持杨坚，只需表明态度就行，相对而言，支持杨坚的风险更小，毕竟杨坚代表朝廷，再说这些年坊间关于杨坚相貌的传言，他也有所耳闻，结合杨坚现在的地位和行事风格，他认为，传言很有可能变成现实，现在自己年纪一大把了，不妨信命认命。因此，李穆最终倒向了杨坚一边，不仅扣押了尉迟迥的使者，还把尉迟迥给他的书信上交朝廷。他的儿子李士荣劝他倒向尉迟迥一边，被他痛斥了一番。为了表示自己的诚意，李穆让李浑回到京城，还给杨坚带去一把熨斗，上面刻了几个字："熨帖天下"。又让李浑给杨坚带去一条十三环的金腰带，这是天子专用的腰带款式，此举的用意很明显：别说你杨坚当辅政大臣我李穆支持，就算你要做皇帝，我也第一个支持。有了李穆的表态，杨坚信心倍增。李穆是元老派的领军人物，他这一表态，其他元老重臣也纷纷表态，站到了杨坚的一边。

　　双方交战，最忌第三方趁火打劫。当时，最有可能趁火打劫的第三方势力是北周帝国的邻居们，比如北方的突厥，南方的陈朝，还有偏安江陵一隅的后梁。

　　尉迟迥刚起兵，就与突厥通好，和陈朝结盟，还把自己的儿子派到陈朝做人质，争取陈朝的支持。如此一来，突厥和陈朝都卷入了这场战争。而北周在湖北江陵的附属国后梁也想趁乱复国，恢复梁武帝时期的辉煌。面对这些想趁火打劫的邻居们，杨坚采取了各个击破的策略。

　　对于突厥，杨坚采取了和亲手段。先前，突厥已经向北周求婚，宇文赟也答应了求婚的请求，把赵王之女册封为千金公主，准备将其嫁给突厥可汗，只是因为种种原因，才把婚事拖延下来，现在，杨坚决定践行北周与突厥的婚约，正式为千金公主发嫁，举行了隆重的送亲仪式。这样，突厥可汗就成了北周的女婿，没有理由再帮着尉迟迥跟北周对抗。

江陵的梁国见北周陷于内乱，也派柳庄为使者前来探听虚实。杨坚接见了柳庄，忆及当年自己路过梁国受到梁主盛情款待的情景，说两国的传统友谊来之不易，贵国几代国君都深明大义，忠于朝廷，现在大周皇帝年幼，自己受先帝遗命辅政，遭此国难，希望贵国在此关键时刻珍惜传统友谊，不要做出令亲者痛、仇者快的事情来。这番柔中带刚，绵里藏针的外交辞令，等于正告梁国，不要认为现在我国遭遇叛乱，你们就有机可乘，千万不要误判了形势，否则，一旦我平定叛乱，就要挥师踏平江陵。柳庄回去，把自己在长安的所见所闻，以及杨坚的气度和雄略告诉了梁主，深感在如此强势力的杨坚面前，最好少安毋躁，安于现状。

梁国的问题很好解决，毕竟它的实力摆在那儿，几句外交辞令就搞定了。但陈国是北周的宿敌，这些年双方你来我往，不知打了多少仗，要想陈国不参战，那是不可能的，对于陈国，只有通过战争解决战争问题。杨坚率先向陈国发难，在边境发起进攻，狠狠打，往死里打，迫使陈国大军不能越过边境与尉迟迥联合，形成南北夹击之势。

就这样，在正面战场之外的第二条战线上，杨坚牢牢掌握了主动权。现在让我们把目光转到正面战场上。

六、镇压尉迟迥之乱

得知尉迟迥起兵的消息，杨坚立即征调兵马，命韦孝宽为行军元帅，率军前往征讨。面对尉迟迥这样的猛人，韦孝宽能完成这个光荣而又艰巨的任务吗？让我们先来了解一下韦孝宽其人。

韦孝宽是京兆杜陵人，世代为三辅大族，读书人多，名将也多。他的祖父和父亲都是一代名将。韦孝宽很好地继承了家族的这一优良传传，在戎马倥偬的间隙，广泛阅读经史典籍，钻研兵法，在残酷的战争考验中，把自己历练成了一名儒将。他生性沉毅机敏，为人平和正直，善于安抚和驾驭部下，关心将士疾苦，士卒都乐于为他效命。

高欢在世时，东魏与西魏连年交兵。高欢从不把西魏当家人宇文泰放在眼里，但这位不可一世的枭雄最后却折戟于韦孝宽手中。公元546年，高欢调动太行山以东的所有兵力，进攻西魏。韦孝宽奉命驻守玉壁，这是高欢进攻西魏的必经之地，拿不下玉壁，进攻西魏就无从谈起。高欢原以为不费吹灰之力就能拿下这座弹丸之城，但他在这里苦战了六十多天，使用了各种攻城手段，用尽了他平生所有的智谋，也没能攻下这座城池，士卒伤亡及病死者十之四五，高欢眼睁睁地看着军力衰疲，不得不退军而去，回去不久，便抑郁而终。

从此，韦孝宽威名播于天下，南征北战，屡立奇功。后来，他又向宇文邕上书，主张发起灭齐之战，这就是著名的《灭齐三策》。宇文邕两次亲征北齐，所采用的策略基本与"三策"一致，最终灭掉了北齐。宇文邕死后，宇文赟荒淫残暴，胡作非为，朝政日非，众叛亲离，年近七旬的韦孝宽见天下归心于杨坚，也对杨坚产生了好感。

杨坚对韦孝宽也深信不疑，一则他是岳父独孤信生前的好友，与父亲杨忠的关系也不错；二则，这个人的人品实在没有什么可挑剔的。

杨坚辅政时，韦孝宽已经七十一岁，杨坚让他前去替代尉迟迥为相州总管时，他毫不犹豫地接受了这项光荣而艰巨的任务。

韦孝宽心里比谁都清楚，尉迟迥绝不会轻易就犯。与他一同前往相州赴任的还有新任相州刺史叱列长义。他让叱列长义先期前往，自己则一路逗留，静观其变。到达朝歌时，他碰到了贺兰贵。贺兰贵是奉尉迟迥之命在这里专程等候韦孝宽的，他见了韦孝宽，马上奉上尉迟迥的亲笔书信，尉迟迥在信中无非是说自己现在有事走不开，不能亲自前来迎接，并信誓旦旦地说自己一定接受朝廷诏命。

韦孝宽心里犯起了嘀咕，他知道以尉迟迥的个性，是不会如此轻易地答应杨坚提出的条件的。况且杨坚的这个决策说不上高明，以尉迟迥的官场经验和政治智商不会看不出来。韦孝宽与贺兰贵漫不经心地拉起了家常，希望能从他的话语中发现一些破绽，但是，狡猾的贺兰贵没有露出半点破绽。不过，韦孝宽总觉得有点不对劲儿，决定弄个究竟。

第二天，韦孝宽装出一副病怏怏的样子，又是咳嗽，又是喘气。七十多岁的人要装病是很容易的。偏偏这地方前不挨村，后不挨店，他又一再说自己走不动了，贺兰贵拿他没有办法，毕竟七十多岁的老人病成这样，你总不能强迫人家骑马飞奔吧，没办法，他只好一个人先回去向尉迟迥复命。韦孝宽又派人前往相州，以求医问药的名义打听相州的虚实，看看尉迟迥到底在干什么。

韦孝宽一行人走走停停，刚到汤阴，就碰见相州刺史叱列长义气喘吁吁地跑来，他说尉迟迥拒不受命，正在抓紧时间准备叛乱。韦孝宽赶紧让他回京向杨坚报信。

刚打发走叱列长义，韦孝宽的侄儿、魏郡郡守韦艺又来了，他是奉尉迟迥之命来迎接韦孝宽的。别看他是韦孝宽的侄儿，政治立场却跟韦孝宽不一样，他是拥护尉迟迥的。尉迟迥派他来的目的，是想利用叔侄关系麻痹韦孝宽。但韦孝宽是何许人，岂会受亲情影响。他跟韦艺进行了一番长谈，谈了半天，发现这小子居然没有讲一句真话，当即怒火中烧，大骂道：你小子竟敢向着外人来欺骗老子，无忠无孝，老子今天要替韦家清理门户，来人啦，把这小子拉出去给我砍了。

韦艺知道叔父是个令行禁止的人，说得出做得出，赶紧跪地求饶，并将尉迟迥正在紧锣密鼓准备造反的事和盘托出。真相大白：尉迟迥要发难了。

韦孝宽赶紧下令迅速返回，烧毁一路上的桥梁要道，牵走沿途驿站的所有马匹，并告诉驿将说："宁蜀公要来了，你们可以多备些酒菜和粮草，好好招待他。"

尉迟迥果然派仪同梁子康率领数百骑兵追赶而来，各个驿站按照韦孝宽先前的吩咐，好酒好肉招待，供应极为丰厚。追兵每到一处驿站都没有马匹换乘，又抵制不住那些美味佳肴的诱惑，于是，停下来吃吃饭、喝喝酒，让马匹歇一歇，而韦孝宽一行人沿途不断换乘马匹，快马加鞭，马不停蹄，很快就把追兵给甩掉了。

韦孝宽本打算迅速回长安，召集兵马，挥师东出，与尉迟迥决战。这时，一位幕僚对他说：东京洛阳防守虚弱，向无重兵守备，要抵挡叛军，必须依靠洛阳外围的河阳镇，如果尉迟迥先期占据河阳，洛阳就保不住了。一旦他占据洛阳，再挥师西进，与当年高欢父子虎视关西何异？韦孝宽猛然一惊，决定先掌控河阳防线。

但问题马上又出来了，驻守河阳的大多是函谷关以东的鲜卑人，他们的家小都在邺城，受制于尉迟迥，况且他们和尉迟迥的关系非同一般，正谋划着响应尉迟迥。怎么办呢？

韦孝宽是有办法的。他到达河阳后，密造东京官府文书，对那些鲜卑人说，这两年你们防守河阳太辛苦了，东京府已经为你为造名在册，向朝廷请赏，如今朝廷拨下赏赐，请你们分批去洛阳领赏。这些鲜卑人比较朴实，信以为真，当他们抵达洛阳时，全被洛阳守军扣留。

韦孝宽将河阳牢牢地控制在自己的手中，确保了洛阳的安全。

此时，朝廷诏命下达，任命韦孝宽为行军元帅，率领诸路大军东征讨伐尉迟迥叛军。手头有了兵马，韦孝宽就胸有成竹，决定放开手脚与尉迟迥对垒。这两位北周帝国的名将将在战场上一决高下，决定谁最有资格青史留名。

韦孝宽率军在怀州与尉迟迥的猛将薛公礼相遇，一鼓而将其击败，乘胜挥师进驻怀县永桥城东南。永桥城不大，却是交通要冲，城墙十分坚固，尉迟迥当然知道它的重要性，在那里囤积重兵，等待韦孝宽率军来攻。

诸将认为永桥城正当要路，应该全力攻占它，一路东进。但韦孝宽否定了他们的建议。他说："城小而坚固，倘若攻而不克，则有损我之军威。如果击败敌人大军，这座小城也难有什么作为。"韦孝宽于是率军进驻武陟。

到了武陟，诸将的老毛病又犯了，不遵号令，各行其是，谁也不愿向前进兵。这是为什么呢？原因很简单。驻守武陟的叛军将领是尉迟迥之子尉迟惇，这也是一员猛将，手握10万精兵驻扎在沁水东岸，正虎视眈眈。

大家也许会问，诸将不遵号令，难道韦孝宽不能用军法约束他们吗？这话问得好，不过，只要你明白了当时府兵制的建制，你就会明白，只要你所指挥的兵将不是本府的，有时你是很难用军纪去约束他们的，除非指挥者是皇帝或大冢宰，但是，韦孝宽没有这样的身份。

双方在武陟形成了对峙。

很多时候，对峙意味着暗流涌动，表面的平静蕴藏着不平静。尉迟迥开始打起了官军将领的主意，他派人秘密进入官军营垒，私下接洽以前跟他有交情的将领，送给他们大量金银财宝，许诺只要愿意跟他干，事成之后，一定会重重封赏。

世界上没有不透风的墙，当时，坚决支持杨坚的李穆为了表达自己的决心，让自己的子侄们走上战场，跟随韦孝宽讨敌。李穆的侄子很快得知了有官军将领接受尉迟迥贿赂的消息，尤其是梁士彦、宇文忻、崔弘度三人的受贿额度大，他赶紧把这一消息反馈给杨坚。

杨坚听到这个消息，立即找来刘昉、郑译商量对策。刘昉和郑译说，既然那三个人不忠诚，就另派三个忠诚的将军去把他们换了。杨坚觉得有道理，马上着手挑选替代的人选。这时，李德林找上门来了，他对杨坚说："丞相这样做是火上浇油。现在，你虽然挟天子以令诸侯，但说到底，你还是北周的臣子，与前方将士没有什么区别，人家凭什么忠诚你呢？再说，那三个人不忠诚，另外派三个人就一定会对你忠诚吗？何况收受敌方贿赂是一件虚实难辨的事情，若派人追查，不但会促使三人畏罪潜逃甚至临阵倒戈，还会波及其他将领，使人人自危，扰乱军心。况且临阵换将是兵家大忌，古往今来，因为临阵换将而招致败亡的不胜枚举，丞相千万不要重蹈覆辙。"一席话如醍醐灌顶，说得杨坚口服心服。

将领不能换，又不能查，但也不能听之任之，怎么办呢？李德林说，派监军，派一个让丞相信得过的人去做监军，他到了那儿，就等于有一双眼睛帮丞相盯着，如此一来，谁还敢乱动？

李德林就是李德林，杨坚除了佩服，就是立即行动，物色监军的人选。充当监军的人必须是自己的心腹，同时还要有智谋，到前线帮得上忙，不能坏事，能代表自己行使权力。让谁去合适呢？杨坚首先想到了刘昉、郑译，两人能把政变搞成功，谋略是没得说的，再说，造成今日之局面两人也有一份儿，现在大家是一条船上的人，你们不替我兜着谁替我兜着？

遗憾的是，刘昉、郑译搞阴谋诡计虽是一流，提到上前线却是胆小如鼠。当杨坚找他们谈话时，刘昉说自己没有带过兵、打过仗，怕去把事情办砸了；郑译说自己虽然带过兵、打过仗，但是家有八十老母，走不开呀！

两个人都不愿去，杨坚很犯难！正在这时，一个人主动前来请缨，此人不是别人，正是宣称哪怕被灭族也要追随杨坚的高颎，真是患难见真情呀！杨坚非常感激，当即让高颎以大丞相特使的身份前往监军，如同大丞相亲临，诸将有不听从调令者，一律军法从事。

高颎到了前线，整治军纪，上下肃然。韦孝宽那颗悬着的心终于落了地。他派人在沁水上架桥，准备渡河决战。

尉迟惇见状，立即从上游放下火栰，顺流而下，试图以火烧桥。高颎实在是位不可多得的监军，他派人事先制作好土狗（一种前锐后广，前高后低，状如坐狗的土墩），拦住了从上游漂下来的火栰。

尉迟惇原本是沿河布阵20里，见官军意欲过河决战，便命令部队后退，等韦孝宽大军渡过一半时，用火栰烧掉浮桥，率军三面合围，发起攻击，消灭半渡之敌军。可惜的是，他精心准备的那些火栰没有派上任何用场，官军很快全部渡过沁水。过河后，高颎下令放火烧掉桥梁，摆出破釜沉舟的架势。韦孝宽气韵沉雄，提高嗓门冲诸将喊道：我们已经没有退路，只有死战，方有一线生机。生死关头，官军一鼓作气，以一当十，冲向敌阵。他们像一群发疯的猛兽，以排山倒海之势冲乱了叛军阵形，叛军招架不住，一败涂地，尉迟惇控制不住局势，只好轻骑逃往邺城。韦孝宽率军乘胜追击，大军直抵邺城西门豹祠以南。

战斗到了最紧要关头，尉迟迥坐不住了，这位曾经在战场上叱咤风云的军事统帅与同样声名显赫的一代名将韦孝宽之间对决的时刻到来了。

尉迟迥与儿子尉迟惇、尉迟祐出动了邺城的全部兵力13万，在城南摆开阵势。与此同时，尉迟勤也率领5万大军从青州驰援邺城，先头部队3000名骑兵已经到达，这对邺城守军是一个巨大的鼓舞。

战斗打响，尉迟迥独领一军，头戴绿巾，身穿锦袄，号称黄龙兵。

尉迟迥虽已年老，但他久在军中，素有威信，他的士卒大多是关中人，一向很崇敬他，见他亲自披甲上阵，无不摩拳擦掌，杀气腾腾。邺城军奋力冲杀，个个骁勇无比，官军渐渐抵挡不住，败下阵来。

然而，戏剧性的一幕出现了。

邺城百姓见守军如此英勇，官军节节败退，争相出来看热闹，他们站在城南的高坡上，观看两军交战，兴致很高，有好几万人，聚成了一道道人墙。

行军总管宇文忻见状，立即与高颎、李询商议：形势危急，必须出其不意，攻其不备。当务之急，是先射杀那些围观的百姓，造成混乱，然后乘势冲击。高颎当即应允。宇文忻命令弓弩手射击观战的百姓，很快射倒一片，高颎、李询又率队冲击百姓。百姓顿时乱作一团，纷纷往往城里奔逃，惊呼声铺天盖地。

邺城军是背城而战，数万百姓往城里跑首先冲击的就是他们的方阵，很快邺城军的阵形乱了，宇文忻率众趁机大呼："叛军失败了！"邺城军不知就里，见四处乱糟糟的，顿时锐气顿减。韦孝宽趁势率军反攻，见人就杀，邺城守军抵挡不住，死伤惨重，无数邺城百姓也惨死于刀剑之下。混乱之中，尉迟迥退入邺城，韦孝宽纵兵围城，乘势发起攻城战。

李询和贺楼子干率军强攻，率先登上邺城。尉迟迥见突围无望，登上北门城楼，射杀官军数人。此时，官军将领崔弘度率领一群人顺着龙尾道登上了北门城楼，尉迟迥张弓正要射击，崔弘度摘掉头盔，对他说："老将军难道不认识我了吗？"尉迟迥停住了手中的箭，他当然认识崔弘度，两人还是亲戚，崔弘度的妹妹嫁给了他的儿子，论辈分，崔弘度还要叫他一声"姻伯"。不过，崔弘度说："咱们虽然是亲戚，但在下现在是为朝廷办事，不敢徇私情。我已经约束了自己的部下，让他们不要冲上来凌辱老将军，老将军还是自行了断吧！"尉迟迥无奈，长叹一声，拔剑从容自杀。

尉迟勤和尉迟惇等率领残兵败将，向东逃跑，很快被官军追上擒拿。韦孝宽又乘胜利余威，四处出击，肃清响应尉迟迥的其他藩镇势力，很快，函谷关以东地区全部被他平定。十月，韦孝宽胜利返回京师，十一月去世，享年七十二岁。

七、平定司马消难之乱

尉迟迥灭亡了，让我们把目光投向平定司马消难之役。

司马消难原是北齐人，字道融，河内温地人。他的父亲和司马相如只有一字之差，叫司马子如，官却比司马相如大得多，官至东魏的尚书令，相当于宰相。在东魏和北齐，司马家族是当之无愧的望族，司马消难是不折不扣的豪门子弟。

和大多数权贵子弟一样，司马消难喜欢附庸风雅，读过一些经史，喜欢自我标榜，以求声名。他当上著作郎之后，利用职务之便，广交宾客，身边云集了一大批风雅之士，如邢子才、王元景、魏收、陆卬、崔赡等人，这些人都是中原地区大名鼎鼎的文人才子。有了这些人的推波助澜，司马消难的名气越来越大，不久，他又娶了高欢的女儿，被任命为驸马都尉、光禄卿，出任北豫州刺史。

高洋取代东魏、建立北齐，起先也励精图治，北齐继续对西魏及北周保持战略上的优势，但到了晚年，高洋耽于酒色，昏庸暴虐，滥杀大臣，搞得朝野上下人人自危。司马消难害怕祸及自己，常常委屈己意，以图自保。时值乱世，流民成群，司马消难在北豫州安抚收容，很得民心。当时，高洋在并州，急召其弟上党王高涣入朝，高涣害怕入朝被杀，便杀了高洋派来的使者，向东逃跑，最后在济州被捉住。

高涣刚逃走时，朝臣们私下议论说："如今上党王叛逃，打算逃往成皋，如果他与司马消难的北豫州结成同盟，必将成为国家的灾难。"这本是群臣之间的议论，却被喜欢打小报告的人将这话报告给高洋，高洋一听，对司马消难不放心起来，怀疑他与高涣之间有什么见不得人的勾当。司马消难得知此事，认为高洋不会放过自己，便密令亲信裴藻从小路入函谷关前往拜见北周大冢宰宇文护，请求举州归附。此事被高洋知晓，高洋立即派重兵围堵，司马消难招架不住。关键时刻，杨坚的父亲杨忠和达奚武奉宇文护之命前往接应，杨忠以惊人的胆识和勇气完成了这一光荣而又艰巨的任务。此战之后，北齐将士闻杨忠之名而丧胆，杨忠因此战之功，被封为柱国大将军。

司马消难与杨忠一起入朝，被授为大将军，封荥阳公。后来，宇文阐娶了他的女儿，宇文阐做了皇帝后，他的女儿就成了皇后。不久，司马消难出任郧州总管。

其实，杨坚与司以消难的关系不薄。没有杨忠，司马消难可能早已成为黄泉路上的孤魂野鬼，司马消难也很感念杨忠的救命之恩，与杨忠结为兄弟，两人感情甚好，杨坚一直以叔父之礼相待。

但无数的历史事例证明，在权力面前，亲情尚且靠不住，何况是结拜之情呢？

宇文赟死后，杨坚大权独揽，司马消难认为，论资历自己比杨坚老，论关系自己的女儿是当朝皇后，自己是当朝国丈，比杨坚更有资格担当起辅政的重任，如今杨坚独据宰辅，却不给自己任何补偿，这太欺负人了！

当他听说蜀公尉迟迥不受替代，起兵对抗朝廷时，便动了与尉迟迥联合对付杨坚的念头，在尉迟迥起兵一个半月以后，他指使心腹田广等人杀掉了总管府长史侯莫陈杲、郧州刺史蔡泽等四十余人，然后举起反叛大旗。除了他所管辖的郧、随、温、应、土、顺、沔、环、岳等九州外，鲁山、甑山、沌阳、应城、平靖、武阳、上明、涢水等八镇也纷纷表示服从他的调遣。司马消难觉得这还不够，为了取得陈国的支持，他把儿子司马泳送到陈国作为人质，希望陈国能在关键时刻帮他一把。

此时，杨坚与尉迟迥正打得难解难纷，眼见司马消难这位"叔叔"也来凑热闹，非常恼火，立即命襄州总管王谊为行军元帅，征调荆、襄军队讨伐司马消难。

王谊虽然不是猛人，却是一个令人畏惧的人。他跟韦孝宽很相似，从小博览群书，弓马娴熟，长于智谋，是个做统帅的料。难得的是，这个人一身正气，当年宇文护专权，有位朝士仗着宇文护的宠信，在闵帝宇文毓面前不恭，王谊勃然大怒，拔剑上前就要杀他，从此，朝臣们再也不敢在宇文毓面前放肆。宇文邕即位后，他跟随宇文邕征战，屡建奇功，有好几次帮助身处绝境的宇文邕脱险，深得宇文邕赏识。宇文邕临死前对儿子宇文赟说："王谊是国家大臣，应把他放在机密位置，不必让他到远处为官。"不过，王谊过于刚直，宇文赟不想让他在眼前晃来晃去，索性将其外放，出任襄州总管。

王谊接到杨坚的任命，不到10天工夫，就组建起一支强大的讨伐大军。八月，大军正式向郧州进发。

司马消难一向畏惧王谊，听说王谊亲率四路大军浩浩荡荡杀奔而来，吓得连夜逃到了陈国。陈宣帝对他不薄，任命他为车骑将军、司空、随国公，继续对九州八镇发号施令。

这是很幽默的一幕，杨坚是北周的随国公，司马消难是陈朝的随国公，随国公打随国公，这太有趣了。陈国的意图很明显，让你们内耗吧，你们耗得越凶，对我越有利。

司马消难率领九州八镇的叛军与官军对垒，此时，北到商、洛，南至江、淮，东西两千多公里的地方，正活跃着一个强大的部落群——巴蛮，他们公推渠帅兰雒州为主。兰雒州也是个喜欢趁火打劫的人，他见北周帝国天下大乱，各路英雄四起，便自称河南王，表示愿意接受司马消难的节制，于是，司马消难的势力与北面的尉迟迥连成了一片。

不过，无论表面上看起来多么轰轰烈烈，如果主帅是个软蛋，那么他领导的这个群体注定缺乏血性，难以焕发出强大的战斗力。司马消难就是一个软蛋，它没有运筹帷幄，决胜千里的能力，却在陈国遥控指挥，这样的指挥实际上是瞎指挥。叛军集团人数虽多，却各自为战，混乱不堪。

王谊很敏锐地捕捉到了这一点，决定以我为主，各个歼灭敌人。他率部分路讨伐，不到一个月，就全部平定了司马消难叛军。

捷报传来，杨坚喜不自胜，接连派遣使节前往慰问，一路上冠盖络绎不绝，王谊无限风光。杨坚又把自己的第五个女儿嫁给了王谊的儿子王奉孝，不久又拜王谊为大师徒，位列三公。于是，王谊这位忠于北周朝廷的一代名将，渐渐归心于杨坚。

这是杨坚在政治上的得意之笔。

我们再交代一下司马消难的最终结局。杨坚代周建隋后，于589年灭掉陈国，司马消难作为阶下囚被送至长安。杨坚感念他曾与自己的父亲是结拜兄弟，免去了他的死罪，发配为乐户，二十天后被放回，放回之前杨坚还特地召见了他一次。他回去后，就在家中去世，死因不详。

总的来说，司马消难不是一个令人尊重的人，他沽名钓誉，夸夸其谈，虚荣心强，权欲心重，政治立场很不坚定，去留轻率，尤其是在内讧中勾结外国，更是人所不齿。所以当时的人只要提到反复无常，总会拿司马消难说事。

司马消难的妻子高氏是高欢的女儿，在北齐时，他对高氏很敬重。后来投奔北周，见高氏不再有利用价值，就抛弃了她。司马消难赴郧州上任，把高氏和三个儿子都留在长安。高氏对杨坚说："荥阳公多变而狡诈，如今让新宠跟着自己，一定不顾妻儿，希望您小心防备他。"也正因为如此，当司马消难投奔陈国时，高氏母子没有受到牵连，得到了杨坚的赦免。

八、剿灭王谦之乱

与尉迟迥和司马消难不同，王谦起兵对抗杨坚不是因为权力分配不均，而是因为感念宇文家族对王家的恩德。

王谦的祖籍晋阳（今山西太原），王家在当地很不起眼。他家的发迹，得力于宇文泰及其子孙们对王家的钟爱。

王谦的父亲叫王雄，年轻时追随贺拔岳西入函谷关，贺拔岳死后，归于宇文泰麾下，与杨忠一道名列西魏十二大将军。宇文氏代魏兴周后，王雄官至太傅、晋封庸国公，食邑万户，是北周帝国为数不多的几个万户侯之一。后来，王雄在随宇文护的一次征战中捐躯沙场。

王雄死后，朝廷特加优待，授予王谦柱国大将军的勋职。王谦是个孝子，以服丧未满为由，辞不受命。但宇文邕亲写诏令，强令他出仕，并承袭庸国公的爵位，食邑万户。后来，他参加了讨伐吐谷浑和灭齐之战，因军功被晋升为上柱国、益州总管。

宇文赟死后，杨坚辅政，王谦派司录贺若昂前往长安奉表。贺若昂回来向王谦陈述了长安的政治形势，说小皇帝年幼，杨坚大权独揽，排除异己，打击宇文家族的势力，诛杀皇室成员，大有取代大周天下之势。王谦听后，义愤填膺，认为自己世受国恩，当此国难之时，理应为匡扶国家做点事情。正在他对杨坚的所作所为不满时，杨坚以小皇帝的名义，诏命他入京，益州总管一职由梁睿代替。此举彻底激怒了王谦。他认为，如果忠于大周的地方将领都被削夺了兵权，那么杨坚要取代大周天下就不费吹灰之力。他决定不再忍让。

大象二年（580）八月七日，王谦宣布起兵，所管辖益、潼、新、始、龙、邛、青、泸、戎、宁、汶、陵、遂、合、楚、资、眉、普等十八个州纷纷响应，嘉、渝、临、渠、蓬、隆、通、兴、武、庸等十州也表示愿与他共进退。

杨坚没想到形势会在如此短的时间里急剧恶化，此时韦孝宽正与尉迟迥酣战，王谊正与司马消难的叛乱势力打得火热。王谦的起兵让他有些措手不及，而且益州地势险要，如果王谦据险自守，朝廷要想平定他是很难的。但事已至此，容不得他多想，他立即任命梁睿为行军元帅，率领步、骑兵20万前往征讨。

梁睿字恃德，安定乌氏人，世家大族出身，父亲梁御是西魏太尉。不过，梁睿一点没有权门子弟的纨绔气息，他深沉敏锐，很有德行。西魏王朝的当家人宇文泰很喜欢他，把他养在宫中长达数年，与自己的几个儿子生活在一起，一起从师受业，感情很好。成年后，梁睿走上征战生涯，在戎马倥偬中成长为名震天下的一代名将。

听说梁睿大军浩浩荡荡向益州进逼，益州总管府长史乙弗虔、益州刺史达奚惎劝王谦据险自守，静观事态发展。但是，王谦认为自己起兵是为了匡扶国家，据险自守岂不成了割据一方吗？他不愿背这个恶名。

隆州刺史高阿那瓌见王谦要主动出击，便为他筹划了上中下三策："将军亲自率领精锐部队，直指散关，蜀人知道您有匡君复国的气节，必定誓死效力，这是上策；出兵梁、汉，遥控天下，这是中策；坐守剑南，发兵自卫，这是下策。"王谦参酌，选用了中策。

他派开府李三王等人镇守通谷。事实证明，这是一次错误的用人。

李三王等人这些年在益州悠哉游哉，逍遥惯了，根本没有把心思用在如何打仗上，梁睿大军一到，他便慌了手脚。守军不堪一击，通谷很快失守，几千人被俘。

梁睿乘胜进军龙门，龙门守将赵俨、秦会拥众十万，面对梁睿大军，两人据险为营，围绕三十里，采取防守反击的战术，阻止梁睿大军前进。梁睿数次发起进攻，均无功而返。

赵、秦二人见官军数次受挫，相信用不了多长时间，梁睿就会知难而退。

这种想法是很幼稚的，他们忘记了梁睿是个打仗爱动脑筋的人。梁睿见正面攻击没有效果，便派人四处打探，看有没有通往山上的小路。在当地向导的引导下，他们很快找到了一条通往山上的秘密小道。梁睿命令将士们夜间从小路上山，迂回包抄，悄然而至。

天亮时，官军突然从山后出击，有如神兵天降，守军见状，大惊失色，梁睿趁势从正面发起攻击，叛军招架不住，龙门失守。

蜀人闻知龙门失守，胆战心惊，梁睿索性大造声势，挥师鼓噪而进，向剑阁、平林进军。

剑阁、平林地势险要，堪称"一夫当关，万夫莫开"。但是，龙门失守吓破了守将的胆，未战而先胆寒。梁睿大军一到，两地守将立即开门投降。

王谦在军事上接连失利，心里很窝火，派高阿那肱、达奚惎等集结重兵攻打利州，振奋士气，两人一鼓作气攻下了利州。很快，梁睿亲率大军赶到。达奚惎见状，立即分兵据守开远。

梁睿派张威、王伦、贺若震、于义、韩相贵、阿那惠等分路进攻达奚惎，战斗从午时一直打到申时，达奚惎抵敌不住，败逃到王谦那里。与此同时，梁睿派往剑阁、巴西、嘉陵的几路大军也得手，叛军势穷，捉襟见肘。梁睿挥师进逼成都。

王谦命达奚惎、乙弗虔守城，自己亲率5万精兵，背城布阵，以达奚惎、乙弗虔的儿子分别为左右军统帅，自己统领中军。他哪里知道，达奚惎、乙弗虔二人已经暗地里投降梁睿。

两军对垒，梁睿率先发起攻击，他的军队本来很有战斗力，但因达奚惎、乙弗虔之子所统率的左右两军故意怯阵，王谦的中军独力难撑，抵挡不住梁睿三军的攻势，王谦只好率军返身回城，当他到达城门口时，却发现护城河上的吊桥被高高拉起。达奚惎、乙弗虔等人已在城上竖起降旗。王谦只好率领二三十骑仓皇逃往新都。

新都县令落井下有利于，不但没有好好款待王谦，反而把他抓起来送到了梁睿那里。

梁睿让人押着王谦在成都的闹市区游街示众，然后当众将其斩杀，将其首级传送京师，至此剑南全部平定。

九、诛杀"五王"

叛乱四起时，杨坚的战场不止一个。当韦孝宽、梁睿等人率部和叛军酣战时，朝廷内部也是剑拔弩张，杀气腾腾。大敌当前，如果不能有效控制朝中局势，一旦让朝中的反对势力和外面的叛乱势力联合起来，后果不堪设想。杨坚将矛头指向了在朝中的"五王"。

前面说过，毕王宇文贤谋反，是"五王"从中捣鬼，杨坚明知这一点，却不追究，并以小皇帝的名义允许他们剑履上殿，入朝不趋。这不是因为杨坚信奉慈悲为怀的做人原则，而是因为"五王"的威望高，政治影响力大，一下子诛杀他们会引起天下震动。于是，他破例给他们优待，若是大家从此相安无事，自然是好事；若"五王"在得到如此优待的情况下，还要胡作非为，杨坚诛杀他们，天下人也容易理解。对于聪明的杀手来说，没有冠冕堂皇的借口，是不会杀人的！

　　杨坚将"五王"留在长安，不时派人监控他们的行动，有时亲自前往他们的府上坐坐，喝喝茶，聊聊天，表面上是交流思想，增进友谊，实则是察看"五王"有什么不安分的举动。

　　一段时间里，彼此相安无事。

　　各地藩镇举起反叛大旗后，"五王"坐不住了，他们见告急信像雪片般飞来，杨坚疲于应付。"五王"认为除掉杨坚的时机到了。于是，作为"五王"之首的赵王宇文招精心策划了一个饭局，打算在饭局上杀掉杨坚。

　　一天，宇文招找了个很好的借口，请杨坚吃饭。杨坚去了，毕竟大敌当前，做好朝廷内部的安抚工作，是必要的，只要能安抚好"五王"，朝廷就会风平浪静。不过，他也担心赵王在饮食里下毒，便自己带着酒肉前去赴宴。

　　杨坚到达后，赵王请他入席，宾主双方落座，便开始饮酒聊天。

　　赵王的两个儿子宇文员、宇文贯及小舅子鲁封、亲信史冑手持佩刀站在赵王身后左右两侧。杨坚带去的随从则大多在门外，只有杨弘、元冑、元威以及陶彻坐在门边。

　　赵王与杨坚拉家常，侃大山，不时说"丞相为国操劳，辛苦了!"

　　喝着聊着，彼此都有了些酒意，觉得有些口渴，赵王便命儿子把果盘端上来。

　　赵王一边说，一边用佩刀为杨坚切割瓜果，气氛非常融洽，杨坚大口大口地享受着新鲜的美味，没有觉得有什么不对劲儿。

　　赵王用佩刀叉了一块水果喂到杨坚嘴里，杨坚吃着吃着，还未吞咽下去，又一块水果又送到了嘴边，赵王的刀在杨坚的嘴边不停地晃动着，这可急坏了元冑。

　　元冑是洛阳人，身上流淌着北魏皇室的血统，从小就练就了十八般武艺，英勇果敢，加上他长得很酷，美髯虎须，看上去一副凛然不可侵犯的样子。他见赵王借叉水果之机，持刀在杨坚的面部晃来晃去，冲进屋，对杨坚说："丞相，府中有急事，您不能在此久留。"赵王见他从中搅局，大声呵斥道："本王与丞相谈心，正在兴头上，你是何人? 敢扫本王和丞相的雅兴，还不赶快退下!"

　　赵王本想借着王爷的身份将元冑呵斥出去，但元冑眼里只有杨坚，没有王爷，连皇帝老子都只是个符号，何况是赵王。他圆睁双眼，怒目而视，手握佩刀，两眼死死盯住赵王。

　　赵王心里一惊："请问壮士高姓大名!"

"微臣元胄，请大王恕臣无礼！"元胄如实回答。

赵王恍然大悟："啊，原来是齐王麾下的猛将，果然是位壮士！"

赵王亲自赐酒，元胄接过酒杯，一饮而尽。

赵王见元胄视线不离左右，温和地说："丞相为国操劳，本王请丞相到舍下小酌，只是谈心叙旧，并无恶意，将军何故如此猜测警惕本王？"

"丞相乃国家辅臣，安危系于天下，微臣奉皇上旨意侍奉丞相，自当竭心尽力，时刻提高警惕，保卫丞相安全，这是微臣的职责，请大王见谅！"

赵王见难以在席间下手，一会儿后，便假称身体不适，装着一副要呕吐的样子，准备趁此机会出去到后院，招呼刀斧手进来，元胄见状，立即快步上前扶住赵王，一把把它摁回到椅子上，又是给他捶背，又是帮他糅心窝。赵王一会儿又站起来，捂着嘴往外跑，元胄又把他摁回去，继续重复刚才的动作，"如是者再三"。赵王无奈，只好说自己口渴，命元胄到厨房中去取茶。元胄站着丝毫不动：要上茶，请府上的下人们去办吧，我是客人！

这时，门外通报，滕王宇文逌驾到。滕王是王爷，杨坚是大臣，按规矩，杨坚应该降阶出迎。于是，杨坚亲自走下台阶，前往迎接，元胄趁机对高祖耳语道："此处情况不妙，请丞相赶快离开。"

估计杨坚是酒喝多了，还没有明白过来是怎么回事，对他说："他没有兵马，能把我怎么样？"元胄说："丞相，这里的兵马都是他们的，一旦他们先下手，大事就完了。在下虽然不怕死，但就怕最后粉身碎骨也保卫不了丞相呀！"

杨坚将宇文逌迎进屋里，重新坐下，大家又一起吃瓜喝酒。高度警惕的元胄听见屋后有披铁甲的声音，心知后院埋伏了刀斧手，立即高声对杨坚说："相府有急事，不早了，丞相怎能如此久坐！"说完强行扶杨坚下席，催他赶快离开。杨坚这才明白情况不妙，赶紧外出。

赵王急了，想上前追赶，元胄手持佩刀，堵在门口，仿佛一座铁塔，威风凛凛，赵王不敢硬拼，杨坚在杨弘等人的保护下，上马急驰而去。

元胄见杨坚已经脱险，也一个箭步上前，翻身上马。杨坚刚到达相府，元胄便飞马赶到。赵王悔恨自己没有抓住时机，致使功亏一篑，气得手拍桌子，将手指敲出了血。他知道大势已去，接下来的事情不是他是否能杀杨坚的问题，而是杨坚是否会放过他。

杨坚当然不会放过他，给了你们求生的机会，你们却时时想着要我杨某人的性命，现在外面那帮叛军闹得这么凶，朝廷怎能留下你们这帮跟我势不两立的家伙。

七月二十九日，杨坚矫诏称赵王宇文招和越王宇文盛谋反，将两人处死。

以上是《周书》和《资治通鉴》里的记载。但是，这段记载未必可信。赵王是"五王"之首，威望高，脑子活，考虑问题应该很周详。他若想谋刺杨坚，一定会准备好几套方案，方案与方案之间环环相扣，一套方案失败，就会启动另一套方案。比如借切割水果行刺不成，他就会启动刀斧手，而启动刀斧手，根本无须自己亲自去喊，随便一个暗号就可以启动，比如咳嗽，摔杯，赵王的举动显然不符合他的身份和政治智商。其次，杨坚在席间的表现同样不可信，赵王拿着刀在他的面部晃来晃去，他居然没有一点反应，元胄把话都说到那个份上，他居然还不相信，这哪里是一个雄才大略的杨坚，如果他的反应如此迟钝，这个天下他还玩得转吗？此外，事后对这个案件的处理也让人大跌眼镜，在整个过程中，赵王是主谋，中途滕王闯进来了，滕王可以视为从犯，但最后被杀的却是赵王和越王，而越王在整个宴会过程中并未现身。所以，所谓赵王谋刺杨坚，这是一个让人难以置信的事件。事情的真相应该是《隋书·高祖本纪》里所透露的："五王阴谋滋甚，高祖赍酒肴以造赵王第，欲观所为。""五王"阴谋除掉杨坚这是不争的事实，宇文贤谋反案就是他们指使的结果，何况现在叛乱四起，正好可以浑水摸鱼。杨坚听到风声，便自带酒菜前往赵王府，找赵王喝酒，从中观察赵王的反应。杨坚是有备而来，赵王却是措手不及，所以，才会出现酒宴进行到一半，滕王闯进来的这一幕。大家在一起喝酒是真，所谓谋刺，纯属子虚乌有的事。酒宴中的那些惊险情节，完全是杨坚事后添加的，反正生杀予夺的大权掌握在他手里，欲加之罪，何患无辞？

不管此事的真相如何，反正此事之后，赵王和越王两家被灭门了。赵王是"五王"之首，在宗室中的威望最高，越王又以文韬武略著称，两王被杀，"五王"联盟就失去了主心骨，实力大打折扣，不再对杨坚构成致命威胁。不过，杨坚不打算就此罢休，政治斗争的残酷性使他认定了这样一条逻辑：一切跟我过不去的人结局有一个——死。

十月，杨坚以"怨恨执政者"的名义，诛杀陈王宇文纯。十二月，又随便找了个借口，诛杀了代王宇文达、滕王宇文逌。至此，"五王"被全部诛杀，他们的党羽被一网打尽。宇文家族元气大伤，再也无力和杨坚对抗。

十、进位随王

随着外部的叛乱势力逐步被平定，朝廷内部的反对派被清除，杨坚清除了通向权力路上的绊脚石，没有人再能再阻止他干什么了！他的身份也一变再变。

大象三年（580）九月，杨坚以小皇帝的名义，废除左右大丞相，设置大丞相一职，由自己出任大丞相，独揽相权；随后又任命长子杨勇为洛州总管、东京小冢宰，掌管原北齐地区的军政大权；十月，杨坚在大丞相的基础上加授大冢宰一职，同时高规格追封曾祖杨烈、祖父杨祯、父亲杨忠，正式发出向皇权进军的信号。

在杨坚的授意下，刘昉、郑译等人积极行动起来，装出一副为北周天下着想的样子，劝周静帝宇文阐晋封杨坚为王。他们对宇文阐说，大丞相之功，古今罕有，但大丞相现在只有公的爵位，公爵比王爵低，以公的爵位是无法镇住那些图谋不轨的诸侯王的，只要陛下封随国公为王，他就可以名正言顺地向天下人发号施令，为大周帝国的长治久安立下不朽功勋！

宇文阐到底是个只有 8 岁的小孩子，哪里经得住这帮官场老油子的连哄带骗，于十二月下诏，杨坚由随国公晋爵为随王，封十郡之地为国。

杨坚装模作样地推辞了几遍，小皇帝不明白这其中的缘故，还以为杨坚遇到了什么难题，不愿为大周帝国操劳，心里急了，连连下诏，希望杨坚接诏奉命。

群臣明知道是怎么回事，却一个个"装傻"，婆口婆心地劝杨坚接受诏命。杨坚要的就是这种场面：不是我要当王呀，是你们一个劲儿要我当，没有办法，"盛情难却"，我只好当了。于是，杨坚从随国公变成了随王，在他的封国内可以设置丞相以下的各级官职。

郑译等人在杨坚的授意下，又去哄宇文阐，宇文阐随即下诏追封杨坚的祖父杨祯、父亲杨忠为王，祖母、母亲为王妃。

转眼又是新年，新年应该有新气象。大象三年（581）春正月初一，杨坚以小后帝的名义下诏改元，改大象三年为大定元年。所谓大定，就是天下大定，大事已定，一切都已成竹在胸！

正月初五日，又下诏举荐天下英才。凡军职在上开府以上、文职下大夫以上、外任刺史以上者，须各举荐清廉能干者三人。大家也许会认为，举荐英才好呀，各级官吏可以趁机把自己的亲信塞进去，培养自己的势力，或者趁机收取好处费。客观地说，这种可能不是没有，历朝历代也不乏这样的人。但是，你若想在杨坚面前玩这一套，那你得为自己准备 10 个脑袋。且不说你若收受贿赂该当何罪，即便你举荐的人在你看来是贤人，你也不敢掉以轻心。因为被举荐者做官任期满三年后要接受朝廷考核，有功劳的受赏，举荐人也同等受赏；若是有过失要被罚，那么举荐人也同样要被罚。你举荐的人若是被杀头，你也要被杀头。如此一来，谁还敢徇私舞弊，不尽心举荐贤才呢？

大定元年（581）春二月，在刘昉、郑译等人的撺掇下，周静帝又下诏，将杨坚的职务换成了相国，加封十郡之地，加上前面所封，共二十郡；特允杨坚佩剑著履上朝，入朝不趋，向君王行礼时，称官不称名，备九锡之礼，加授玺绶、远游冠、相国印绶，地位在诸王之上。

就这样，杨坚成了天下第一王，但这不是他的最终目标，他的野心已经昭然若揭，比司马昭之心还明显！只是那个小皇帝看不懂。不是因为他身边没有明白人，而是因为那些明白人全是杨坚的人。

十一、杨太后的无奈

天下人都知道杨坚要想做皇帝，只不过，他不想背上篡逆之名，想体体面面地登上皇位。他现在需要的是一块遮羞布。要找这样一块布一点儿也不难找。

第一个开始行动的是并州总管、申国公李穆，他秘密上表，劝杨坚登基即帝位。

听说李穆采取行动了，其他大臣自然不甘落后，这是个立功的好机会，拥戴之功谁不想立？谁也不能落后！这是个政治立场问题，谁愿意落后，就意味着谁有政治问题。于是，群臣纷纷劝进。杨坚一个劲儿地推辞，说什么自己父子几代受朝廷大恩，如今自己官居宰辅，位在诸王之上，理当尽忠辅弼，万不可做这种不忠不义之事。

群臣急了，一副不依不饶的样子。杨坚也急了，一副绝不答应的样子。

还是李穆心里明白，他认为这件事得从小皇帝身上着手。于是，有人悄悄地告诉宇文阐，说杨坚有天子相，登基为帝是天命所归，任何阻挠杨坚登基的人都没有好下场，赵王、越王、滕王、尉迟迥、王谦等人就是例子，当务之急，陛下应当主动将皇位禅让给随王，以保全性命，让天下百姓免遭战乱之苦。

宇文阐是个孩子，哪里经得起这样的恐吓，哭着跑去把这件事告诉了皇太后。

皇太后是谁？是杨坚的女儿。就这有点搞笑了，宇文赟在时，宇文阐的生母朱氏已被立为皇后，宇文阐做了皇帝，自己的生母也是太后，有事他为什么不找生母，而要找杨坚的女儿呢？这其中有两个原因，一是他的生母朱氏娘家没人，在朝廷里说不上话，过日子都得看别人的脸色，平常谨小慎微，哪敢管这些事；二则是因为杨后有一副菩萨心肠，很喜欢宇文阐，视如己出，无微不至地关心他，比他的亲娘对他还要好，再加上她是杨坚的女儿，在朝廷里也说得上话，因此，宇文阐觉得她能保护自己，有事自然要去找她。

听了宇文阐的哭诉，杨后非常吃惊。

当初，宇文赟病重时，杨坚入宫侍奉，刘昉和郑译等人伪造诏书，让杨坚辅佐朝政。杨后是坚决支持的。那样，不但她在后宫的地位不会动摇，杨家人也不用再像以前那样提心吊胆过日子。但是，她支持父亲辅政，不等于会支持父亲废帝自立。她是北周帝国的皇太后，所谓"嫁鸡随鸡，嫁狗随狗"，嫁出门的女儿，就是泼出门的水，不再是娘家人，凡事都要站在夫家的立场说话。如今，父亲居然派人劝说小皇帝禅位，她当然不会接受。

杨太后脸色骤变，立即派人宣杨坚进宫，质问他是否真有这事。

面对女儿的质问，杨坚默不作声。

杨太后再三逼问，杨坚见回避不是办法，只好硬着头皮说："大臣们非要如此，我有什么办法？现在已势成骑虎，为了天下百姓，为了杨氏家族，我想不这样做也不行了……"

杨太后原为以通过这次召见，父女之间一番沟通后，能打消杨坚的念头，没想到杨坚却把话说得如此淡定自然。她十分悲愤地说："皇上可是您的外孙！我是你的女儿！你将如何处置我们母子！"说罢，号啕大哭，转身走进了内宫。

看着女儿悲痛的样子，杨坚的心情极为复杂。他并非不爱女儿，但是，政治场上容不得太多的亲情，何况嫁出门的女儿是夫家人，胳膊总是向外拐。这些年，他过得太不容易了，从'西魏末帝'、'同窗皇帝'、'连襟皇帝'、'亲家皇帝'，到'女婿皇帝'、'外孙皇帝'。除了在'西魏末帝'那短暂的一朝外，他几乎一直是在夹着尾巴做人，即便如此，也是如履薄冰，如临大敌，好几次差点丢掉了性命。历经这些劫难之后，他想通了，也想透了，要么就被别人踩在脚下，要么踩着别人的肩膀登上权力的顶峰，让天下人听命于自己。

望着女儿离去的背影，杨坚打定主意：等我做了皇帝，我一定会好好待你。

只有我做了皇帝，我们父女才有更多的亲情可言。我若不做皇帝，将来杨家必遭灭门之灾，到那时还谈何亲情？这就是政治，没办法，别怪老爸狠心！

杨坚回到家里，有些放心不下，赶紧让夫人独孤氏进宫劝慰女儿。

人们常说，父子同情，母女连心，母女之间总是能找到共同语言。经过一番沟通，独孤氏总算做通了女儿的工作，杨太后勉强同意了杨坚的要求。她知道大周帝国完蛋了，那么多宇文家族的血性男儿都挽救不了帝国的命运，她一个外姓弱女子又能做什么呢？不过，她提出了一个条件：小皇帝年幼，希望能保全他的性命。杨坚满口答应。

十二、代周兴隋

劝杨坚登基的书表如雪片飞来，这其中最引人注目的是上柱国、益州总管梁睿。梁睿因为平定王谦之乱，威震西川，他恩威并施，蜀地百姓和南方蛮夷都对他心悦诚服，他的声望越来越高，成为尉迟迥之后，可以影响朝廷政治格局的地方实力派人物，连杨坚心里也有几分忌惮他。幸好，大才子薛道衡在蜀地从军，一天他和梁睿宴饮，见梁睿有些志得意满，劝他说："天下民心，已归向随王，将军身为封疆大吏，难道不应该表明自己的态度吗？"梁睿是军事家，不是政治家，他明白军事家是玩不过政治家的，听了薛道衡的话，猛然省悟，立即上表劝杨坚登基。

梁睿这样的实力派人物都主动上表劝进了，其他地方官员岂能落后？很快，朝野上下形成了新一轮的劝进浪潮。

杨坚再三"推辞"，劝进的大臣们也很配合，再三劝进，反正他越推辞，大家就越是要劝，好像他不当皇帝，天下老百姓就没法活似的。没办法，杨坚只好"不得已"地顺从了"民意"，并再三说：都是你们这些人陷我于不忠不义之地！

杨坚接受了劝进，群臣又去宇文阐那里请愿：天下归心随王，请陛下顺从天意，"禅位"随王，做个有德的"尧舜"之君。

宇文阐哪见过这种架势，吓得六神无主。群臣摆出一副不达目的不罢休的架势。杨太后见状，知道局势已无法挽回，只好降懿旨让小皇帝下诏"禅让"。

其实，下诏只是个程序，诏书根本不用小皇帝写，估计以他的水平也写不出什么像样的诏书，天下第一大手笔李德林早就替他写好了，只需他签个名，盖个章，让人宣读一下就行了。禅位诏云：

　　元气肇辟，树之以君。有命不恒，所辅惟德，天心人事，选贤与能，尽四海而乐推，非一人而独有。周德将尽，妖孽递生……朕虽寡昧，未达变通，幽显之情，皎然易识，今便祗顺天命，出逊别宫，禅位于隋，一依唐虞、汉魏故事。

　　诏文写得冠冕堂皇，说天下已归心于随王，朕虽然年纪小，不谙世事，但也能认清形势，懂得大势所趋，决定顺应天命人心，依照当年尧舜、汉献帝的旧例，禅位于随王，以造福苍生。诏书一宣读，就等于周静帝正式表态了：随王你就准备做皇帝吧！

　　"接到"诏书，杨坚又再三推让。小皇帝再三"下诏"，杨坚又是一副"不得已"的样子，口称天意、民心难违，君令难违，只好勉力为之，以不负天下苍生之望。接下来就是择日举行禅让大典了。

　　日子早就选好了，帮他择日的是星相家庾季才。日子定在二月的甲子日。之所以选择这个日子，那是很有讲究的：在十二月建中，二月建卯，卯在八卦中居于震位，乃木之旺相之位，居于正东方，此乃天之正位。太阳象征着天子，天子即位应该在二月，所以，《周易》有"帝出乎震"之说。二月那么多天，到底哪一天最好呢？庾季才说甲子日最好，因为甲是天干的开始，子是地支的开始，甲子象征着开天辟地。这一年二月的甲子日又适逢惊蛰，在二十四节气中，惊蛰象征着阳气复苏、万物萌动，一切都将蒸蒸日上。庾季还引经据典说，当年周武王灭纣王，就是在二月甲子日即位成为天下共主的，周朝也因此得以享国八国年，成为中国历时上享国最久远的朝代，所以，新朝取代旧朝的日子最好定在二月甲子日。

　　杨坚采纳了庾季才的建议。

　　大定元年（581年）二月十四日，也就是甲子日那天，北周静帝宇文阐在临光殿举行"禅让"大典，杨坚正式登基即皇帝位，在南郊设坛，烧柴祭祀告天。这天，杨坚禀告祖庙，大赦天下囚犯，国号"隋"，改元开皇，定都长安。杨坚就是历史上的隋文帝。

　　大家可能要问，杨坚的父亲被封为随国公，他承袭父亲的封爵，又晋升为随王，称帝后，国号理应叫"随"，为什么又变成了"隋"呢？这很好理解。杨坚是一个信命的人，他相信自己做皇帝是天命所归。但是，越是信命的人忌讳越多。大家知道，"随"字的繁写是"随"，什么意思呢？就是跟着别人走的意思。

　　杨坚认为，以前父亲和自己是西魏和北周的臣子，臣子随着君王走天经地义，现在自己做了皇帝，普天之下唯我独尊，哪里还能再跟别人走呢？只能是天下人跟自己走。于是，他就把"随"字中的"辶"去掉，变成了"隋"。

　　杨坚不仅在定国号上费了一番心思，在定年号上也是绞尽脑汁。改朝换代后的第一个年号叫开皇。从字面意思讲，开皇就是开辟皇家基业。但其深层含义远不止于此。"开皇"既是佛教名词，又是道教名词。在佛教里，开皇的意思是"圣皇启运，像法载兴"。杨坚出生在寺院，由尼姑智仙抚养成人，智仙告诉他佛教即将遭遇浩劫，他是佛祖派到这个世界上来拯救佛教的，将来会大富大贵。如今，智仙的预言变成了现实，他位居九五，君临天下，富贵无比，应该履行佛祖交给自己的使命，光大佛教。而道教又在《灵宝经》里说，天地之间，每41亿万年为一个劫数，每一个劫数开始就是一个新年号的产生。杨坚以"开皇"为年号，等于是向世人昭示：一个新的劫数开始了，这个劫数要历经41亿万年。可见，杨坚的目标不是让大隋王朝享国800年，而是要享国41亿万年，这跟当年秦始皇梦想自己的帝业能二世、三世、千万世传下去，如出一辙，他深信，有佛祖和道教中的太上老君保佑，大隋帝国一定会万寿无疆，传之无穷。

　　国号定了，年号定了，杨坚成了大隋帝国的开国皇帝，接下来就是追封祖宗，册封皇后，册立太子，分封宗室子弟，为文武百官加官晋爵，让大家分享改朝换代的好处，尤其是像李穆、梁睿等率先拥戴他的人，更是居身显要，沐浴皇恩。

　　总体来说，杨坚对前朝留下的大臣是比较宽容的，毕竟新朝开始，要展示自己的包容气度，只要不是明目张胆地与自己对着干，即使是那些对前朝忠心耿耿的大臣，杨坚也会对其委以重任。当时有一个叫荣建绪的官员，跟杨坚关系不错，在杨坚改朝换代的前夕，出任息州刺史。杨坚对他说，你先别去，在京城逗留几天，咱们一起享富贵。那意思是说，朝廷要变天了，你就留下来参与改朝换代的行动吧。荣建绪说，这些话不是我一个作为臣子的人敢听的，这些事不是一个作为臣子的人敢做的。说完就走马上任去了。杨坚代周建隋以后，荣建绪以刺史的身份回京朝拜。杨坚问他先前不听自己的话，现在后悔吗？荣建绪说："臣境非徐广，情类杨彪"。徐广是东晋的大臣，权臣刘裕取代东晋建立刘宋王朝，他悲不自胜，失声痛哭。杨彪是汉末名臣，曹丕取代东汉建立曹魏后，他不愿意为曹魏效力，终身闭门不出，自称汉臣。荣建绪这番话的意思很明显：有什么后悔的，我是前朝的臣子，自当忠于前朝，对隋朝的官不感兴趣，我早就做好了闭门不出的准备。杨坚一听，笑着说，"朕虽不晓书语，亦知卿此言不逊。"我这个人虽然没有读多少书，但一听你这话就知道不是什么好话。话虽如此，杨坚仍然给荣建绪加官晋爵。杨坚深知，一个王朝要想长治久安，就需要有大批像荣建绪这样忠诚不二的人，再说，改朝换代之初，几乎所有的大臣都是前朝的遗老遗少，自己若不展示包容的气度，又怎么让他们断绝对前朝的念想为新朝服务呢？于是，以善待荣建绪为契机，杨坚大肆笼络人心，朝中大臣很快度过了改朝换代的不适应期，开始从心理上认同新王朝。

当然，对于北周废帝和宗室，杨坚就没有那么客气了。

杨坚登基后的第六天，就下诏封周静帝宇文阐为介国公，食邑 5000 户。介国公旌旗车马服饰礼乐，一切都像做皇帝时那样，向杨坚上书不叫表，杨坚答表不叫诏。其他周朝诸王，全部降位为公。

周静帝真够可怜，王谊等人平叛有功，尚且被封为万户侯，他作为一国之君拱手让出自己的天下，却只得到了五千户食邑。更可悲的是，就算这样的待遇，他也不能长久享受。

降低北周宗室的爵位只是第一步，下一步是如何处置他们。

内史监兼吏部尚书虞庆则劝杨坚将宇文宗室全部杀掉。高颎、杨坚的弟弟杨惠也支持虞庆则的主张。杨坚采纳了他们的建议。然而，李德林坚决反对，认为此举是滥杀无辜。理由是陛下并非是在天下大乱、救民于水火之中君临天下的，相反，是在前朝幼主暗弱、不能继统朝纲，受群臣拥戴而拥有天下的；很多人对此不服气，现在正需要展示圣朝的宽容、宽恕以收揽人心，如果此时对北周的宗室斩尽杀绝，会大失人望，陛下不可不深思。李德林的说法并非没有道理，但是，此语不知不觉地触及了杨坚的忌讳，意思是他的天下不是靠自己的真本事打下来的，而是靠欺负孤儿寡母夺来的。杨坚听了顿时火冒三丈，说道："君书生，不足与议此。"你不过是一介书生，哪有资格讨论这样的国家大事。一句话就把李德林的嘴给堵住了。在杨坚看来，宗室与前朝的大臣不一样，大臣是打工的，给谁打工不是打工？而宗室则是前朝的主子，有名分，有号召力，一旦他们想东山再起，或者被人利用给人家当枪子，那就麻烦了。正因为他的天下来得不光彩，他才更忌讳那些别有用心的人从中作梗，只有杀掉宗室，才能断绝野心家们的念想。

就这样，三个月后，废帝宇文阐莫名其妙地死去，死时不到 9 岁。北周帝国伴随他的作古而成了一个历史符号。随后，宇文泰、周闵帝、周明帝、周武帝、周宣帝等人的所有子嗣，只要还活在世上的，一个个都去见了阎王爷。至此，杨坚认为，来自前朝宗室和遗老遗少们的威胁解除了。

对啦，还有一个重要人物的结局又怎样呢？这个人不是别人，是杨坚的女儿杨丽华。她是前朝的皇太后，作为宇文家的媳妇，她是不赞成自己的父亲夺取宇文家的天下的，但是作为一名弱女子，她又无力阻挡这一历史大势，她只能把自己的不满表现在自己的言行举止上，这就是《周书·后妃传》所说的"后知其父有异图，意颇不平，形于言色，及行禅代，愤惋逾甚"。现在杨坚君临天下了，他该如何对待这位前朝的太后、自己的女儿呢？他是"内愧之，改封乐平公主，久之，欲夺其志。公主誓不许，乃止。"即心里还是觉得有些对不起自己的女儿，现在前朝不存在了，便改封这位前朝的太后为乐平公主，过了一段时间，还打算给她找个好女婿。但是，女儿没有领他的情，守寡而终。她是一个可怜又可悲的女人，集前朝太后与当朝公主于一身，这样的双重身份在古今中外的历史上绝无仅有。

有人说，杨坚的天下来得太容易了，从矫诏辅政，到代周建隋，只用了九个月的时间。其实，这只是表象，他的天下来得一点也不容易。杨坚历经六朝皇帝，见惯了血雨腥风，历经无数劫难，才逐步认定了这样一个真理：权力决定一切。为了自身的安全，为了家族的利益，他必须想办法攫取更大的权力。虽然，以他 39 岁的年龄去夺取人家孤儿寡母的天下，有些胜之不武。但是，在通往皇权的道路上，一切仁义道德都是苍白无力的。只有胜利者才有权评判一切。

正因为杨坚的天下来得不容易，不光明正大，所以，从登基那天开始，他就发誓要让自己的帝国与众不同，超越前代，让老百姓觉得生活在他的帝国里是一件很幸福的事。

第六章　初展国威

一、威服吐谷浑

杨坚虽然以"禅让"的形式，十分体面地终结了北周宇文氏的统治，但是，这个过程充满血腥气，他跟尉迟迥、司马难消、王谦及其他大大小小叛乱势力的对决，付出了数十万人马的伤亡代价，诛杀"五王"及其追随者也同样血腥四溢。

这股血腥气让代周而起的大隋帝国伤痕累累，也让大隋帝国的邻居们闻出了别样的味道，这正是它们趁火打劫的好时机。陈国、突厥、吐谷浑一个个出手不凡，从中捞到了不少好处。连仅据有江陵一郡、暮气攻心的后梁也跃跃欲试。

杨坚登基以后，那些已经出手的邻居仍不愿收手，它们认为隋朝初建，内部不稳，杨坚的主要精力会用于稳定朝政，无暇顾及它们，决定把趁火打劫的勾当继续进行下去。处于大隋帝国西北方的吐谷浑充当了急先锋。

吐谷浑本是慕容部鲜卑贵族族徒河涉归的一个儿子的名字，徒河涉归死后，慕容家族的慕容若洛当了部落联盟首领，吐谷浑与慕容若洛不和，率领所属部众向西穿越陇州，来到甘松之南，洮水之西，白兰山以北一带游牧，逐渐形成一个强大的游牧政权，这个游牧政权被称为吐谷浑。

到了西魏、北周时代，吐谷浑的部落首领开始自称可汗，定都于青海湖以西15里的伏俟城。虽然建立了自己的政权，但吐谷浑人并没有改变游牧部落的生活习性，他们有城郭而不居，依旧逐水草而迁徙，畜牧业非常发达，他们从西亚购得波斯草马，与当地的马匹配种，生下一种叫做青海骢的杂交马，俗称"青骢"，能日行千里。有了这种良马，他们的机动作战能力大大提高，来去飘忽，疾如烈风，组建起一支强大的战略机动部队，很快兼并了鄯善和且末等国，实力迅速崛起。

当时，吐谷浑的可汗叫吕夸，贪婪成性，趁着北周与北齐对峙，不时进入北周地界抢夺财物。他的战术很简单：趁你不注意时就抢你一把，抢了就跑。周军一时拿他们没有办法，只好加强戒备，防御他们偷袭。

杨坚辅政时，北周帝国叛乱四起，他忙着镇压国内叛乱，对付朝中政敌，哪有精力去考虑边境上的事情。吕夸得知这一切，以为有机可乘，便更加频繁地侵略骚扰。

杨坚称帝后，吕夸继续肆意侵扰，挥师侵入隋朝边郡弘州。

此时的杨坚考虑到大隋初建，首要的任务是安定人心，与民休养生息，况且弘州地广人稀，不易防守，见吐谷浑成天在那里扰乱，索性撤掉弘州建制，任由吐谷浑在那一带出没。对于不识好歹的侵略者来说，退让意味着软弱可欺。吐谷浑见隋军退却，认为隋军害怕，便顺势进犯凉州。

这样做就是得陇望蜀了，杨坚肯定是不会答应的。给了你弘州，你还要凉州；如果再给你凉州，你岂不还要长安？真是不知天高地厚，老虎不发威，你还认为是病猫，那咱们就动点真格的吧！

杨坚召集群臣商议，十分严肃地说："朕受命于天，抚育四海，务使一切生灵皆以仁义相向。没想到吐谷浑胆大妄为，不仅不来长安朝贡，反而肆意侵犯天朝领土。是可忍，孰不可忍！"皇帝都忍无可忍了，做大臣的还能保持沉默吗？君臣很快达成一致意见——征讨吐谷浑。

杨坚把保家卫国的光荣任务交给了一个叫元谐的人。

元谐是杨坚在太学读书时的同学，在戎马倥偬中立下累累军功。杨坚任丞相时，将其揽至麾下。在平定尉迟迥叛乱中，元谐立下大功，杨坚称帝后，他被升任为上大将军，封乐安郡公，食邑千户，并奉诏与高颎、李德林等人一起修改律令。

如今吐谷浑犯境，元谐奉命挂帅出征，非常兴奋，对于武将们来说，战场永远是他们证明自己的乐园，是他们实现人生价值的地方。元谐想大干一场。

不过，杨坚却不想把战争的动静闹得太大，此时大隋帝国的周边环境并不乐观，这场战争不能陷入持久战，必须控制在局部范围。他下诏告谕元谐："你受朝廷委派，总领雄兵，向西讨贼，本欲自保边境，保全百姓，并非贪图他人疆土，祸害远方百姓。王者之师，旨在推行仁义。吐谷浑人若到边界，您须晓以德义，给以教导，谁敢不顺服？"

有了这一指导思想，元谐不得不收起那份贪功求大的心。他广泛收集资料，研究吐谷浑的风土人情，以便制定相应的战略战术。很快，他就发现吐谷浑是经不起研究的，它只是一个历史较短的游牧民族建立的国家，领土大多是戈壁滩。要教训这样的对手，元谐认为不是什么难事。

得知大隋帝国出兵，吕夸也不示弱，立即征调吐谷浑所有能作战的男女，浩浩荡荡开赴凉州，准备与隋军决战。从曼头到树敦，吐谷浑骑兵络绎不绝。河西总管钟利房和太子可博汗布下阵势，等待隋军前来决战。

隋军先锋贺娄子干率军到达后，也不搞什么阵前对话，一声吆喝之后，就挥师发起猛攻，吐谷浑人没有想到隋军如此生猛，猝不及防，没打几个回合就败下阵来。

钟利房第一次领教了隋军的强大战斗力，他认为，单凭吐谷浑人的力量，难以战胜隋军。他调整战略部署，一面坚守不战，一面派人前去联络党项各部落，邀约他们起兵共同攻打隋军。

党项各部迫于吐谷浑的压力，同意出兵。钟利房大喜，他让太子可博汗率主力军负责后援，自己亲率 2 万精锐骑兵，悄悄地从上游渡过黄河，准备从背后袭击隋军，将隋军置于党项军和吐谷浑部队的前后夹击之中，一举而歼灭之。

可惜他太自信了，太不把元谐当回事，认为此举神不知、鬼不觉，定能成功。

其实，元谐对吐谷浑人的偷袭行动十分警惕。他派出很多探子，时刻关注着吐谷浑大军的动向。当他得知吐谷浑人的迂回行动后，立即将计就计，亲率大军从鄯州出发，赶到青海湖，切断了吐谷浑大军的归路。

钟利房大惊，连忙回师，两军相遇于丰利山。战斗很快打响，吐谷浑骑兵虽然能征善战，战马奔跑能力强，但在山间根本发挥不出威力，在人数占优、同样能征善战的隋军轮番冲击下，吐谷浑军大败而逃。钟利房退驻青海，太子可博汗率骑兵 5 万前来增援。元谐亲率隋军迎头痛击，再一次大败吐谷浑人，乘胜追击三十多里，吐谷浑人被斩杀、生擒者数以万计。

钟利房和可博汗在惊恐之余终于明白，这是一场错误的战争，这个仗不能再打下去，再打，连血本也要输光。两人慌忙率军向吐谷浑境内退却，很快他们发现退路已经没有了！贺娄子干奉元谐之命，率军切断了他们的退路。

钟利房和可博汗陷入了绝望。既然没有退路，那就拼吧。两人重整人马，摆出一副困兽犹斗之状。不过，想拼命也要找时机。胜券在握的元谐根本不想满足他们的愿望，因为根据杨坚的旨意，隋军已经达到了教训吐谷浑人的战略目的，接下来就是让吐谷浑人认输。

元谐派人给钟利房和可博汗送去书信，对其晓以利害，表示只要放下屠刀，两国仍可和好如初。

钟利房和可博汗做梦也没有想到隋军会放自己一马，居然有些不信。但使者告诉他们，隋朝皇帝以威德加于四海，说到做到，元将军奉旨征讨，并非要斩尽杀绝，只是为了展示大隋天威，只要贵国愿意服从王化，尊奉天朝，一切都可以回到从前。两人权衡再三，答应了元谐的条件，率领吐谷浑 17 位王爷、13 位公侯及部众投降。

元谐与之缔结盟约：吐谷浑军退出所侵占土地，向大隋称臣。盟约达成，吐谷浑人引军而去。元谐留下贺娄子干等人镇守凉州，自己班师回朝。

杨坚大喜，设宴庆功、嘉奖有功将士，亲自下诏褒奖元谐"伸张国威，开疆拓土"，赞扬他有见识，很机敏，处事有理有节，"深合朕意"，晋封他为柱国，另封其一子为县公。

打败吐谷浑，既树国威，又树皇威，这是杨坚登基以来收到的第一份大礼。

二、吓死陈宣帝

杨坚称帝前与对手们展开权力角逐时，盘踞江南的陈国很不厚道，不仅支持尉迟迥叛乱，更接受司马消难的归附，任命他为车骑将军、司空，封他为随公，都督九州八镇军马，与杨坚对抗。要知道，"随公"是杨坚从他老爸那里继承来的封爵，封司马消难为随公，就是要以司马消难取代杨坚，面对这样的刺激，想让杨坚不动怒是不可能的。

旧账还没有算，新账又摊上了。陈国皇帝陈顼（即陈宣帝）听说杨坚正忙着与吐谷浑作战，认为这是对隋朝趁火打劫的大好时机，立即命令陈军向隋朝境内发起进攻。

陈军攻势凶猛，所到之处，烽烟四起。在西起江陵、东到寿阳的长江中下游一线，许多州县的民众纷纷起兵响应陈军，隋朝沿长江的许多城镇被陈国军队占领。告急文书像雪花似的飞来。杨坚十分吃惊。幸好元谐等人在与吐谷浑人的作战中捷报频传，战事即将结束，大隋帝国避免了两线作战的尴尬。

杨坚收拾了吐谷浑人，立刻着手反击陈国。他以上柱国、薛国公长孙览和上柱国、宋安公元景山为正副总管，以左仆射高颎为长史，率领徐州总管源雄、吴州总管于凯、扬州总管贺若弼、黄州总管韩延等所属部众，分东西两线反击陈国大军。东线各军由长孙览统领，为主攻；西线由元景山统领，为辅攻，策应东路大军。

长孙览率领东路大军一路攻击前进，担任主攻的将领名叫源雄。源雄是山西平乐都人，祖父和父亲都是北魏的陇西王，后来高欢杀害了他的父亲，他便跑到长安投奔宇文泰，跟随宇文家族征战，是位久经沙场的老将。有趣的是，源雄虽生长在北方，却很擅长同南方人作战。早在杨坚辅政时，他就奉命率军随王谊平定司马消难叛乱。这是他第一次接触水战。从此，他悉心研习水战，以期将来在与陈国的作战中大显身手。杨坚称帝后，源雄出任徐州总管，陈国不时骚扰他的辖区，他一边化解陈军的侵扰，一边抓紧训练水军，打造出一支战斗力十分强悍的水军。

源雄率军向陈军发起攻击，陈国水军长年纵横于江淮一带，是水战的好手，他们见一位胡人带着水军来攻，差点笑掉大牙，根本没有把源雄的水军放在眼里。

轻敌是要付出代价的，源雄的水军不但水性好，而且彪悍异常，打起仗来就像发疯，不顾一切，轻敌的陈军被打了个措手不及，很快败下阵来。源雄没有给陈军半丝喘息的机会，一路猛攻，陈国的江淮水军一路败退。长孙览见源雄得势，立即命令其他各路总管率部反击。水军是陈国军队的强项，尚且败下阵来，弱势的陆军又如何能抵挡隋军的铁蹄？很快，陈国军队水陆俱败，不得不狼狈撤到长江以南，以保全实力。

与此同时，西路隋军也捷报频传。

元景山率领西路军从夏口出发，进攻陈国长江中上游地区。他将攻击的重点放在陈国的甑山镇。担任主攻的是猛将邓孝儒，他率领 4000 精兵向甑山镇逼近。甑山镇是长江中游的军事重镇，此镇失守，意味着陈国的中部大门向隋国洞开，陈宣帝闻讯，不敢怠慢，立即派陆纶率军增援。

邓孝儒听说陆纶率军增援，索性撇下甑山镇，率军迎击陆纶。关键时刻，陆纶和其他陈军将领一样，犯了常识性错误，他认为北方人不善于水战，根本不把隋军放在眼里。他哪里知道邓孝儒率领的水军全是由汉水附近的渔民组成，一个个水性比鸭子还好，擅长驾驶小船作战，打起仗来特别能玩命。

邓孝儒将水军化整为零，藏匿在偏僻的小港内，躲过了陆纶的侦察视线。陆纶率领庞大的船队沿汉水逆流而上，准备和元景山的主力决战。元景山没有让陆纶失望，他率领隋军出现在陆纶的正前方。

陆纶欣喜异常，我怕的是你们不来，既然来了，那我就以汉水为锅，把你们全煮熟了喂鱼。陆纶命陈军船队向元景山猛冲过去。突然他的身后传来一片惊呼声，霎时乱作一团。原来，邓孝儒率领的水军已经出现在陈军身后，利用灵活机动的"群狼"战术，发起迅猛袭击。陈军船只庞大，机动性差，隋军驾着小船，趁风点火，火势顺着江风蔓延，陈军的战船顿时变成了一片火海，元景山也趁势发起进攻，陈军前后受敌，几乎全军覆没。

陆纶战败的消息传来，驻守涢口的陈将鲁达和陈纪犹如惊弓之鸟，惶惶不可终日，当元景山派出一支偏师进攻涢口时，两人望风而溃，隋军轻松地占领了涢口。听说涢口失守，甑山、沌阳二地的守军也不战而逃，隋军兵不血刃就取得了甑山、沌阳。元景山趁势清除了陈军在江北的其他重要据点，准备越过长江，进攻陈国腹地。

此时，东路的长孙览也挥师饮马长江，摆出一副要渡江的架势，陈国朝野震恐，陈宣帝在惊恐中突然一病不起，五天后一命呜呼，时年五十三岁，他的儿子陈叔宝继位，是为陈后主。

长孙览想渡过长江，一举踏平江南。长史高颎认为，征服陈国重在收服人心，现在陈国皇帝刚死，正值国丧，此时渡江作战，势必会激起陈国朝野上下的公愤，促使他们以哀兵之势同仇敌忾，这样的对手是可怕的，战事必将旷日持久。如今大隋初创，百废待兴，军队连续对外作战，已经很疲劳，需要休整。此时灭陈，时机尚未成熟。长孙览听从了高颎的建议，留下部分军队镇守江淮一带，班师回长安而去。

高颎的举措深合杨坚之意。此时，杨坚比谁都更清楚，陈国虽然战败，但其立国已20余年，根基牢固，实力非同一般，况有长江天险阻隔，眼下要想一举消灭陈国，是不可能的。

长孙览班师后，元景山率领的西路大军也奉诏班师。反击陈国之战，不仅挫伤了陈军锐气，稳定了大隋帝国的南部边疆，而且占领了原属陈国的江淮一带领土，将大隋帝国的南部边界推到了长江一带，在战略上已处于积极主动的地位，从此，来自南方陈国的威胁不复存在。

隋军班师后，陈后主派遣使者到长安求和。此时，杨坚正着手对付来自北方突厥的挑衅，见陈后主主动求和，便顺势答应了。

三、降伏突厥

突厥与杨坚的过节，还得从宇文邕之死说起。

宇文邕死去的消息传到突厥，依附突厥的前北齐范阳王高绍义心花怒放，认为苍天有眼，光复齐国的时机来临。恰好幽州人卢昌期起兵，占据范阳（今河北涿州），宣布奉迎高绍义。高绍义闻讯，立即率领突厥骑兵南下。在进军途中，他听说北周幽州总管领兵出征，幽州治所蓟城空虚，便率军直捣蓟城。北周柱国大将军宇文神举派大将宇文恩率领 4000 精兵前往救援，与突厥骑兵相遇，宇文恩惨败，4000 精兵伤亡大半。然而，就在高绍义高兴得手舞足蹈时，却传来了另一个不好的消息：宇文神举攻克范阳，生擒卢昌期。只瞬间的工夫，高绍义就从兴奋转入极度的失落，他知道复国已经无望，只好令三军举哀，遥祭卢昌期，然后退回突厥境内。

随着北周对北齐故土统治的巩固，高绍义在中原的号召力日益减弱，突厥借助于高绍义进入中原的梦想越来越不现实，便转而与北周改善关系，大象元年（579）二月，突厥佗钵可汗派出使臣，要求与北周和亲。当时宇文赟才 20 岁，没有女儿嫁给佗钵，便下诏册封赵王宇文招的女儿为千金公主，出塞嫁给佗钵，前提是佗钵必须交出高绍义，佗钵没有答应。

大象二年，周宣帝宇文赟暴病身亡，杨坚矫诏成为北周辅政大臣，各地叛乱四起，为防止突厥介入北周内乱，杨坚便以小皇帝的名义履行与突厥的婚约，派汝南公宇文神庆、司卫上士长孙晟送千金公主前往突厥，又暗地里让建成侯贺若谊厚赂佗钵，要求交出高绍义。佗钵可汗权衡再三，认为高绍义已没有什么利用价值，又看在那么多钱财的份儿上，决定出卖高绍义。他以出猎为名，把高绍义骗到南部边境，等候在那里的贺若谊率众一拥而上，活捉了高绍义。七月，高绍义被押解至长安，随即被流放到蜀地，客死在那里。

就这样，佗钵成了北周皇帝的女婿，而千金公主则成了突厥可汗的可贺敦（相当于匈奴单于的阏氏，中原皇帝的后妃）。

杨坚辅政后，诛杀了以赵王为首的"五王"。消息传到突厥，千金公主非常伤心，发誓要为父亲报仇。她向佗钵可汗哭诉，要求佗钵可汗起兵为他父亲报仇。望着悲痛欲绝的娇妻，佗钵可汗感到非常为难，一则北周内乱已平，局势稳定，此时出师未必能占到什么便宜；二则"五王"被杀，这是北周帝国的内政问题，杨坚身为辅政大臣，代表天子行使权力，诛杀不臣之人有何不可？为这事大动干戈，从道理上说不过去；三则从名分上讲，自己是北周皇帝的女婿，而不是赵王的女婿，千金公主虽是赵王之女，但她是以公主的身份下嫁，而不是以郡主的身份。所以，无论从哪个角度讲，佗钵对北周用兵都是师出无名。不过，为了敷衍千金公主，佗钵还是趁着北周内乱，带领突厥士兵在北周帝国的边境趁火打劫了一把。

杨坚代周建隋后，以恐怖手段诛杀了北周宗室，千金公主闻讯，国仇家恨一齐涌上心头，又要求佗钵可汗出兵，为她雪洗国仇家恨。佗钵没有推辞，他是北周皇帝的女婿，杨坚篡夺了北周皇帝的天下，他可以理直气壮地奉先皇遗诏讨贼。不巧的是，大军还没有出发，佗钵就一命呜呼。临死前，他传下遗命，由其兄子阿史那大逻便继位。

佗钵可汗死后，摄图等突厥贵族认为阿史那大逻便的母亲出身低微，不配做突厥大可汗，一致拥立佗钵可汗之子阿史那庵逻为可汗。阿史那庵逻即位后，阿史那大逻便不服，经常遣人辱骂阿史那庵逻。阿史那庵逻拿他没有办法，觉得这样做可汗太窝囊，索性把汗位让给了摄图。千金公主为了报仇，又嫁给了摄图可汗。

摄图可汗又叫"沙钵略可汗"、"伊利可汗"，"摄图"是突厥语。摄图可汗虽是以合法的形式取得了汗位，但他并没有佗钵可汗那样的权威，一些有实力的部落首领依然不服他，内部争权夺利，很不稳定，为了求得平衡，摄图只好另外再立了四个可汗，他们分别是：第二可汗，由阿史那庵罗担任；阿波可汗，由阿史那大逻便担任；达头可汗，由阿史那玷厥担任；突利可汗，由阿史那处罗侯担任。此外在高昌以北，还有一位贪汗可汗，只是其世系来历不明。

摄图以大可汗的身份统摄各部可汗，平日各行其是，但遇到战争，大家要共同行动。实际上突厥已经一分为五。

北周帝国已经不复存在，杨坚和突厥不存在翁婿关系，自然不会再送重礼给突厥。游牧民族除了马匹、牲畜外，其他生活必需品都十分匮乏，他们要么靠抢，要么靠边贸交换，要么靠中原皇帝的大量赏赐。杨坚不给重礼，摄图很不高兴：你不给，那我只好抢。

但是，抢也得找机会和理由。早在隋军反击吐谷浑时，摄图可汗就想攻击隋军，没想到吐谷浑人如此经不起折腾，几下就被隋军打服了，摄图见隋军有如此强悍的战斗力，只好暂时作罢，等待时机。

不久，杨坚发起反击陈国的战争，摄图认为南北夹击隋朝的时机成熟了。他立即召集突厥部落首领和逃到突厥的北周遗臣，一脸悲伤地说："我是大周帝国的女婿，杨坚自立为帝，我若不去制服他，有何面目见我的夫人，将来又有何面目见先人于地下？现在，隋朝正与陈国交战，我们要趁此机会为大周报仇！"

摄图知道这个理由一定会得到大家的支持：一则突厥人抢掠成性，各部落首领早就想挥师南下，更要命的是，老天爷此时也跟突厥过不去，已经整整一年没有下雨下雪，水草枯竭，牲畜大量死亡，再不抢就要等着饿死；二则北周帝国的遗老遗少们很想复国，就怕突厥人不帮这个忙。大家很快达成了一致意见，结盟发誓，挥师南下。

杨坚闻讯，一点也不惊慌，他早就料到会有这么一天，并在此前做好了充分准备。他一面派人修筑长城，一面发兵屯驻北部边境，以备不测。

当年，杨坚的父亲杨忠曾多次和突厥人打交道，对突厥人很了解，曾上书周武帝断绝北周和突厥的关系，停止每年给突厥送去大量的钱、粮、奢侈品。他虽然没能改变北周的既定国策，却改变了儿子对突厥人的态度，在杨坚看来，诚如父亲所说，突厥人并非不可战胜。面对突厥的武力挑衅，杨坚找来曾多次出使突厥的长孙晟商议对策。这个长孙晟就是唐太宗的嫡妻长孙皇后、太尉长孙无忌之父。

长孙晟身手矫捷，武艺超群，又喜欢读书，行事注重细节，是个善于从大处着眼、小处着手的人。当初北周和突厥各夸实力，往来使节都派骁勇之士充当，长孙晟凭实力入选，在北周送嫁千金公主时，他成了送亲使团的副团长。到了突厥，长孙晟的表现非常抢眼，当时，摄图拿使团其他人员都不当回事，唯独对他青眼相加，挽留他在突厥待了一年，经常陪他一起打猎。一天，两人在打猎途中，看见有两只雕在争一块肉，摄图取出两支箭给长孙晟，让他将两只雕射杀。长孙晟只用了一支箭就射杀了双雕，这就是成语"一箭双雕"的由来。突厥是一个崇拜英雄的民族，摄图见长孙晟的箭法如此了得，就让突厥的那些贵族子弟跟他交往，向他学习箭法。尤其是摄图的弟弟阿史那处罗侯，也就是突利可汗，跟长孙晟过从甚密，暗地里与他结成了联盟，带着他四处转悠，为他指点江山，介绍突厥各派势力。看来处罗侯是个很实诚的人，他忘记了长孙晟是北周的外交官兼特工人员。

长孙晟没有把心思用在游山玩水上，大漠南北，黄沙蔓草，也没有多少风光供他沉醉。他处处留心突厥境内的风土人情、部落分布情况及其实力、部落与部落之间的关系，将这一切谙熟于心。回到长安后，把这一切作了详细的记载。

当时突厥内部，摄图、达头、阿波、突利等人各统强兵，号称可汗，分居四面，他们外示和好，内怀猜忌，联盟并不稳固。达头与摄图相比，同样兵强马壮，但地位低下，因为有实力，所以也有想法，他表面上归属摄图统辖，心里并不服气，只要再给他加油打气，让他和摄图翻脸是有可能的。处罗侯是摄图的弟弟，奸诈多谋，因为势力弱小，刻意曲己迎众，国人非常喜欢他，他因此遭到摄图的忌恨，心里很不踏实，常常怀着恐惧。阿波是个首鼠两端的人，谁强大他就跟谁，由于摄图势力强大，他有几分惧怕摄图，不过，他并不甘心一辈子受摄图控制。

面对杨坚的垂询，长孙晟主张远交近攻、离间强部、扶助弱部，以外交攻略为主，军事打击为辅。具体做法是派人到西面联络达头可汗和阿波可汗，让二人共同对付摄图，促使摄图分兵防西；然后再派人向东联络处罗侯和奚、契丹等部落，诱使摄图分兵防东，从而使突厥各可汗彼此猜疑，互相争斗，让他们在内讧中耗费实力，照这样下去，只需十年、八年的工夫，大隋就可以坐收渔利，一举而攻灭突厥。

杨坚采纳了长孙晟的建议，他派长孙晟取道黄龙（今辽宁朝阳县），给奚人、霫人、契丹人等部落带去大量财物，联络感情。接着，长孙晟又去见处罗侯，两人并不陌生，早就达成了默契。有了先前的交往，长孙晟对其晓以利害，坚定了处罗侯内附的信心。

杨坚又派元晖取道伊吾（今新疆哈密），去见达头可汗，赐给他狼头纛，承认他是突厥最高可汗，说隋朝皇帝很钦敬他，非常想跟他交朋友，共同治理天下。达头可汗见隋朝皇帝和使者如此恭维自己，非常高兴，答应立即派使者到长安答谢。

当达头可汗的使者来到长安时，摄图的使者也到了长安。在接见两位突厥使者时，杨坚故意冷落摄图派来的使者，而对达头可汗派来的使者格外尊重。都是突厥使者，获得的待遇咋就不一样？在朝堂上，两位突厥使者互不服气，互相争执起来，杨坚明则劝架，实则煽风点火，说达头可汗对天朝如何友善。回到突厥后，两位使者将这些情况告诉了各自的可汗。摄图和达头可汗开始互相猜忌。

杨坚成功地离间了摄图和达头可汗，又争取了奚人、霫人、契丹人和处罗侯的内附，看似强大的突厥不再那么强大了，他现在有足够的信心和时间去对付它们。

开皇二年五月，原北齐营州刺史高宝宁带领突厥兵袭击平州（今河北卢龙县），突厥五可汗40万兵分路南下。摄图所部越过长城，先头部队进抵渭水流域，威慑长安。

杨坚以内史监兼吏部尚书虞庆则为行军元帅，以达奚长儒为行军总管，率军迎战摄图。虞庆则率领主力部队进驻弘化（今甘肃庆阳），阻止突厥大军进犯。

时值隆冬，天气寒冷，虞庆则所率领的主力部队因为御寒装备不足，手指被冻僵折断者不下千人，大军进退不能自主，只能原地固守等待补给。这就苦了达奚长儒，他奉命率领2000骑兵前去试探突厥人的虚实，没想到离开弘化不久，就在周槃与摄图的主力相遇。

当时，摄图拥兵10余万，而达奚长儒所部隋军只有2000人，力量十分悬殊，军心震惧。但达奚长儒神色自若，慷慨激昂，视庞大的敌人如无物，在他的感染下，隋军士气复振。他将2000士兵组成一个方阵，枪尖朝外，整齐地往弘化城方向退却。摄图仗着人多，指挥突厥骑兵猛烈冲击，很快将隋军的方阵冲散。

隋军有很高的战斗素养，纪律严明，化整为零后仍能以一当十，各自为战，给突厥兵以重大的杀伤。不久，被冲散的隋军又集结在一起，组成方阵，四面拒敌，尽管人数与突厥士兵相比是1比50，但他们毫无惧色，连续激战3天，作战14次，方阵散了又聚，聚了又散，战斗异常惨烈，隋军士兵兵器用光了，就用拳头相拼，有的士兵拳头上的骨头已全部裸露，仍殊死奋战。达奚长儒本人亦身被五创，其中有两处枪伤穿透了身体，战士死伤者十之八九，但没有一个人愿意放弃，大家都抱着必死的决心，战至最后一口气。

与此形成鲜明对比的是虞庆则，达奚长儒且战且退，到第三天的时候，已经离弘化城很近了，肉眼就能看到，但是，虞庆则见那么多突厥兵，黑压压的一片，居然不敢出城相救。虞庆则不救，达奚长儒和他的士兵们就只能自救。所谓自救，就是拼到最后一刻，在自己倒下之前，多杀几个敌人垫本。

摄图从来没有见过这么玩命的军队，眼看着眼前那些血肉模糊还在誓死战斗的敌人，再回头看看身后一大片倒在地上的突厥士兵的尸体，此时，突厥人已经付出了数万人的伤亡代价，他终于明白，此次出征要想达到战略目的已绝无可能，对方只是 2000 人的队伍，还不是主力，这个仗没法继续打下去。他下令焚毁死伤者尸体，引军恸哭而去。此举也算是对达奚长儒这支英雄"铁军"的最高礼遇。达奚长儒和剩下的两三百战士终于坚持到了最后，回到了弘化城。

这是死里求生的一战，此战之惨烈可以惊天地，泣鬼神！

杨坚大为惊叹，特地下诏褒扬达奚长儒及其将士们，其词云：

> 突厥猖狂，辄犯边塞，犬羊之众，弥亘山原。而长儒受任北鄙，式遏寇贼，所部之内，少将百倍，以昼通宵，四面抗敌，凡十有四战，所向必摧。凶徒就戮，过半不反，锋刃之余，亡魂窜迹。自非英威奋发，奉国情深，抚御有方，士卒用命，岂能以少破众，若斯之伟？言念勋庸，宜隆名器，可上柱国，馀勋回授一子。其战亡将士，皆赠官三转，子孙袭之。

这是最高规格的褒奖，达奚长儒和参与此役的将士们配得上这样的褒奖，他们的子子孙孙都将享受他们的荣光。

摄图可汗率领的东线突厥主力遭遇了很窝囊的一战，负责西线作战的阿波可汗也同样不走运。奉命率军在西线阻击阿波可汗的隋将是杨坚的姐夫窦荣定，时任秦州总管，率领 3 万隋军西出凉州（今甘肃武威），迎战阿波可汗。双方在高越原鏖战（今甘肃民勤西北）。突厥人多势众，隋军被围困在高越原。

高越原没有水，隋军将士被困在高地，干渴难禁，不得不刺马取血解渴，不少士兵干渴而死。窦荣定仰天叹息，继而近乎绝望地冲着苍天吼道："苍天，你若不绝我大隋将士，请赐甘露。"说来也奇怪，不一会儿，风云突变，下起滂沱大雨，隋军士兵吸吮着甘霖，认为这是上天保佑自己，顿时士气大振。

见此情景，阿波可汗惊诧不已，以为隋军有神灵保佑。正在他惊疑未定之时，窦荣定率部奋力反攻，泄气的突厥军一下子没有了锐气，接连败了几阵。

在阿波可汗锐气受挫时，窦荣定派使者给他送去了一个娱乐节目："两国交战，士兵们有什么罪过，为什么一定要杀那么多人才能决胜负呢？这样吧，咱们双方各派一名勇士上阵，单打独斗以决胜负，如果我方输了，我们自动退兵；如果你们输了，也请自觉退兵。"阿波可汗当即应允，他认为突厥人从小在马背上长大，从来不怕单打独斗，而且突厥中的勇士很多。

可能有人会问，窦荣定怎么就那么大胆？如果输了，按照约定，他就得把凉州道让给对方，那突厥人不就可以长驱直入向长安进军了吗？的确，窦荣定很大胆，但他不是蛮干，因为他手中握有一张王牌，足以让他对胜利充满期待，稳操胜券，这张王牌就是一个人，名字叫史万岁。

史万岁是一个由特殊材料制成的人物，出身于昭武九姓胡人，长得英俊威武，擅长骑射，武功高强，身手敏捷如飞，有万夫不当之勇。他喜欢读兵书，精通占卜，带兵像李广，作战像霍去病，能让所有的敌人做噩梦。

尉迟迥举兵反叛，史万岁跟随韦孝宽前往平叛，他的顶头上司是梁士彦。一天，军队驻扎在冯翊，一群大雁从天外飞来，史万岁对梁士彦说："我要将那一行中的第三只雁射下来。"大家都不相信，史万岁张弓搭箭，第三只雁应声而落，全军上下一片喝彩。官军与尉迟迥军对阵，史万岁每次都身先士卒，成为全军杀敌的楷模。尤其是邺城一战，尉迟迥亲自出马，韦孝宽大军抵敌不住，高颎、宇文忻等人拿看热闹的邺城百姓做文章，史万岁对身边的将士说："事情紧急，我们必须攻破敌阵。"随即跃马上前，奋力拼杀，一口气斩杀几十名叛军将士，叛军见他锐不可当，顿时大骇，官军士气复振，迅速发起反攻，剿灭了尉迟迥大军。此战，史万岁因军功显赫，被提升为上大将军。

但是，史万岁实在不走运，不久就因为大将军尔朱勣的谋反而受到牵连。尔朱勣被处死，史万岁被罢官削职，流放到敦煌当戍卒。当时，带领史万岁戍守敦煌的小头目异常彪悍威武，常常一个人骑马深入突厥部落，掠夺他们的羊马，每次去都不会空手而归，突厥人无论多少，都不敢阻挡他。

一般而言，本事大的人脾气也大，小头目自视甚高，拿谁也不放在眼里，史万岁初来乍到，没少挨他的骂。他不想再这样被辱骂下去，对小头目说："我知道你很了不起，可我也是勇武之人，我是来立功赎罪的，不是来挨骂的！"小头目一听："哟，还挺有性格，既然你有本事，那你就露两手给我看看。"随即令他飞马射箭，史万岁飞身上马，让马处于高速奔跑状态，连续张弓搭箭，每箭应声中的，无一虚发。小头目笑道："果然不错。"史万岁需要的不是一句"不错"，而是另眼相看，他当即请求骑马带弓，前往突厥部落掠夺羊马，很快，史万岁抢回一大群牛羊。从此，小头目跟他好得不可开交，两人经常一起出行，深入突厥地域几百里纵深，进退自如，威震大漠南北，"敦煌戍卒"之名不胫而走，成了突厥人的噩梦。

不久，窦荣定奉命迎击阿波可汗的突厥大军，史万岁请求到军中效力。窦荣定当即应允，派人去向阿波可汗提出以单打独斗定胜负的要求。自负的阿波可汗答应了。

第二天，两军对阵。阿波可汗派出一名最勇敢的壮士到阵前挑战。

窦荣定看了，微微一笑，回头问道：史万岁何在？史万岁应声出马，直奔突厥勇士。

两军将士原以为会有一番恶斗，不过，这个过程实在太简单。就在两马交错的一刹那间，大家还没有反应过来，突厥勇士的人头就已挂在史万岁的刀尖上。

突厥人大惊，谁也不敢再出战。阿波可汗郁闷极了，他知道再这么耗下去，除了损兵折将，毫无前途。但要就此撤兵，他又觉得太没有面子。

此时，长孙晟出马了。前面讲过，长孙晟与杨坚定下的外交攻略中有这么一条：联合达头和阿波对付摄图。因此，杨坚在委任窦荣定为西路军主将时，又任命长孙晟为偏将。

长孙晟来到阿波可汗的大帐，他跟阿波可汗是老相识，见面也不用客套，开门见山说："摄图每次前来打仗，都能获得胜利，不会空手而归。你刚到内地就被打败，这是突厥人的耻辱，难道你不觉得惭愧吗？况且摄图与你兵力差不多，现在摄图天天打胜仗，被众人推崇，你却出师不利，为你们的国家蒙上耻辱，摄图肯定会把罪过算到你头上，借此公报私仇，成就他不可告人的目的，因为他早就想消灭你这一支北牙。请可汗想一想，凭你个人的实力，对付得了摄图吗？"

长孙晟几句话就说到了阿波可汗的痛处，摄图的确惦记着他的地盘，一直虎视眈眈，正愁找不到吞并他的借口。阿波心里一惊，不过，他仍然保持着可汗的矜持，装出一副不相信的样子，对长孙晟说："我不就是打了几次败仗吗？有你说的那么严重吗？请你不要离间我与摄图可汗的关系！"

长孙晟笑了笑说："可汗，不是我要挑拨你们的关系，而是你们的内部矛盾已经不可缓和，可汗是聪明人，何去何从，还用我多说吗？"说完就告辞而去。

长孙晟刚回到隋军大营，阿波可汗派出的使者就到来了。

长孙晟是明白人，知道阿波可汗动心了，只是有些放心不下，故派使者来探听虚实。长孙晟决定趁热打铁，对使者说："我知道阿波可汗有些举棋不定，不过，你们知道，达头可汗已经与我国结盟，摄图却拿他没有办法。你家可汗何不依附我大隋天子，联结达头，把自己变为强者呢？何必像现在这样丧失兵马，既得罪于我国，又会被摄图问罪，遭受凌辱和杀戮呢？"

使者回去如实相告，阿波可汗权衡再三，终于接受了长孙晟的建议，留兵塞上，遣使随长孙晟入朝觐见杨坚。杨坚大喜。

这下可苦了摄图。此时的摄图正在白道，与杨坚之弟卫王杨爽率领的各路兵马鏖战。杨爽命李充、李彻、张定和率领 5000 精锐骑兵，对突厥军发起突然袭击，突厥士兵是在马背上长大的，心理素质很好，面对隋军的突然袭击，并不惊慌，沉着应战。战斗一度持胶着状态。

酣战中，一位突厥士兵刺中了张定和的脖子，他忍住剧痛，奋力杀掉那位突厥士兵，然后抓起一把枯草塞住伤口，率领部卒继续作战。隋军将士见张定和如此英勇，大受鼓舞，士气大振，谁也不甘落后，疯狂地向突厥军发起冲击。突厥士兵抵挡不住，拼命溃逃数十里，方才止住阵脚，摄图惊魂未定，半天才回过神来。

摄图在白道打了败仗，回到本土，感觉十分窝囊。正在他耿耿于怀之时，又传来阿波可汗与杨坚达成协议的消息。他顿时产生了被人出卖的感觉，认为自己之所以战败，全是阿波那厮心怀二意，在西线作战不力。他一气之下，挥师掩袭北牙，俘虏了阿波可汗留在那里的所有部众，还杀死了阿波可汗的老妈。

这一幕是杨坚最愿意看到的，因为，这意味着突厥内战爆发，他可以坐山观虎斗了。

阿波可汗得到摄图掩袭北牙的消息，往西跑到达头可汗那里，向达头借了十几万人马，向东袭击摄图，很快收复了北牙失地。此时，游散在北牙各地的阿波旧部也有好几万人，他们听说阿波回来了，纷纷前来助战，阿波实力大增，屡屡得胜。摄图逐渐处于下风，此消彼长，阿波的实力超过了摄图。

摄图招架不住，陷入了困境。关键时刻，千金公主站了出来。尽管她还不到 20 岁，但这几年发生的一切已经使她变得成熟。她认识到了命运的残酷与无奈，知道突厥的四分五裂是杨坚一手策划的，不愿让突厥内部的自相残杀再继续下去，决定放下国仇家恨，帮助丈夫走出绝境。她亲自提笔向杨坚写信，说自己虽是周室公主，却十分仰慕大隋皇帝，希望能做大隋皇帝的女儿，促进胡汉友好。

杨坚接到此信，感慨万千，他并非不知道千金公主的用意，但他认为自己分化突厥、削弱突厥的战略目标已经达到，于是顺水推舟，同意了千金公主的请求。

杨坚的次子杨广对此很不理解，认为千金公主与大隋有着国仇家恨，不应该答应她的请求，况且突厥陷入内乱，隋军应趁胜利余威一举消灭摄图。

杨坚说：你小子懂啥，我灭了摄图，得益的是阿波，摄图一死，阿波就会统一突厥，成为突厥的共主，那我们不是又面临着一个强大的敌人吗？保留摄图，让他与阿波去争，我们就可以坐山观虎斗，坐收渔利。至于千金公主，她做了我的女儿，我就是摄图的岳父，摄图就成了我的晚辈，这样一来，突厥就得向我大隋称臣。

杨坚认下了千金公主这个干女儿，改封她为"大义公主"，所谓大义，到底是"深明大义"，还是"大义"灭亲，只有杨坚自己心里清楚，反正这个封号用在千金公主身上，听起来有点尴尬。看来，不爱读书的杨坚玩起文字游戏来，也是个天才。

摄图成了大隋皇帝杨坚的女婿，按惯例他要给杨坚写一封感谢信。他写了，但写得很傲慢，一点也没有女婿在老丈人面前的恭敬样子，还说什么既然是一家人了，就不要再分彼此，我突厥的牛羊是你的，你大隋的丝绸、粮食也是我的。

杨坚可不是彼此不分的人，他回了一封信，说既然朕是你老丈人，就应视你为儿子，既然我们已经结亲，朕就要派人去看望自己的女儿和你这个女婿。

杨坚的意思很明显：想跟我平起平坐，把我的当你的，门儿都没有！

开皇四年（584年），杨坚派虞庆则和长孙晟为正副使节出使突厥。到了摄图的牙帐，虞庆则宣摄图下拜接旨，摄图不干，躺在榻上装病不起来。大义公主也站在一旁帮腔作势，说摄图性如豺狼，别把他惹急了，惹急了要吃人。

双方僵持不下，场面非常尴尬。

长孙晟见状，上前正色巧言："突厥可汗与隋朝皇帝，都是大国天子，可汗不起身下拜，我们怎敢违逆你的意愿？但可汗夫人是隋朝皇帝的女儿，论辈分可汗就是隋朝皇帝的女婿，可汗不下拜，岂不是对岳父无礼，不孝敬自己的岳父吗？"一席话说得有理有节，摄图自知理屈，只好下拜受诏。

这时，虞庆则又说："请可汗对大隋皇帝称臣！"所谓臣，在突厥人眼里就是奴，摄图心里是不愿意的，但既然已经下跪奉诏了，再争执这些名号已经毫无意义，只好违心地口称"臣奉诏"！

开皇五年（585年），阿波可汗和达头可汗再次联合进攻摄图可汗，摄图抵挡不住，只好南迁漠南（今内蒙古地区）。但他的厄运还没有到头，有一次，正在他跟阿波可汗打得难解难分的时候，一个叫阿拔的部落乘虚而入，袭击了他的牙账，俘虏了他的妻室儿女。最后还是杨坚派隋朝军队打败阿拔，帮他夺回了家小。到此时，摄图对杨坚算是彻底服气了。他上表说："天无二日，土无二王，伏惟大隋皇帝，真皇帝也，岂敢阻兵恃险，偷窃名号。今感慕淳风，归心有道，屈膝稽颡，永为藩附！"心悦诚服地承认自己是隋朝的属国。

　　就这样，杨坚通过外交和军事两手，成功地化解了来自突厥的威胁，这是自魏晋以来，中原政权对北方草原政权取得的最大胜利。至此，大隋帝国取代了突厥在东亚地区的霸主地位，一个以大隋帝国为核心的东亚政治新秩序建立起来，虽然，隋朝对突厥的战争还将继续，但杨坚已彻底掌握了这场战争的主动权，他可以把主要精力用于整顿内政，经略江南。

第七章 大隋新气象

一、确立实行三省六部制

自永嘉之乱以来，五胡播乱中原，改朝换代如同家常便饭，今天是慕容氏当家，明天是拓跋氏主政，后天是宇文氏掌权……中原百姓已经见惯不惊，日复一日地重复着被外人主宰的日子，这样的日子已经延续了 270 年，大家都有些麻木了。杨坚建隋后，决定展示新朝气象，振奋天下人心，同心协力，建设繁荣富强的大隋帝国。

早在杨坚建隋以前，他就在为展示新朝气象做准备，公元 580 年，他以北周小皇帝的名义发布诏令："诸改姓者，宜悉复旧。"即所有改为胡人姓氏的人，一律恢复原有的姓氏。这是一件大事，自五胡播乱中原以来，中原地区一直是少数民族部落当家，他们人数少，为了确保自己在中原的统治地位，严格控制汉人进入统治高层，进入统治高层的汉人必须事先经过胡化，比如，杨坚的父亲是汉人，他能名列西魏十二大将军，得力于他家世居武川，那是北魏鲜卑族人的重要军镇，他的祖辈父辈好几代人都是北魏的军官，早已与鲜卑人打成一片，接受了鲜卑人的生活习惯，即使如此，杨忠还是被赐了鲜卑姓氏，改姓名为普六茹忠，才进入了西魏和北周的军功贵族上层。中原人的世系观念比较强，有编纂家谱、族谱的传统，一旦发迹，就喜欢追踪溯源，如果连自己的姓氏都不能保留，又如何追踪溯源呢？因此，在五胡统治时期，中原地区的汉人活得很压抑，如今，所有改为胡人姓氏的汉人都可以正大光明地恢复自己的本姓，这是一件多么扬眉吐气的事情。这是杨坚带给天下人的第一个新气象。

杨坚带给天下人的第二个新气象就是恢复汉制，改革中央官制。

我们知道，北周的官制是沿用西魏的，是仿照《周礼》中的六官建立起来的一套职官系统。六官包括：

一、天官大冢宰，又称治官，负责组织人事等工作。

二、地官大司徒，又称教官，主管财政、户籍等。

三、春官大宗伯，又称礼官，主管国家祭祀、外交、教育、文化等工作。

四、夏官大司马，又称政官，主管军事。

五、秋官大司寇，又称刑官，主管司法、刑侦。

六、冬官大司空，又称制官，主管工程建设。

六官分工明确，在西魏和北周两朝，也发挥了重要作用。但是，这毕竟是仿照西周建立的官制，从西周开国到隋朝建国，世易时移，历时两千多年，社会情况已经发生了巨大变化，这套仿建的官制随着时间的推移，越来越体现出它的局限性和不适应性，杨坚建隋后，决定废除这套官制，推行汉魏官制。

杨坚登基的第一天就宣布恢复汉魏旧制，设置三师、三公，及尚书、内史、门下、秘书、内侍五省，御史、都水二台，太常、卫尉、宗正、太仆、大理、鸿胪、司农、少府、光禄、国子、将作等十一寺，左右卫（掌禁卫兵）等十二府。这就是隋代的中央官制，涉及的内容相当广泛。

从地位上讲，三师（即太师、太傅、太保）和三公（即太尉、司徒、司空）最高，但是，三师"不主事，不置府僚"，三公虽然参议国之大事，置府僚，但扮演的是顾问角色，且"无其人则阙"，不常置。因此，三师三公名位虽高，实际上是荣誉虚职，并无实权，是用来安慰那些元老大臣的。而五省之中，秘书省职务悠闲，内侍省全为宦官，此二省不管朝中大事，属于闲散部门。真正掌管军国大事的主要机构是尚书、门下、内史三省和尚书省所辖的吏部、礼部、兵部、都官（后改为刑部）、度支（后改户部）、工部等六曹，所以，这套官僚体制又被称为"三省六部制"。

内史省也就是中书省，之所以称为内史省，是为了避杨坚之父杨忠的讳而改称此名，其职责是负责起草诏书，长官叫内史令。门下省负责审核诏书，长官叫纳言，在唐代称为侍中。

尚书省负责执行诏令，总理全国政务，长官叫尚书令。所属六曹即六部，分掌官吏考核选拔、礼仪、军政、刑法、户口钱谷、营建等方面的政事。六曹长官为尚书，副长官为侍郎。由于尚书省是全国的最高行政机构，相应地，尚书令的职责范围广，权力大，所以一般不常设，实际长官是尚书令的两个副职，即左、右仆射，分掌六部事务。左右仆射与六部尚书合称"八座"，是名副其实的高官显职。

"三省六部制"形式上继承了汉魏旧制，实际上是在总结汉魏以来历代官制的基础上，形成的一套新官制，是对中国宰相制度的一次重大变革。中国宰相制度的发展经历了三个时期，一是秦汉时期的三公九卿制，二是隋唐时期的三省六部制，三是明清时期的内阁和军机处。三省六部制取代三公九卿制之所以是对宰相制度的重大变革，主要体现在以下几方面：

1. 在三公九卿制下，丞相多由太尉、司徒、司空三公充任（注：各个朝代三公的名号有所不同）。他们做了丞相，就要开设丞相府，选择丞相府的属吏。换句话说，是先确定丞相的人选，再由丞相去设置丞相府，选拔丞相府的官吏，如此一来，丞相府就成了一个"小朝廷"，丞相的权力很大，真正是"一人之下，万人之上"，理直气壮地主宰天下，常常跟皇帝分庭抗礼，于是君权与相权的矛盾就大了。当年，汉武帝任命其舅舅田蚡为丞相，田蚡仗着自己的权力，提拔自己的亲信，占据要害部门，汉武帝想安排几个自己的人进去，却办不到，惹得汉武帝很不高兴。而在三省六部制之下，宰相不再是某一个人，而一个群体，三省的长官内史令（中书令）、纳言（侍中）、尚书令及左右仆射都是宰相群体中的一员，必要时，三公也可以进入宰相群体，于是，宰相便由个人的职务演变为一个群体机构，由个人负责制变成了集体负责制。不再是先有丞相，后有丞相府，而是先有丞相府，后有丞相，这就是人们常说的铁打的衙门流水的官，在很大程度上抑制了宰相专权，把国家对于个人的依赖转化为对于国家机构的依赖，降低了相权对皇权的威胁，提高了皇帝在整个国家机器的权力和威信。

2. 三省六部制实现了决策权和行政权的分离。内史省负责起草诏令，门下省负责审核诏令，这两省是最高决策部门，但不管执行；尚书省负责诏令的执行，却没有出台国家大政方针的权力，于是决策权和行政权就分离了。这不仅分割了相权，提升了皇权，也使朝局处于某种制衡之中，有利于朝廷的稳定。

3. 三省六部制减少了决策失误，更有利于国家的长治久安。从分工可以看出，一个决策从酝酿到出台要经过一整套严格的程序，先是由皇帝提出决策意向，再由宰相群体讨论，形成统一的意见和总的方向，内史省再根据这个意见和方向去起草具体文件，起草完之后交由门下省审核，门下省如果觉得不行，则要重新草拟，审核通过后再报皇帝签字批准，最后交给尚书省去执行，至此，一个红头文件才算正式形成。这套严格的程序，在很大程度上确保了决策的科学性、审慎性，减少了决策失误，降低了行政成本，提高了行政效率

总之，三省六部制是对汉魏的三公九卿制的继承和创新，削弱了相权，加强了皇权，增强了决策的严谨性，使国家决策多了一些民主的色彩，施政更为合理。这是一套划时代的中央官制，在实施过程中效果明显，影响深远，一直延续到清朝，对现代社会政治体制的构建和改革也有重要的借鉴意义，堪称古今万世法。

二、实行州县二级制

杨坚在改革中央官制的同时，又大刀阔斧地改革地方行政建制。

自秦始皇统一天下，在全国推行郡县制以来，在相当长一段时间内，中国社会一直实行郡县二级制，到了汉武帝时期，随着帝国疆域的扩大和人口的增加，汉武帝又增设了许多郡县，全国一共有 103 个郡，1587 个县，每个郡统辖 15 个左右的县，那么多郡县，中央政府无法直接管理，再说一个郡统辖那么多县，郡守的权力和财力很大，能否不折不扣地执行中央政府的决定也很成问题。为了加强中央对地方的监督和控制，汉武帝把全国分为十三部，也就是后来的十三州，派出十三位刺史巡行各部郡县。最先，刺史扮演的是监察御史的角色，后来逐渐常驻于地方，有固定的办公住所，妻儿老小也跟着前往，汉成帝绥和元年（公元前 8 年），十三部刺史变成了十三州的州牧，汉哀帝时虽曾一度恢复旧制，但不久又改称州牧。王莽篡汉以后，刺史作为州牧被固定下来，成为地方最高军政长官。于是，郡县二级制，就变成了州、郡、县三级地方行政建制。当时，一个州管 8 个左右的郡，共辖 120 个左右的县，这样的建制是合理的，既加强了中央对地方的监督，又降低了行政管理的成本。

但是，自魏晋以后，中国社会进入大分裂、大动荡时期，在北方先后出现了大大小小的十几个政权，行政建制极为混乱。尤其是到了北周和北齐对峙时期，两国为了笼络人才，奖励立功将士，设置了很多官职，封赏了很多爵位。封了人家官职和爵位，就要给人家地盘，怎么办呢？就只好把原来的地方行政细碎化，一个州分成几个州，一个郡分成几个郡。在这样的背景下，全国的州郡县数目急剧增加，到隋朝取代北周的时候，全国有 211 个州，508 个郡，1124 个县，这

还不包括江南的半壁江山。这意味着一个州只管两个半郡，一个郡管两个半县，导致民少官多，"十羊九牧"。有的地方方圆不足一百里，却设置了几个县；有些地方不足千户人家，却被划分为两个郡。如此破碎的行政建制很不利于中央对地方的管理，而且加大了国家的财政支出，那么多官员是要拿钱去养的，而且他们坐镇一方，一旦品行不端，作威作福，还会祸乱地方。地方行政建制已经到了非改不可的地步。当时有个叫杨尚希的官员主张"并闲存要，并小为大"，就是把一些不重要或者地盘过于狭小的州郡县撤掉，合并成大州、大郡、大县。这个方法看起来是个好办法，可是，闲和要、大和小的标准是什么？很难界定，如果一刀切，必然会招致那些既得利益者的强烈反对，新朝刚刚建立，稳定压倒一切，但不改是不行的。一番权衡之后，杨坚决定裁掉一级行政机构。但是，裁掉哪一级呢？最顶层的不能裁，这一级的长官位高权重，不能轻易刺激他们的神经；最下层的也不裁，毕竟基层的工作不能削弱，思来想去，还是裁中间一层比较好，裁汰后，郡守可以去州里任副职，行政级别不变，甚至还略有提高，这样容易平复这一层级官员的情绪。于是在开皇三年，杨坚一声令下，全国 508 个郡全部撤销，实行了好几百年的州郡县三级地方行政建制重新回到两级制的轨道上来。此举意义重大，"十羊九牧"的局面大大改观，行政开支减少了，老百姓的负担降低了。

要加强中央对地方的管理，仅减少行政层级是不够的，杨坚决定把地方的人事权收归中央，宣布地方佐官的人选由中央任命。从秦汉以来，中央对地方的管理通常是地方的主要行政长官，如州牧、别驾，县令、县丞等由中央直接任命派遣，而地方上的中下级官员，则由地方行政长官自己任命。地方行政长官通常任命当地的高门大族子弟充任这些官职，因为他们在当地的势力大，人脉广，熟悉当地的情况，由他们出面，可以摆平地方上的很多棘手事情。因此，由中央空降到地方的长官们，很多时候要仰仗地方势力的辅佐，才能在当地站稳脚跟，有一番作为。但这样一来，又会出现新的问题：地方高门大族的势力增强了，中央对地方的控制削弱了。比如，在东汉时期流传着这样一个歌谣："南阳太守岑公孝，弘农成瑨但坐啸。"这个歌谣说的是东汉王朝委任了一个叫成瑨的南阳太守，是弘农人，成瑨到了南阳，却管不了南阳的事，那个地方的豪强地主太多。他只好任命当地一个叫岑公孝的地方名士替他打理地方，岑公孝利用自己在当地的人望，把南阳治理得井井有条。成瑨没有什么事情可做，只好找个清闲的地方坐着吹口哨打发日子。地方官在地方无所作为，事事都要仰仗地方高门大族，渐渐地，地方的行政大权就被高门大族垄断了，虽然，他们不是刺史、郡守、县令，但他们比刺史、郡守、县令还牛，他们把持地方政治，成为地方一霸，这实际上是东汉以后，中国社会陷入动荡分裂的根源所在。如今隋朝重新统一了中原，杨坚不想让分裂的一幕在大隋帝国重演，决定加强中央对地方的控制，把地方一切官员的人事任免权收归中央。开皇三年，杨坚下诏宣布，凡是由地方长官自行任命的佐官一律解聘，充任乡官，管理地方风俗教化，地方佐官一律由中央选拔外地人担任，任期三年，不得连任。同时，加强对地方官员的政绩考核，一年一小考，四年一大考，根据考核成绩决定其升迁任免。

杨坚通过对地方行政建制的改革，一方面节省了国家财政支出，降低了行政成本和老百姓的负担；另一方面，又加强了中央对地方的控制，打击了地方高门大族的政治特权，提高了帝国的行政效能，大隋帝国开始呈现出蒸蒸日上的政治气象。

三、制定《开皇律》

一个国家要想实现长治久安，必须依法治国，做到令行禁止，使国家行进在制度化、规范化的轨道上，使臣民各安其业，各尽其职，做好方方面面的事情。

依法治国首先要制定一部行之有效的法律，于对隋朝来说，应该制定怎样一部法律呢？杨坚深知，法律是一把双刃剑，过宽和过严都达不到治理国家的目的。他从西魏、北周一路走来，历经六朝皇帝，教训太深刻了，无论是西魏还是北周，都信奉"乱世用重典"的治国理念，法律严苛，尤其是到了周宣帝时期，法律苛严更是到了无以复加的地步，且不说杀头、株连九族，仅是那一顿"天杖"，就够你受的，一天杖是120大板，打两天杖就是240大板，打不死你也会吓死你，搞得是人心惶惶，众叛亲离，这才让他有机可乘，取代了宇文氏的天下。杨坚不想让这样的悲剧在自己的帝国重演，即位后，立即命宰相高颎挂帅，组织法律专家，制定了一部影响深远的封建法典——《开皇律》。

杨坚知道，法律越苛严，条文越多，老百姓越无所适从，一不留神就触及了法律的红线，导致人人自危，"刑戮者相望于道"。老百姓在法律面前无所适从，就不会尊重法律，继而铤而走险，与政府作对。这样一来，法律就失去了治理国家的意义。因此，《开皇律》在制定时，尊重从疏从简的原则，将原北周的法律条文进行大幅删减，从1800条删减到500余条，这样一来，就给老百姓的日常行为提供了宽松的活动范围，禁忌没有那么多了，大家不会再莫名其妙地犯罪。在老百姓眼里，这是一部很人性化的法律，大家应该好好遵守。于是，法律的精神和核心价值得到了体现，人们的法律意识加强了，依法治国的基础形成了。

当然，法律条文再疏简，也总会有人犯法，那么对于犯法的人怎么量刑呢？《开皇律》在量刑上体现了从宽从轻的原则："去前世枭轘及鞭法，自非谋叛以上，无收族之罪，始制死刑二：绞、斩。流刑三，自二千里至三千里。徒刑五，自一年至三年。杖刑五，自六十至百。笞刑五，自十至五十。除前世讯囚酷法，考掠不得过二百。"（《资治通鉴》卷一百七十五）具体地讲，从宽从轻的量刑原则主要体现在以下几方面：

1. 减少了连坐的犯罪类型，除了谋反、谋叛这样的重罪要株连九族外，其他类型的犯罪都是一人做事一人当。

2. 废除了车裂、枭首示众、鞭刑等酷刑，对于犯罪分子的处罚分为五等。

第一等是死刑。分为斩刑和绞刑两种，斩刑身首异处，不留全尸，绞刑要留全尸。

第二等是流刑。所谓流刑就是流放，根据罪行轻重决定流放路程的远近，从两千里到三千里不等，当然，流放之前要先打一顿板子，然后到流放地服苦役。

第三等是徒刑，也就是我们今天所说的判处有期徒刑，接受劳动改造，年限视其罪行轻重，从一年到三年不等。

第四等是杖刑，也就是打板子，根据罪行轻重，分成五等，从 60 下到 100 下，每等相差 10 板。

第五等笞刑。笞刑也是打板子，只是比杖刑轻，依据罪行轻重，是从 10 下打到 50 下不等。这样的数目跟周宣帝时相比，少多了，周宣帝时，打板子的底限是 240 下，上不封顶，一顿板子之后，很少有人能活下来。现在打板子的最高上限才 100 下，两相比较，《开皇律》在量刑上比北周轻多了。

3. 尽量不搞刑讯逼供。当然，对那些死硬分子审讯时不用刑他们是不会招的，如此一来，刑讯也是难免的。不过，《开皇律》规定了刑讯的手段和标准，即只能打板子，而且最多只能打 200 下。在杨坚看来，打 200 下是绝大多数人能够忍耐的生理极限，到了这个极限还不招，那就是用特殊材料制成的人，这样的人可能连死都不怕，还会招吗？超过了这个极限，刑讯就失去了意义。所以，从维护嫌疑犯的合法权益出发，他规定，刑讯不得超过 200 大板，否则要追究刑讯人员的责任。

当然，《开皇律》无论比前代的法律宽松多少，其核心仍是维护皇权和社会等级秩序。中国古代有个成语，叫"十恶不赦"，虽是用来形容罪大恶极，罪不容赦，但究其实质是挑战了统治者或整个社会秩序的承受底线。其实，这个成语来自于《开皇律》，在《开皇律》里规定了十种重罪，只要犯了这十种罪，哪怕是皇帝老子实行天下大赦，也不能法外施恩。这十种重罪分别是：（1）谋反，就是公然和皇帝、朝廷作对；（2）谋大逆，就是毁坏皇家建筑，如毁坏皇陵、皇宫、皇家宗庙等；（3）谋叛，就是叛国，投奔敌国；（4）恶逆，即虐待长辈，比如殴打父母、公婆、祖父母、祖公婆等；（5）不道，所谓不道，就是指危害社会公共安全罪，比如，比如投毒、肢解、灭门等；（6）大不敬，是指盗用皇家专用物品，或因失职而使皇家专用物品被盗；（7）不孝，比如打骂父母，在父母服丧期间谈婚论嫁，吹拉弹唱等；（8）不睦，比如卖掉或杀掉自己五服以内的近亲属，妻子殴打丈夫；（9）不义，杀害自己的老师和上司，妻子在丈夫死后不服丧等；（10）内乱，即乱伦，比如强奸近亲，或者跟近亲通奸。这十种罪行，主要就是侵犯皇权、危害国家和社会安全、破坏家庭伦理的罪行，从中可以看出，杨坚所谓的法治精神，本质上是一种礼治精神，这也是中国古代法律的基本精神。

《开皇律》在中国法制史上占有非常重要的地位，它奠定了中国古代法理的基本精神和框架，直接被《唐律》沿用，后来宋、元、明、清几代的法律也是以开皇律为蓝本制定的，因而影响深远，是中国古代法制史上的一个重要里程碑。《开皇律》还传到越南、朝鲜、日本等近邻，成为这些国家制定法律的重要依据。它在世界法制史上的地位完全可与罗马法相提并论，这是杨坚带给大隋臣民的新气象，也是他对世界法制史的重大贡献。

四、贤能任中枢

要想治理好一个国家，必须要有一批能人辅政。

杨坚登基的第一天就发布了一个诏令，任命高颎为左仆射兼纳言、虞庆则为内史监兼吏部尚书、李德林为内史令、韦世康为礼部尚书、元晖为都官尚书、元岩为兵部尚书、长孙毗为工部尚书、杨尚希为度支尚书、杨惠为左卫大将军。三省六部的长官初步确立起来。

　　三省的长官构成了宰相群体，进入宰相群体的是高颎、虞庆则、李德林。其中高颎身监尚书和门下两省长官，地位最高，李德林和虞庆则同执掌内史省，所不同的是李德林只任内史令，虞庆则除了担任内史监以外，还兼任吏部尚书，主管大隋帝国的人事工作，按照职务排位，高颎排第一、虞庆则排第二、李德林排第三。论功劳，李德林在虞庆则之上，但论地位，却排在了虞庆则之后，这说明，在诛杀北周宗室这个问题上，杨坚对李德林是有看法的。关于高颎和李德林的背景，我们在前面已经做过介绍，那么虞庆则又是何许人呢？

　　虞庆则是京兆栎阳人，本姓鱼，其祖辈曾在匈奴赫连氏建立的大夏王国里做官，世居灵武。虞家人才辈出，世代为北边豪杰，其父虞祥，在北周官至灵武太守。虞庆则生得相貌堂堂，风流倜傥，身长八尺，为人有胆气，会说鲜卑语，擅长驰射，左右开弓，百发百中，宁武一带的豪侠子弟一个个都对他很服气。虞庆则不但武艺高强，还喜欢读书，想成为傅介子、班超一类的人物，立功异域。很明显，从他的身世看，他是一个胡化程度很深的汉人，祖辈在少数民族政权任职，尤其是他本人，说得一口流利的鲜卑语，和鲜卑人很是合得来。他是怎样成为杨坚的心腹的呢？这得力于高颎的推荐。周宣帝时，虞庆则任并州总管。当时并州西边的石州（今山西吕梁）发生稽胡叛乱，周宣帝派高颎前往镇压，高颎将此次叛乱镇压之后，向朝廷建议调并州总管虞庆则镇守石州。虞庆则到了石州，恩威并施，不费一兵一卒，8000多家稽胡就主动向他投诚，此举深得高颎赏识，后来，杨坚辅政，高颎就把虞庆则推荐给杨坚。虞庆则到了杨坚手下，干得很卖力，很快得到了杨坚的信任，隋朝建立后，虞庆则进入了帝国的核心层。

　　除了高颎、虞庆则、李德林这三省的长官外，还有一个地位显赫的人进入了宰相群体，此人就是杨坚的堂侄杨雄，时任左卫大将军。这是一个什么职务呢？隋朝实行府兵制，府兵的最高统帅就是十二卫大将军，在十二卫大将军中，左位大将军排名第一，负责宿卫皇宫。换句话说，杨雄就是这个国家的最高军事统帅，与高颎、虞庆则、李德林一起参与政事。很明显，这个宰相群体的人员组合是非常合理的，杨雄是武官，李德林是文官，高颎是文武兼资但偏重于文，虞庆则文武兼资但偏重于武，这是一个文武互补的领导群体，所谓文武之道，一张一弛。然而，一个新人的介入打破了这个群体的平衡。这个人叫苏威。

　　苏威出身于关中大族武功苏氏，其父苏绰，是中国历史上大名鼎鼎的人物，也是当年率先支持宇文泰雄踞关陇的人物之一。宇文泰虽然是一世枭雄，毕竟是马上功夫强，对于治理国家不怎么熟络，便向苏绰请教，苏绰给他提出了一个六条诏书，宇文泰豁然开朗，马上颁行天下。苏绰不仅具有政治家的眼光，还有经济学家的头脑，是位不可多得的理财高手，他帮宇文泰创立了记账法，所谓记账法，就是编制财政预算的方法，有了这套方法，量入为出，国家财政就能打理得井井有条。宇文泰非常欣赏，下令各地官员必须把六条诏书背得滚瓜烂熟，把记账法运用得轻车熟路，否则就甭想当官。

公元546年，苏绰去世，归葬乡里，宇文泰扶棺痛哭，如丧考妣。

苏威生活在这样一个世家大族，又有一位能干的父亲，很快就名声远扬，成为各派势力争相笼络的对象。北周初年，宇文护专权，为了将这位青年才俊揽至麾下，特地将自己的女儿嫁给苏威。但是，苏威没有满足他的愿望，美人照收，投靠是不可能的，他认为跟着宇文护混不会有什么好结果，新婚不久，就做出一个很清高的决定：带着新娘子进山隐居读书，以示自己对做官不感兴趣。正因为如此，宇文护被诛杀以后，他的儿子及不少亲信都成了刀下鬼，而苏威夫妇却没有受到牵连，不仅没有受到牵连，宇文邕还多次下诏，希望让他出山为朝廷工作，但苏威每次都谎称自己有病，身体状况欠佳推脱了。此举更让他名声大噪，名扬天下，试想，像宇文邕这样的英武之主，几次三番求他出来做官，可见这人的才干不同凡响；他几次三番地予以拒绝，可见这人品性是多么清高。真是，斯人不出，奈苍生何？

杨坚辅政后，高颎又把苏威推荐给杨坚，杨坚立即派人相请，苏威出山了。杨坚与他一席长谈，简直是惊若天人，这不就是自己千辛万苦要寻找的辅政大臣吗？然而，就在杨坚准备改朝换代时，苏威没有打一声招呼就跑了。只是这一次，他没有进山，而是回老家种地去了。当时高颎建议派人去追，杨坚说，还是别追的好，他的意思很明显，不想参与改朝换代的事，等事情定下来再说吧。

杨坚正式称帝后，又派人四处寻访寻苏威的下落，发现他在老家种地，乐了！马上下诏，现在天下大事已定，赶紧回来吧。苏威回来了，被杨坚拜为纳言，兼任度支尚书（也就是后来唐代的户部尚书），进入了宰相群体。

从苏威的这些经历可以看出，他是一个谨小慎微、心思缜密、注重名节、渴望建功立业的人，这样一个人正是治理天下的材料。

很快，苏威就开始大显身手了，刚上任就把父亲苏绰以前制定的赋役政策废除了。按照苏绰的规定，男子长到15岁算成年，接受政府的分田，分到田地之后，就要给国家交纳地租，还要无偿为国家服劳役，交纳丝织品，这就是中国历史上著名的租庸调制。到了北周，男子成年的年龄虽然提高到了18岁，租庸调的额度也降低了一些，但是，老百姓的负担还是很沉重。现在苏威肩负了治理国家的重任，所做的第一件事就是为老百姓减负，把男子成年的年龄提高到 21 岁，劳役从每年 30 天降为 20 天，给国家交纳的丝织品从一匹即 4 丈减少到两丈。此外，苏威免掉了酒税和盐税，活跃工商业。老百姓交口称赞新朝的圣明。

苏威不仅很有政治才能，还很讲政治道德。他见杨坚的皇宫里，挂帐子的钩子都是用银子做的，特别心疼，但又不好直接跟杨坚说这事，于是，整天跟杨坚算经济账，说一个圣明的皇帝首先是节约型皇帝，要勤俭治国，杨坚一听，有道理，马上命人把皇宫里的银钩子换成铁钩子，带头提倡节俭。于是，勤俭之风在大隋帝国蔓延开来。

苏威不是一个喜欢逢迎皇帝的人，不但不逢迎，甚至敢顶撞皇上。一天，一个不起眼的小官不知为啥得罪了杨坚，杨坚气急败坏，要亲手杀了他。苏威听到这个消息，赶紧前往制止：陛下不是要依法治国吗？《开皇律》里讲得明明白白，犯了哪一条，就治什么样的罪，没有规定惹皇帝生气就要被杀头。苏威上前拦住杨坚，杨坚正在气头上，拔剑在手，苏威拿身体去挡，杨坚撇下苏威又去追那个人，苏威又跑上前去阻挡：陛下若真要杀他，那就先杀我苏威！杨坚很生气，又没有办法，拂袖而入。没过多久，他出来了，不再生气了，对苏威说："公能若是，吾无忧矣！"是呀，你能这样做，我还去担心天下治理不好干什么呢！在杨坚看来，苏威就是这么一个处事干练，政治可靠的人。这样的人，就得让他多干事，多担当，于是在纳言、度支尚书的基础上，又给他加了三个头衔：大理卿、京兆尹、御史大夫，兼管法院、首都行政、朝廷监察工作。

总之，隋初的宰相群体是一帮能人，而且都是克己奉公之士，工作非常敬业，像高颎是个做梦都在工作的人。隋初各项制度的改革，都倾注了他们的心血，在他们的带动下，朝廷上下气象一新，大批能员干吏被充实到朝廷各部门和地方各级政府。有道是"众人拾柴火焰高"，有这样一个知人善任的皇帝，有那么多忠诚勤勉的各级官吏，大隋帝国蒸蒸日上，对于历经数百年战乱的老百姓而言，这是一种崭新的气象，他们对这个帝国充满了期待！

五、 营建大兴城

要营造新朝气象，仅仅在制度上、人事上进行变革是不够的，还要有一些有形的东西来烘托渲染，让人一看，就觉得新朝气象宏大，皇帝富有魄力，皇权威不可犯。基于这样的考虑，杨坚决定营建新都。

为什么要营建新都呢？我们知道，杨坚是代周称帝的，都城仍在长安。此时的长安绝非我们今日看到的长安城，今日之长安城基本上是唐长安，唐长安是在隋长安——大兴城的基础上建立起来的。而隋朝以前的长安是汉长安。

所谓汉长安，就是建于西汉的长安城，位于渭水南岸。在西汉两百多年的时间里，几经营建，盛极一时，这可以从司马相如的《上林赋》中窥见一斑。刘秀中兴汉室以后，以洛阳为都，长安的地位迅速衰落。此后，虽有东汉献帝、西晋愍帝、前赵、前秦、后秦、西魏、北周等建都于此，但定都时间都不长，最长的也不过 30 余年。况且，从汉末至隋朝，长安城屡为战场，烽火连天，往日的繁华数度毁于战火。

至杨坚称帝时，长安城早已风光不再，规模狭小、凋败不堪，城市格局很不严整，宫殿居然在城市西南角，不足以彰显皇家气象。衙署与民居混杂，很不便于日常管理，治安也成问题。而且此时的长安城水污染严重，因排污不畅，浅层地下水被严重污染，以致"水皆咸卤，不甚宜人"，加上渭水南侵，河流改道，离城太近，只要遇洪泛滥，城市安全就告急。

杨坚志在统一天下，自代周建隋以来，大隋帝国击退了吐谷浑，打败了陈国的侵扰，帝国的疆域不断扩大，气象日新。如此残破不堪的宫殿不足以彰显大隋帝国的兴旺之气。

同时，杨坚又是一个迷信风水的帝王，他认为自西汉以后，在汉长安城建都的几个朝代都短命而亡，这说明汉长安的风水不再，而且，他还做了一个梦，梦见洪水淹没了长安城，认为汉长安气数已尽，据说城里还经常闹鬼，必须另建新都。他认为自己应在新都的宏伟宫殿里召见群臣，接见周边国家使臣，方能彰显和传播大隋天威。

不过，再建新都不是一件容易的事，毕竟大隋立国不久，财政不宽裕，而建新都是一项耗时、耗财、耗力的浩大工程。还是先征求一下大臣的意见再说吧！开皇二年（582 年）六月，杨坚私下召高颎、苏威进宫商量此事，整整商量了半夜，高颎、苏威都赞成迁都，但杨坚还是下不了决心。

不过，到了第二天，他就下决心迁都了，因为一个人的一席话打消了他的顾虑，这个人就是星相家庾季才。他上奏说："臣仰观玄象，俯察图记，龟兆允袭，必有迁都。"杨坚一听，怔住了，昨天晚上才提及此事，上天就垂象了，这太神了，真是天意呀，既然天意如此，那就迁都吧。其实，这不是上天太神，估计是高颍、苏威昨天晚上从杨坚那里出来后找了庾季才，让他借天象说事，让杨坚下定决心迁都。

在天意暗示的同时，人心所向也表现得非常积极。李穆出场了，这是对杨坚有大恩的人，官居一品太师，位在三公之首、百僚之长，他的意见代表百官的意见。他上书说每个王朝都应有自己的都城，陛下开天辟地，移风易俗，臣民拥戴，国家欣欣向荣，现在正是营建新都的好时机，再说现在的都城屡经战火，残破不堪，不足以彰显大隋气象，应该另建新都。

天意有了，人心也有了，杨坚于开皇二年（582 年）六月正式下诏营建新都。

往哪儿迁呢？首先新都必须在关中地区，这是杨坚的发迹地，是关陇贵族的老巢，进可攻，退可守，不能放弃，不仅关中地区不能放弃，就是旧都所在的龙首原也不能放弃。旧都在龙首原北坡，杨坚决定把新都放在龙首原的南坡。

为了确保工程进度，杨坚特地任命左仆射高颍为大监，全权负责新都的营建工作。同时任命将作大匠刘龙、钜鹿郡公贺娄子干、太府少卿高龙叉等为副监。担任副监的还有一个叫宇文恺的人，他是参与营建新都所有人员中最重要的一位。

宇文恺是鲜卑族人，出身于武功世家，父兄都是一世名将，以弓马显名，唯独他弃武从文，多才多艺，尤其热衷于工程建筑，是中国历史上大名鼎鼎的建筑工程学家。

宇文恺虽是副监，但新都的一切规划、设计、建造都由他负责。为了使新都适合杨坚的心意，宇文恺前往洛阳、邺城这两大名城考察，吸取洛阳城和邺都南城的优点，利用长安龙首原南麓六条冈阜的自然特点进行设计，勾勒出一幅北临渭水，东濒浐、灞，西有沣水，南对终南山的宫城示意图。

宇文恺将龙首原的六条冈阜与易经乾卦中的六爻结合起来，六爻的爻辞分别是：初九，潜龙，勿用；九二，见龙在田，利见大人；九三，君子终日乾乾，夕惕若厉，无咎；九四，或跃在渊，无咎；九五，飞龙在天，利见大人；上九，亢龙有悔。从爻辞上理解，九二、九三、九五这三爻是最吉利的。于是，新都最重要的建筑都放在了这几条冈阜上。九二建皇帝的宫殿；九三建文武百官的官衙；九五建寺院和道观，供奉神仙与菩萨，这就使整个城市的布局富有文化气息。

总体来说，宇文恺的设计，体现了以下几大特点：

1. 规模宏大，气势雄伟。整座城市东西宽 9721 米，南北长 8651 米，周长为36.7公里，面积为84平方公里，这个规模在当时的世界上是无与伦比的。

有人曾列举世界古代十座城市的面积进行比较：（1）隋大兴城（唐长安城），84.1平方公里；（2）北魏洛阳城，73平方公里；（3）明清北京城，60.2平方公里；（4）元大都，50平方公里；（5）隋唐东京（洛阳城），45.2平方公里；（6）明朝南京城，43平方公里；（7）汉长安（内城），面积35平方公里；（8）巴格达，30.44平方公里；（9）罗马，面积13.68平方公里；（10）拜占庭，11.99平方公里。从上述数据可以看出，中国古代都市的规模在世界上是无与伦比的，而隋大兴城则是当之无愧的古代世界第一城。

宫殿和庙宇顺着六条冈阜依山而建，气势巍峨雄伟，同时，又占据了京城的制高点。在冈阜之间的低平地带，除了安置居民区外，还利用凹陷地带开辟湖泊，使其成为名胜风景区。城东南的曲江池就是一例。

2. 城内进行分区设计，主要分为宫城、皇城和郭城三个部分。整座城市在方整对称的原则指导下，沿着南北中轴线，将宫城和皇城置于全城的主要地位，郭城则围绕在宫城和皇城的东、西、南三面。分区整齐明确，象征着皇权的威严，充分体现了中国古代京都规划和布局的独特风格。

宫城是供皇帝居住和处理朝政的地方，建在最北面的高地上，占据着京城中最有利的地形，居高临下，坐北朝南，彰显了皇家气象。为了确保皇家的安全，宫城的最北面及龙首原北坡全部划为禁苑，成为皇帝的后花园和狩猎场所，并在里面驻军，保卫皇帝的安全。

皇城又名子城，是政府机关所在地，紧附于宫城的南边，皇帝南面称尊，文武百官自然应该在南面；郭城从东、西、南三面"拱卫"着皇城与宫城，是一般居民和官僚的住宅区，也是商业区。商业区有东、西两市，东曰"都会"，西曰"利人"，对称分布于皇城之外的东南和西南区域。东西两市是城内手工业和商业的集中地，店铺林立，四方奇珍异宝和四时货物荟萃其中。宫城、皇城与郭城隔离，避免了治安隐患。

3. 城中街道纵横，把城市分割成一个个街区，街区实行分坊管理。

城中街道宽敞，通向城门的街道宽度都在100米以上；宫城和皇城之间的横街最宽，超过220米；位于南北中轴线上的主干道朱雀大街宽达150米；不通向城门的街道宽度在42～68米；最窄的是四周沿城墙内侧的顺城街，但也有25米宽。

城市街道整齐，南北有11条大街，东西有14条大街，纵横交错，形成网格，把整个大兴城分割成 108 个区域，称为 108 坊或 108 里，每坊都有专名，设置专门的管理机构，相当于今天的街道办。这些坊又以朱雀大街为界分为东西两半，分属大兴、长安两县。每一坊都筑有坊墙，坊中也有街道：大坊四面开四个坊门，中辟十字街；小坊开东西二门，有一条横街。到了晚上，坊门关闭，十分严谨。

这些纵横相交的街道形成一个交通网络，井然有序。各大街的两侧都开凿排水沟，街道两旁种上榆树、槐树，每棵树之间的行距整齐划一，气象森然。

此外，城里还开凿了龙首、永安、清明三渠，把浐河、滈河、潏河水引进城内，一则解决居民用水问题，二则在城中萦回曲折流淌，在低洼处汇成多处池塘，成为风景区，是官民日常休闲的处所。

为了解决交通和物资运输问题，杨坚还命水利专家郭衍负责开凿渭水至大兴城的运河，此河连接渭水，经大兴城北，东到潼关，长达 400 多里，既解决交通运输问题，又解决城市人口增多的用水问题。

如此浩大的工程对于刚刚立国的隋朝来说，财力上能承受吗？这一点，杨坚是很会想办法的，他决定分期建设，废旧利用。先建宫城、皇城，再建郭城及其他配套设施，建筑所需要的木料从旧都拆取。这一点是有历史记载的。唐玄宗时期的宰相姚崇听说太庙的柱子腐烂了，说了这样一番话：太庙的柱子最先是前秦所建，后来北周建太庙又沿用了这些柱子，隋文帝建太庙时继续利用，到我朝，又利用了一次，前后几百年，哪有不腐烂的道理？像太庙这样重要的建筑，杨坚都舍不得用新的木材，其他建筑更可想而知，如此一来，成本也就降下来了。

不仅成本降了，工期也提速了。这是国字号第一工程，宰相高颎亲自督阵，各地能工巧匠纷纷云集京师。此时的大隋虽未统一全国，但帝国境内的人口也在三千万左右，抽调几十万民役不成问题，各地的囚犯也被送到长安做义务工，驻守京师的军队也轮流参加义务劳动。

几个月后，宫城和皇城建成了，郭城也粗具规模。这样的规模，这样的速度，堪称世界建筑史上的奇迹。开皇三年（583 年）正月初一，杨坚为新都取了一个名字：大兴城。大兴是杨坚在北周为官时所得到的一个爵位名，即大兴郡公，这是他一生伟大事业的开始，用大兴命名新都，是希望这座城市和他的帝国一样，永远兴旺发达！在为新都命名的同时，杨坚宣布大赦天下。三月，杨坚正式搬入新都大兴城。

接着，各国使臣来朝，杨坚端坐在高大的龙椅上，看着四方来朝的使者，接受朝臣山呼"万岁",心里畅快极了:朕今日始知何为天朝大国之君。

当然,大兴城的修建工作还在继续,主要是一些配套工程,修建人员也不如先前那么多,一直到隋炀帝时期,郭城才修建完毕。

第八章　挥师下江南

一、策划战争

　　杨坚代周建隋以后，对外威服吐谷浑，降服突厥，确立自己在东亚地区的霸主地位；对内改革内政、休养生息，提拔能人贤人充实各级政府部门，君臣一心，励精图治，大隋帝国很快呈现出蒸蒸日上的气象。随着周边环境的改善和国力的不断增长，杨坚把经略的矛头指向了江南。

　　从西晋"永嘉之乱"开始，中国社会南北分裂的局面已延续近 300 年，这期间虽不乏有志之士谋求南北统一，终因种种原因，折戟而返。如今雄才大略的杨坚已经统一了北方，不想让南北分裂的局面继续下去。

　　其实，在杨坚把战略目标指向江南之前，隋朝的将军们早就急不可耐了！

　　早在隋朝建立之初，长孙览和元景山率军反击陈国，就乘胜饮马长江，准备一鼓作气渡过江去，荡平江南，只是赶上陈国国丧，杨坚考虑到大隋粗创，连年征战，师疲力困，而陈国偏安江南，经济繁荣，文化发达，凭借长江天险，拥有水陆大军数十万，再加上强大的突厥正在北方虎视眈眈，杨坚不想陷入两面作战，才责成高颎见好即收，不要越过长江。

　　不过，这不意味着杨坚就此把灭陈之事搁在了一边，长孙览班师回朝，杨坚随即向随军出征的高颎征询灭陈大计。

　　高颎认为，隋朝并无迅速灭陈的实力，灭陈之事应该从长计议。他说，江北寒冷，庄稼收割较晚；江南气温较高，庄稼收割较早。我们应在陈国收割季节，略略征调兵马，声言要掩袭陈国，陈国闻言必定会屯兵防御，这足以废其农时。只要陈国大举屯兵，我方就解甲，如此再三，陈军就会习以为常。以后等我们再集重兵准备正式出击时，陈军一定不相信隋军会真的进攻。在他们犹豫不定之时，我军以迅雷不及掩耳之势渡江登陆，必然士气倍增。另外，江南土薄，气候潮湿，房屋多为茅屋竹房，所有积蓄都不是藏在地窖里。我们可以偷偷派人过去顺风放火，等他修好后，再去放火。如此这般，用不了几年，就可使陈国财力俱尽。到那时，再利用陈军的麻痹，隋军就可以以拉朽之势消灭陈国。

杨坚大喜，将高颍的建议列为灭陈的战略方针，令与陈国接壤的各地总管严格执行，不断消耗陈国的财力、人力。一面整顿内政，大力发展生产，多养战马，打造战船、兵器、铁甲，积蓄国力。为了进一步麻痹陈朝君臣，杨坚还主动向陈朝卑词示弱。

陈后主即位后，隋陈通好。在向陈朝派出使臣时，杨坚再三叮嘱使臣，到了那边要低调一些，"勿以严辞相争"，如果对方要打嘴仗，不妨让一让，让对方自我感觉良好。不仅如此，杨坚写给陈后主的信件落款也署上了"坚顿首"三字，意思是杨坚给你叩头了。要知道隋朝地盘比陈朝大，军事实力比陈朝强，而杨坚的年龄比陈后主大12岁，如此署名，绝不仅仅是因为客气。若陈后主是个精明厚道之人，就应该往深处想一想，或者以同等的姿态和语气回复对方，但是，他没有这样做，见杨坚如此低三下四，顿觉自己高大伟岸，在回信中摆出一副高高在上的姿态说："想彼境内如宜，此宇宙清泰。"意思是我陈朝好比宇宙，境内升平安泰，想必你们隋朝那个小地方，也应该如此吧。这就不是妄自尊大，而是夜郎自大了，夜郎是没有资本自大的。杨坚接到陈后主的回信，将其遍示群臣，告诉他们这是大隋的耻辱，大家务必要记住。记住归记住，杨坚在以后写给陈后主的信件中继续卑词厚礼，让陈后主很是受用。

为了向陈后主表达自己对睦邻友好的"诚意"，杨坚还主动提出从今以后隋朝绝不招降纳叛。此举是很有分量的，要知道两国隔江对峙，互相挖墙脚是司空见惯的事，大臣在这边混得不如意，就往那边跑，这是惯例，也是促进双方保持均势的手段。现在，杨坚主动提出不再招降纳叛，拒绝接受从陈朝那边过来的文臣武将，这就等于加强了陈皇主对陈朝文武百官的控制：你们只有跟我干才有出路，杨坚从此不会接纳你们。见杨坚对睦邻友好如此有诚意，陈后主乐了，不再认为隋朝对自己有什么威胁。

经过几年的休养生息，隋朝国力突飞猛进，在北边又打败和降服了突厥，解除了北疆的威胁，杨坚不再担心陷入南北两线作战，很快，灭陈又提上了议事日程。

群臣十分踊跃，纷纷献计献策。

光州刺史高劢上奏了灭陈的五大策略，并请缨挂帅。还未等杨坚回复，高劢又上表请缨挂帅，愿意率虎狼之师，横行江南，为大隋统一天下。

高劢是北齐奠基人高欢的堂弟，文韬武略出众，政治觉悟高，文章也写得漂亮，北齐灭亡后，他被俘入周，被授为开府，杨坚代周建隋，非常器重他，让他历任扬州、楚州、光州、洮州刺史。

看完这篇文采横溢的奏章，杨坚非常满意，亲自召见了高劢，予以嘉奖，嘱咐他再接再厉，为伐陈建言献策。

群臣那么积极，杨坚当然很高兴。不过，在正式决定对陈国用兵之前，他还必须要解决一件事，就是后梁问题。

我们知道，南朝包括宋、齐、梁、陈四朝。那么后梁是怎么来的呢？原来，梁朝在梁武帝晚年发生了侯景之乱，梁武帝被侯景围困在建康达 140 天之久，几个儿子手握重兵却见死不救，建康城破之后，梁武帝被活活饿死。此后，手握重兵的儿子们一边平叛，一边搞窝里斗，互相厮杀，最后兵多将广的第七子、荆州刺史萧绎脱颖而出，打败其他兄弟子侄，平定侯景叛乱，于公元 552 年 3 月，在江陵称帝，史称梁元帝。

不久，曾被萧绎无端攻伐、死里逃生的前太子萧统之子萧詧逃到了西魏，请求西魏大冢宰宇文泰发兵攻打萧绎。宇文泰出兵江陵，打败梁军，俘获并处死了萧绎，随后立萧詧为梁主，把江陵空城和周围不足四百里的地方划给他，其余的地盘则并入了西魏的版图。

萧绎死后，坐镇建康的梁朝大将陈霸先立萧绎之子萧方智为帝，是为梁敬帝。两年后，陈霸先废掉萧方智，自立为帝，定都建康，是为陈朝。如此一来，萧詧就成了梁朝的唯一正统，他所统领的江陵梁朝史称后梁，也叫西梁。

由于后梁是西魏的属国，实力弱小，只好恭恭敬敬地服从自己的主子，以求偏安一隅。北周取代西魏后，后梁又成了北周的附属国。萧詧在位 7 年，于 562 年 2 月死去，其子萧岿继位。杨坚称帝后，后梁又归附隋朝。杨坚还让自己的次子晋王杨广娶了萧岿的女儿为王妃。

585 年 5 月，萧岿去世，其子萧琮继位。此时的大隋帝国已经征服了突厥，把战略目标指向了江南的陈朝，对于后梁这个卧榻之侧的属国就不那么尊重了。

开皇七年（587年）八月，杨坚将萧琮召来长安，将其扣留，随即令崔弘度出任江陵总管，率军前往江陵，稳定局势。

萧琮的叔父萧岩听说萧琮在长安被扣，崔弘度又领兵前来，立即率领一帮王公大臣和部分军民投奔了陈朝。

萧岩等人的叛逃，更给了杨坚借口，他不仅借势取消了萧琮的帝号，封其为莒国公，废除了梁国，还把气撒在了陈后主身上。因为，按照先前的约定，隋陈两国互不招降纳叛，如今你陈叔宝不遵守先前的约定，公然接纳我大隋叛臣萧岩等人，是可忍，孰不可忍！杨坚动怒了："我为民父母，岂可限一衣带水，不拯之乎？"意即朕是天下百姓的父母，岂能纵容你陈叔宝胡作非为，怎么可能就因为有衣带宽的长江阻隔，就不去拯救江南百姓了呢？话说到这个份儿上，杨坚正式决定要对陈国用兵了。

不过，江陵的百姓听说崔弘度来了，也是人心惶惶。因为，崔弘度是个典型的酷吏。有一次他吃甲鱼，旁边有几个小吏伺候，他一时来了兴致，就挨个问小吏好吃吗？大家都回答好吃。崔弘度顿时变了脸色，拍案怒喝道，是我吃，你们又没有吃，怎么知道这甲鱼好吃？看来，你们都是些谄佞之徒，来人啦，给我拉出去各打80大板。可见，崔弘度就是这么一个难伺候的人，时人流传着一句顺口溜："宁饮三斗醋，不逢崔弘度"。要知道，后梁虽是小国，但后梁国君对老百姓是比较厚道的，老百姓已经习惯了在这种宽松的政治环境中生活，听说崔弘度要来坐镇江陵，知道好日子到头了，人心惶惶，很多人都想逃离江陵。

杨坚得知这一情况，赶紧让左仆射高颎前去做安抚工作。高颎来到江陵，根据杨坚的旨意，宣布废除梁国只是因为萧琮无道、宠信小人，萧岩勾结陈朝祸乱大隋，这与江陵百姓无关，大隋皇帝感念江陵百姓的赤胆忠心，决定减免江陵百姓10年赋税，允许江陵百姓为已故的梁国二君守墓。江陵百姓很快安定下来。

废除了梁国，安抚了江陵，杨坚开始紧锣密鼓筹划对陈朝的战争，群臣的积极性很高。

一天，即将赴任晋州刺史的皇甫绩前来向杨坚辞行，但辞行的主题不是如何去治理晋州，而是如何伐陈。他对杨坚说，此时正是伐陈的大好时机，可一举而攻灭之。杨坚问理由何在？皇甫绩说理由有三：其一，以此时隋朝的国力、军力伐陈，是以大吞小，双方力量悬殊；其二，隋伐陈，是以有道伐无道，隋朝占有道义上的优势；其三，陈国接纳叛臣萧岩，我们可以此为进兵借口，师出有名。他还请缨挂帅，希望能参加灭陈之战。杨坚对他勉励一番之后，让他继续前往晋州赴任，毕竟突厥是必须要防的，虽然它已经臣服于隋朝，但突厥人反复无常，谁能保证他们在隋陈战事胶着之际不趁火打劫呢。

为伐陈而献计献策的人很多，大家都抱着必胜的信心，对天下一统充满了期待，李德林、王世积、贺若弼等人都提出了伐陈的看法。

杨坚综合群臣上疏，权衡其利弊得失，一番斟酌之后，一个完整的灭陈方案在他脑海中形成。

此时的隋、陈双边关系，表面上仍一团和气，但小范围的摩擦也不时发生。开皇八年（588年）正月，陈后主遣使前来朝贺，二月，陈国的军队就对硖州（今宜昌一带）发动袭击。杨坚大怒：老子正要向南兴师问罪，没想到你却到太岁头上动土来了！三月，杨坚下诏，列举陈后主20大罪状，宣布全国总动员，挥师南征，救陈国军民于水火。

这20条罪状综合了群臣的建言，义正辞严，声色俱厉，形同一篇战斗檄文。其中有一条是："有梁之国，我南藩也，其君入朝，潜相招诱，不顾朕恩。"什么意思呢？梁国本是我大隋南边的藩国，是我大隋的屏障，陈国趁梁主萧琮入朝之机，暗地里诱使萧岩叛逃，不顾我大隋的浩荡皇恩。这一条明显采纳了皇甫绩的建议，是典型的狼吃羊逻辑，明明是杨坚自己吞并了后梁，却嫁祸于陈国。真是欲加之罪，何患无辞？只要你有实力，黑白是可以颠倒过来的。

全国上下紧锣密鼓，调兵遣将，运输粮草，征调战船，集结军队。完成这一系列工作，整整用了半年的时间。杨坚知道，一切都不能操之过急，当年苻坚南征之所以失败，本质上不是因为"风声鹤唳，草木皆兵"，而是因为时机不成熟，战前准备工作不充分，尽管他有"投鞭断流"的豪气，可毕竟要面对长江天险。现在隋朝要进军江南，同样要面临这个问题，说白了，所谓统一江南问题，本质上就是如何突破长江天险问题。

如何突破长江天险呢？一个叫崔仲方的谋臣给杨坚出了一个非常好的主意：隋朝可往长江中游的武昌地区增派重兵，同时在上游的四川地区建造战船，大造声势。陈朝看到上游和中游不安全，就会往这两个地方增兵据守，如此一来，下游地区就空虚了，我军就可以趁势从下游渡江袭击，直捣建康。退一步讲，若陈朝对我军在上游和中游的行动视而不见，固守下游，我军就直接从上游和中游出发，顺江而下，直捣建康。这对于陈朝来说，是一个两难的问题，而对于隋朝来说，则是一个互相配合，首尾呼应，齐头并进的问题。

杨坚采纳了他的建议。

九月，一切准备就绪，杨坚大宴南征诸将，十月，在寿春设置淮南行台，以晋王杨广为尚书令。

搞笑的是，大战在即，剑拔弩张，长安城里却来了一拨客人，他们是陈国派来的使者，奉陈后主之命来向杨坚道贺，共叙隋、陈友谊，永结盟好。杨坚心里甚是好笑，老子都要对你用兵了，你还派使节前来道贺，真是没心没肺。杨坚扣留了使者，不让他们南返。

随后，杨坚在太庙祭祀祖宗，申诉陈国罪行，宣布征伐陈国，任命晋王杨广、秦王杨俊、清河公杨素为行军元帅，分别统帅东中西三路大军、90位总管，总兵力518000人，向江南进军。

杨广所率的东路军，负责从下游渡江，直捣陈朝首都建康；

杨俊所率领的西路军重点突破长江中游的武昌；

杨素率领的西路军负责重点突破三峡的峡口，使中游和上游连成一片。

三路大军中，西路军和中路军是策应部队，负责牵制陈朝的兵力，杨广所率领的东路军才是主力，兵力最多，麾下将领最强，韩擒虎、贺若弼、王世积、宇文述等人皆受其节制，作战任务是在西路和中路军的配合下，实施重点突破，向陈朝的首都建康进攻，因而任务最重，责任最大。此时的杨广还不到20岁，虽然英武神俊，见识不凡，但这么年轻就让他统领千军万马，杨坚还是不放心，便任命高颎为元帅长史，"三军谘禀，皆取断于颎"，高颎成了东路大军的实际总指挥。

三路大军东接沧海，西抵巴、蜀，旌旗舟楫纵横几千里。一场决定中国历史发展进程的战争拉开了序幕，所有参加此役的将士们将光照史册。

二、陈后主乱政

隋朝在厉兵秣马，枕戈待发，陈朝又在干什么呢？陈朝君臣正醉生梦死，过着天堂般的生活，把好端端的陈国弄得面目全非。

此时，陈朝已经立国30余年，在这30余年里，北方金戈铁马，征战连年，江南相对稳定，经济发展，到陈后主继位时，建康城已经恢复了侯景之乱前的繁荣景象。有了物质基础，也就有了享乐的资本。

面对隔江对峙、励精图治、志在统一天下的隋朝，陈后主当政后，又做了些什么呢？概括地说，他做了以下几件事。

　　一是重用毫无治国之术的文士治国。陈后主是个很有文学才华的人，会作诗绘画，还写得一笔好字，很有几分儒雅的气质。正所谓物以类聚，人以群分，他身边的近臣，大多是和他有共同爱好的人。当时，有个出生于江南世家大族的才子名叫江总，家里有数千册藏书，这在当时是一个了不起的数字，因为国家的藏书也不过几万册。有着这样得天独厚的条件，江总得以博览群书，到十七八岁时，就已博通古今，江南那些老学究们争相与他交往。陈后主很赏识他，让他做了宰相。虽然江总没有政治经验，不知道怎样治国，不过陈后主不在乎，因为，他交给江总的任务不是治国，而是陪他饮酒赋诗。这对于江总来说是小菜一碟，他找了十几个文士，带到皇宫陪陈后主饮酒赋诗，陈后主见这些人都是些饱学之士，也不示弱，挑了十几个才色俱佳的宫女，封为女学士，跟他一起与那帮文士对垒。大家在一起舞文弄墨，场面很是融洽。很快，君臣之间的关系搞得很随便，一个叫孔范的文士还跟陈后主的宠姬孔贵嫔结拜为兄妹，两人白天黑夜往来，毫不避嫌，陈后主也不在乎他们在背后做了什么。这帮君臣天天在一起饮酒吟诗，写得好的作品就将其谱成曲子，让宫女演练传唱。在这些谱成曲的诗作中，影响最大、传唱最广的要数陈后主的《玉树后庭花》，其词云："丽宇芳林对高阁，新妆艳质本倾城。映户凝娇乍不进，出帷含态笑相迎。妖姬脸似花含露，玉树流光照后庭。花开花落不长久，落红满地归寂中。"典型的靡靡之音，除了香艳，就是落寞。

　　身为宰相，本应以国事为重，可江总不知国事为何物，整天带着一帮文士陪陈后主和后宫女学士们饮酒吟诗，老百姓看不惯，就给他们取名了一个很不雅的名号叫"狎客"。可叹的是，这帮政治上的门外汉没事充当一下"帮闲"也就罢了，但他们闲久了，突然心血来潮，觉得"帮闲"不过瘾，还要帮忙，以证明他们满腹经纶，除了能饮酒作诗，还熟谙军国大事。比如那个叫孔范的就对陈后主说：陛下，朝廷那些武将不过是有些匹夫之勇而已，关键时刻是不能指望他们的，还得靠我们这些满腹文韬武略的人。陈后主竟信以为真，从此，武将们只要稍微犯点错，他就小题大做，削夺其兵权，将其分给这帮陪他饮酒赋诗的文士。

　　二是风流好色。陈后主的风流好色是出了名的，他不满足于后宫佳丽如云，若是听说哪个大臣的老婆漂亮，就会将其召入宫中临幸。当时，后宫的美女中，比较得宠的有孔贵嫔，江贵妃、龚贵妃。当然，最得宠的是张贵妃，也就是大名鼎鼎的张丽华。张丽华之所以能宠冠六宫，一是因为她漂亮，长发飘飘，黑亮如漆，肌如冰雪，光彩照人；二是因为她没有醋意，不但对陈后主宠幸其他妃嫔没有意见，还不时把身边的漂亮宫女推荐给陈后主。三是因为她很聪明伶俐。由于陈后主懒得上朝，百官奏事都由宦官转奏，陈后主总是将张丽华抱在膝上，一边打情骂俏，一边听宦官奏事。宦官们一则因为此情此景很尴尬，经常词不达意，二则因自己文化水平低，陈朝的大臣们大多是些饱学之士，说话文绉绉的，这让他们转述起来很麻烦。这时，张丽华就帮着宦官条分缕析，理清思路，她的记忆力很好，能把此前好多天所奏的事串联起来，经过一番梳理，那些理不清、道不明的事情很快被弄得明明白白。有这样漂亮、体己、善解人意、善于分析的红颜知己，陈后主满意极了，即使上朝时，也依然让张丽华坐在自己的大腿上面对文武百官，让她参决国政，弄得文武百官很不好意思。他甚至还一度想废掉皇后，立张丽华为六宫之主。张丽华也仗着陈后主的宠信，结党营私，无所不为，整个朝政被弄得乌烟瘴气。

三是大兴土木。帝王过于文雅风流，往往与奢侈联系在一起。陈后主也不例外，他仗着陈朝立国以来积累的雄厚财力，大肆修建亭台楼阁。这些亭台楼阁中最引人注目的要数临春阁、结绮阁、望仙阁，这三座高阁分别高达数十丈，高空中彼此有回廊相连，便于住在其中的人互相往来，楼阁的门窗、栏杆、床榻全是用上等檀香木制成，微风吹拂，香飘数里。陈后主住在临春阁，张丽华住在结绮阁，龚贵妃和孔贵嫔住在望仙阁，陈后主和爱妃们站在高阁上，凭栏俯瞰远观，迎风衣袂飘飘，恍若神仙一般。问题是真神仙不食人间烟火，而这帮人不但要食人间烟火，而且要食上等烟火，这就注定了他们要过神仙一样的日子，就必须用大把大把的钱财做支撑。这样一来，国家财政又吃不消。怎么办呢？陈后主身边的施文庆、沈客卿等佞臣粉墨登场，他们出身于寒门，从基层一步一步干起来，办事能力强，陈后主让他们帮着捞钱，他们便大显身手，扩大税源、增加税额，横征暴敛，搞得老百姓叫苦连天。

在陈后主的带动下，陈朝统治集团沉醉于物质享受和精神放纵，腐败不堪，意志消沉。有识之士纷纷对此痛心疾首。

士人章华上书劝谏：陛下做了五年皇帝，一点也不体谅祖上创业之艰难，惑于酒色，荒于朝政，祭祀祖庙的大典，一次也不参加，册封贵妃的常仪，每次都必亲临。功臣宿将被疏远，阿谀之徒充斥朝廷。臣以为，陛下若不改弦更张，只怕江左之地在不久的将来，将再次变成草莽，任由麋鹿驰骋。

陈后主读了这篇奏疏，气得咬牙切齿，不仅没有反省，反而下令砍掉章华的头悬在城门示众。如此一来，谁还敢劝谏，上上下下都醉心于享乐，陈朝一步步滑向了万劫不复的深渊。

隋朝将士在长江上游建造战船，木屑顺流而下，凭江可见。这一切没有引起陈国君臣的丝毫警觉。

当杨坚下诏列举陈后主 20 条罪状，让人抄写，在江南各处散发，并下令 50 多万大军南伐时，陈国朝野人心惶惶，陈后主却无所谓地说："有王气在此还怕什么？齐兵来过三次，周兵来过两次，哪次不是失败而去呢？隋军来了又能怎么样？"

是的，隋军来了又能怎样？他忘记了自己的父亲是怎么死的，陈后主似乎比他老子有种。

见陈后主如此自信，媚臣孔范附和说："对呀！我们有王气，还有长江天堑，隋军又没有长翅膀，哪能飞渡过来呢？我常恨自己官位低，隋军真要渡江，那正是我立功升官的好机会。"

见陈后主如此不把国家安危当回事，大臣韦鼎卖尽了所有的田宅。大家问他为什么这样做，他说："江东王气，尽于此矣！你我都得死葬长安了！"

陈后主依旧以艳诗靡音为乐，与那帮嫔妃和佞臣嬉戏游乐，通宵达旦，正所谓"商女不知亡国恨，隔江犹唱《后庭花》"。

靡靡之音最终变成了亡国之音，在陈后主君臣醉生梦死地演绎着滑稽的闹剧时，隋朝数十万大军已在千里战线上集结待命，拉开了灭陈之战的序幕。

三、不一样的贺若弼

高颎受命为元帅长史，丝毫不敢懈怠。他知道，自己此行责任重大，杨广虽是大元帅，但明眼人一看就知道这是杨坚偏爱这个儿子，有意要历练他，而决定这场战争胜负的还是那些久经沙场、久历战阵的老将。

与高颎一起前往前线的还有薛道衡等人。薛道衡时为淮南道行台尚书吏部郎，负责掌管文翰。一天夜里，高颎坐在大帐里问薛道衡：此次我大隋军队能否迅速灭陈？

薛道衡饱读诗书，熟悉历史，面对高颎的疑虑，他从古到今，侃侃而谈，一席话说得高颎疑云顿消，信心百倍。

他说："凡是评论大事的成败，先要依据大理。《尚书·禹贡》所记载九州，本是王者的封域。东汉之末，群雄并起，孙权称王吴、楚之地。晋武帝受天命即位，不久就吞并了东吴。永嘉之乱，晋室南迁，从此天下分出南疆北界，兵戈不止，战乱不息。否极泰来，这是天道运行的永恒法则。坏运完了，好运就来了。郭璞曾说：'江南偏在一隅，称王300年后，将与中原一统。'现在300年快满了，按定数而论，这是此战必克江南的第一个原因。况且有德之君兴旺，无德之君灭亡，自古以来的兴亡，都遵循着这样的轨迹。我大隋皇帝谦恭节俭，勤于政事，日理万机；陈叔宝却大兴土木，沉溺酒色。陈国上下离心，人神共愤，这是此战必克江南的第二个原因。再说治国之本，在于信任大臣，但江南公卿，多是滥竽充数。小人施文庆被委以重任，尚书令江总只会吟诗佐酒，本非经邦济世之才；萧摩诃、任蛮奴之辈身为大将，维系江南安危，却都是一介武夫，如何保卫江南？这是此战必克江南的第三个原因。我大隋有道而实力强大，陈国无道而实力弱小，我看他们兵马不过十万，防线却有千里，西到巫峡，东到沧海，若分兵而守，实力则更加分散弱小，不堪一击；若聚兵而守，又会顾此失彼，这是此战我军必克江南的第四个原因。总之，我天朝大军此次伐陈已呈席卷之势，请大人不要疑虑！"

其实，在同一个夜晚，同一条长江，还有一个人心里很不平静。在吴州广陵渡，吴州总管贺若弼正在祭祀长江，请求神灵保佑他此战能够立下头功。对于这位名将来说，此战是势在必得，不仅要取胜，而且要大胜，要夺下头功，因为他身上肩负着使命，不只是朝廷的使命，还有他父亲的遗命。

他的父亲叫贺敦，是宇文泰时期的名将，以勇武刚烈闻名，在北周时出任金州总管，因与宇文护不合，对其出言不逊而被宇文护杀害。临刑前，他叮嘱贺若弼："我本立志要平定江南，然而天不佑我，此志难酬，你要完成我的遗志。另外，我是因为没有管住这张嘴而丢了性命，你不可不以此为戒。"说完拿着锥子将贺若弼的舌头刺出血，让他永远记住慎口。

贺若弼谨遵父训，勤学苦练，练就了一身好武艺，骁勇无敌。他为人慷慨，博览群书，写得一手好文章，遇事从不多言，做官很低调，在官场上颇有口碑。

这一切被一个人看在眼里，这个人就是高颎。

杨坚称帝后，志在统一天下，他向高颎征询平定江南的大计，并问谁可担当此任。高颎推荐了贺若弼。于是，杨坚任命贺若弼为吴州总管，负责防守陈军侵扰，为下一步进攻陈国做好相关的准备工作。

贺若弼在吴州日夜训练军队，打造战船。根据高颎的平南方略，贺若弼很好地实施了麻痹骚扰计划，消除陈国人的危机意识。每次换防时，他都要大规模结集军队，举行声势浩大的演习，命令士兵广列旌旗，遍野布营，摆出一副要展开大规模军事行动的样子。

陈军得知消息，以为隋军要发动进攻，慌忙结集军队，征调老百姓，准备抗击隋军。但等他们空忙乎一阵子后，却发现隋军不过是驻军换防，因为喜欢面子，要搞一搞排场，热闹一下场面而已。开始几次，陈军还有所警惕，这样的情景见多了，大家就习以为常了，慢慢地，就放松了戒备。

贺若弼还经常派人送些酒肉到陈军那边，说是增强与友军的友谊，大家一起喝酒划拳，开始时，陈军非常警惕，以为这些人是来攫取军事情报的，时间长了，他们就不这样看了。因为他们发现隋军"极不愿意打仗"、"军队纪律松弛"，于是他们也不时一起与隋军喝喝酒，搞点娱乐节目。

渐渐地，贺若弼将与陈国交界的边城搞得像边贸集市，热闹非凡，以致朝臣中有人参奏，说贺若弼身为封疆大吏，却不思加强戒备，将陈国人放进隋境，长此以往，必生事端。但杨坚知道个中原因，对参劾贺若弼玩忽职守的奏章总是"视而不见"。

杨坚下诏进攻陈国后，为了顺利渡江，贺若弼又实施了一系列麻痹、欺诈措施。他将好船隐藏起来，故意将一些破旧的战船摆在江水交汇处，诱使陈军误认为隋军无可用之舰船，同时继续制造大军齐集的假象，经常出兵沿江岸狩猎，人马喧嚣，使陈军习以为常，进一步失去对隋军行动的警惕。

四、长江之神

三路大军的统帅中，杨广和杨俊都是杨坚的儿子，按理说，西路大军的统帅也应该是一位王爷级的人物，要么是杨坚的儿子，要么是杨坚的兄弟、侄子，为什么会是杨素呢？杨素之所以成为西路军统帅，不是偶然的，他有这个资格。他将在此次平陈之战中大显身手，在他正式出场之前，我们对其身世履历作个简要的介绍。

杨素，字处道，弘农华阴人，出生于将门。早年的杨素过得很穷困失意，时人大多不看好他，但他的叔祖杨宽认为他将来一定能出类拔萃。他与牛弘志同道合，两人一起钻研经史及诸子百家，博览群书。他的学问、文章、书法都堪称一流，还精于观察风向以占卜吉凶，加上他长髯丰额，一副英雄豪杰的仪表，在人群中很招人眼球。

在宇文护专政时期，杨素累官至大都督。宇文邕亲政后，杨素因为自己的父亲守节不辱，丧生于北齐，却没有得到朝廷的任何封赏，便上表申述。宇文邕没有答应，他一再坚持，惹恼了宇文邕，宇文邕命左右将其推出斩首。杨素理直气壮地说："没关系，我杨素给你这样的无道天子做事，死是应该的。"武帝壮其行色，旋即改变主意，追封其父为大将军。

一天，杨素奉命为宇文邕起草诏书，一挥而就，文辞优美，甚合宇文邕的心意。宇文邕当即勉励他"好好干，不愁日后没有荣华富贵"。杨素应声说："我就怕富贵来找我，我无心谋取富贵。"后来，他参加灭齐之战，因功被授为上开府，改封为成安县公，食邑1500户。

杨坚成为北周辅政大臣时，杨素与他交好，深得杨坚器重。当荥州刺史宇文胄占据虎牢响应尉迟迥叛乱时，杨素奉命征讨，平定了宇文胄之乱，因功升为徐州总管，进位为柱国，加授清河郡公，食邑2000户。

杨坚代周建隋后，加封杨素为上柱国。开皇四年（584），拜他为御史大夫，相当于现在的国家监察部部长。

杨素在官场上顺风顺水，心气很高。他天不怕地不怕，只怕一个人，这人就是他的妻子郑氏，郑氏性情凶暴蛮横，经常跟杨素干仗，一天把杨素惹火了，恨恨地说："像你这个样子，我若做了皇帝，你肯定做不了皇后。"没想到郑氏把这话上奏给杨坚，杨坚一怒之下罢了他的官。

不过，杨坚知道，杨素那是气话，不久之后又重新起用了他。

杨坚臣服突厥后，把战略目标指向了江南，满朝文武献计献策，杨素也很积极，献上了平陈方略，很是中肯，杨坚便任命他为信州总管，负责督造战船。信州就是今天重庆的奉节，是当时由川入峡，顺江而下攻击陈国的门户。

杨素深知，陈国偏安江南，之所以敢和北方叫板，是仗着自己有强大的水师，凭借长江天险，与北方对峙。大隋帝国要平定江南，必须要有强大的水师，而战船之于水师，就好比战马之于骑兵，其重要性不言而喻。杨素决定为大隋帝国打造出不亚于陈国水师的一流战船。他悬赏召集有精湛造船技术和经验的工匠，又派人到陈国偷师学艺，对陈国船舰进行一番深入研究，结合其优点，避开其缺点，造出了在当时堪称航空母舰的"五牙船"。

"五牙船"分5层，高达30多米，相当于现在10多层楼高的楼房。楼船的前后左右共配置了6套名为"柏竿"的战具，是用来投掷石块的，其高度都在17米以上，可以把石块掷到数十米开外的地方，在当时堪称大规模杀伤性武器。

一艘"五牙船"可容纳 800 多名士兵。在作战时，旗帜插在"五牙船"上，楼船在水中航行，旗帜迎风招扬，气势非常雄伟壮观，小船根本无法与之对抗。

当然"五牙船"也有其不足之处，船体太大，适合大规模阵地战，却不适合机动作战。为了增强"五牙船"的机动能力。杨素又令人造出了与"五牙船"配合作战的各类小船——黄龙船及平乘船、舴艋舟等小船。黄龙船可容纳 100 多个士兵，其他船只大小不同，人数也不等，视需要而定。

杨素将"五牙船"和黄龙船及平乘船、舴艋舟等按比例组合搭配，既突出威力，又确保其机动性、灵活性，这样就以"五牙船"为中心，形成了多个层级的战斗力，成为不折不扣的航母编队。

杨素日夜指挥训练，大船和小船如何搭配，如何排列阵形，如何迅速变阵等细节，都务必让士兵们训练得滚瓜烂熟，运用自如。就这样，隋朝拥有了自己的强大舰队。

杨坚宣布正式伐陈，杨素受命为西路军主帅，他的任务是率领庞大的水师舰队驶入三峡，顺江而下，逐一击破陈国布置在长江上游的水军，与杨俊的中路军会合，将长江上游和中游连成一片，吸引陈国大军的注意力，策应东路军的进攻。

开皇八年（588）十二月，秦王杨俊率领中路 10 万大军进驻汉口，摆出一副要从武昌渡江的样子，陈朝怕武昌有失，迅速抽调驻守峡口的军队增援武昌，致使三峡地区防守空虚，杨素瞅准这一时机，顺势打响了平陈的第一仗。

他率军浩浩荡荡顺江而下，行至虎头滩（今湖北宜昌西北）时，船队被迫停了下来，因为虎头滩的前面是狼尾滩，陈朝守将戚欣凭借一百多艘青龙船，屯兵几千人正驻守在那里，挡住杨素大军的去路，摆出一副要决战的架势。狼尾滩地势峻峭险要，有"一夫当关，万夫莫开"之称，杨素几次派小股船队试探性进攻，都被戚欣打败。

出师就遇不利，将士们很窝心，杨素却不以为然，他知道陈军的长处在于水战，而陆战却是他们的短板。既然如此，何不拿陈国水军在岸上的营地做文章呢？他召集诸将说："众将官，狼尾滩就是我们建功立业的瓶颈，成败在此一举，只要我们攻破狼尾滩，就可以成就一世功业，名垂青史。我细细寻思了一下，如果我军白天乘船而下，陈军就会看见我们，他们凭借滩险水急，所谓天制不由人力，我军就失去了优势。但是，如果我们在晚上水陆两路同时进攻，出其不意，殊死奋战，就可以一举占领狼尾滩，扫除进军障碍！"

诸将认为这个方法很好，于是依计而行，分头行动。

那天夜里，在几个当地人的引导下，杨素亲率上千艘黄龙舰，命令士卒衔枚而行，悄悄顺流而下。与此同时，王长袭和史万岁率步兵乘夜登陆，从南岸进攻陈军陆上营寨，大将刘仁恩则率披甲持械的骑兵进攻白沙北岸的陆上营寨。天快亮时，隋军抵达目的地。杨素率领水军攻向陈军。戚欣毫不畏惧，率军从容应战，他认为论水战，隋军根本不是陈军的对手。

就在戚欣率军上船迎战杨素时，王长袭和史万岁率兵放出火箭烧了陈军陆上军营。留守军营的陈军慌忙救火。王长袭和史万岁率兵一拥而上，挥刀砍杀。陈军救火不成，又遭到隋军掩袭，顿时惊慌失措，很快被砍倒一片。史万岁趁机大喝"缴械不杀"，陈军闻言，纷纷放下武器。史万岁令士兵在江岸大声喊："陈军败了！陈军败了！"

戚欣正率军与杨素酣战，突然听到江岸上有人喊"陈军败了"，回头发现营地到处是火，意识到自己的后方已被隋军包抄，决定退到白沙北岸安寨扎营，然后寻机夺回南岸营地。

戚欣且战且退，杨素步步紧逼。

戚欣率领陈军到达白沙北岸时，发现那里到处都是隋军军旗，刘仁恩已夺取了白沙北岸。戚欣吓得大汗淋漓，见大势已去，只好率军顺着长江东逃。来不及逃走的陈军将士悉数被俘！杨素对俘虏们好言劝慰，发给他们盘缠，让他们各自回家，这些人回去后，竞相传诵隋军多么威武、正义，所到之处秋毫无犯，陈国人早已对陈后主失望，听到这个消息，一个个都无心恋战。

杨素率领水军继续东下，大小战船铺满了整个江面，在阳光之下，隋军的旌旗盔甲十分耀眼。杨素端坐在平乘大船之上，容貌雄健魁伟，陈国人望而生畏，远远地站在江边指着杨素说："他简直就是长江之神啊！怪不得连狼尾滩那样的险关都被他攻破了！"

杨素率军来到岐亭。屯守岐亭的是陈国南康内史吕仲肃。为了防止隋军顺江而下，吕仲肃令人在两岸凿穿岩石，拉起三条铁锁链，横贯长江，阻挡上游战船顺江而下。三峡一带流水很急，上游来的船只速度很快，一旦撞到铁索上，就会立刻翻倒，连人带船卷进水里。

不解除这些铁索，战船是没有办法通过的。杨素故伎重演，亲自和刘仁恩率领步兵跋山涉水，对吕仲肃在岸上的军营发起攻击。陈军水战是好手，陆战哪是隋军的对手，吕仲肃见杨素袭取了自己的岸上营寨，只好仓皇逃到荆门延洲。

杨素令人将江中铁链除掉，又派人去安抚老百姓，招降逃散的陈兵，并迅速从当地招募了1000名巴蛮人组成一支水师，分乘4艘"五牙船"，对荆门延洲发起攻击。很快，他们就击碎了陈军10多艘船舰，大破陈军，俘敌2000余人，吕仲肃只身逃脱。

能征善战的水军名将戚欣打不过杨素，一夫当关的狼尾滩挡不住杨素，千寻铁索横江也挡不住杨素，杨素所到之处，摧枯拉朽，攻无不克，加上他优待俘虏，礼送回家，沿江军民大肆渲染，杨素是"长江之神"、"水军战神"的传言不胫而走。

陈后主派信州刺史顾觉镇守安蜀城，荆州刺史陈纪镇守公安，他们都因害怕杨素而退走。从此，巴陵以东无人敢守。湘州刺史、岳阳王陈叔慎更是认清形势，转变观念，寻找出路，派遣使节前来恳请投降。杨素顺流而下，直抵汉口，和秦王杨俊的中路大军会合。

此时，秦王杨俊率领的中路军，在源雄、于仲文、崔弘度等名将的襄助下，已经攻取了汉口周边地区，驻扎在汉阳鹦鹉洲的陈国数万精锐水军陷于孤立无援的境地，水军统帅周罗睺进退维谷。

杨素率领的隋朝西路军抵达汉口后，隋军士气更盛，军容和战斗力更加强大。摆在周罗睺面前的只有两个选择：要么死战，要么投降。可是，陈国都要灭亡了，他将为谁死战呢？死后连个功劳簿也没有，他权衡再三，决定率部投降。

至此，隋军控制了长江上游和中游地区，消灭、逼降陈军10余万人，达到了战备牵制和策应东路军的目的。

五、白土冈之战

见西路军和中路军在长江中上游的牵制和策应战打得有声有色，隋朝东路军统帅杨广向所属各部下达了渡江令。渡江时间选择在开皇九年正月初一。之所以定在这一天，是因为陈后主要召集满朝文武百官庆贺元会（即春节），这是陈后主即位以来的惯例。而且为了元会之庆，陈后主还命镇守沿江重镇江州（今江西九江）、南徐州（今江苏镇江）的两个儿子率战船回建康，致使长江下游的防守更加薄弱。

陈后主为什么要让两个儿子率战船回建康呢？这事还得从一年前萧岩等后梁王公大臣率领军民投降陈朝说起。隋陈对峙，隋朝处于强势的一方，萧岩等人投降陈朝后，觉得自己的前途很不乐观，隋朝若是打过来，自己该怎么办？陈后主为了打消萧岩等人的顾虑，决定在这年春节举行盛大的阅兵式，让萧岩等人明白陈朝兵强马壮，战舰天下无敌，他们归顺陈朝是最明智的选择。可是，陈朝的军队在分兵沿长江布防后，留在建康的军队不多，要想把阅兵式搞得盛况空前，就必须从外面调军，由于上游和中游的军队不能调动，陈后主只好调下游江州和南徐州的军队。两个儿子率军回到建康后，长江下游的防务极度空虚，以致很长一段江面上没有一艘战船巡逻。

对于陈后主的这一荒唐做法，很多武将都提出了反对意见，但是，陈后主相信金陵有王气护佑，前秦、北齐、北周的军队都来过，无一不是折戟而返，况且在孔范等佞臣的怂恿和帮腔之下，他已经不相信那帮武将，认为他们不过是以战争为借口，想从自己这里要权、要人、要钱、要粮食而已。

正月初一，天降大雾，雾气辛辣，很是呛人。凌晨三更时分，一队队载满隋军的兵船，悄然从广陵渡出发，划向长江对岸。由于贺若弼军此前的麻痹、欺诈手法表演得很成功，陈军早已失去了戒心，加上又是过年时节，很多人都喝醉了酒。因此，隋军乘夜渡江时，陈军一无所知，

隋军战船快到岸时，陈军巡逻兵才发现大势不妙，正欲报警，但已经晚了，贺若弼命弓弩手放箭，巡逻兵全部死于乱箭之中。隋军迅速扑向陈军大营，很多人尚在梦乡，几乎没有发生什么战斗，陈军就被悉数缴械。

与此同时，杨广和高颎、宇文述、薛道衡等人率军从六合顺利渡江，朝丹阳一路猛攻过去；韩擒虎率军从横江（今安徽和县东南）渡江，进攻采石；王世积率军从蕲水渡江，兵锋直指九江城……几路大军齐发，陈军全线震恐。

贺若弼捣毁岸上的隋军营垒后，令隋军换上陈军服装，向陈国腹地推进。正月初六，攻占京口（今江苏镇江），生俘陈南徐州刺史莹恪。

贺若弼军纪严明，所到之处秋毫无犯，一旦发现有军士到民间买酒，立即就地正法。他又将所俘的 6000 多名陈军士兵全部释放，让其返乡劝降，这些士兵回去后，说隋军是百年难见的仁义之师，到江南只是为了"吊民伐罪"，不以杀人征战为目的。因而贺若弼军所到之处，陈军纷纷归降。

陈朝君臣得知隋军已经渡过长江，一个个惊惶失措。陈后主召集公卿商议，于正月初四下诏：命骠骑将军萧摩诃、护军将军樊毅、中领军鲁广达等为都督；司空司马消难、湘州刺史施文庆等为大监军，命南豫州刺史樊猛率水军从白下（今江苏南京北金川门外）出发，迎击隋军。

当贺若弼大军进至京口时，萧摩诃请求趁隋军立足未稳之时出战，可一举而击败隋军，但陈后主不许，他认为，等隋军深入再击之，获胜的把握更大。

贺若弼进至钟山时，建康附近守军尚有 10 余万，萧摩诃又建议："贺若弼悬军深入，声援犹远，且其垒堑未坚，人情惶惧，出兵掩袭，必大克之。"但再次被陈后主否决。

正月十五日，镇东大将军任忠（小名任蛮奴）又向陈后主提出了一套积极防御方案：阻断水上交通，切断敌军归路及前后联系，我军在建康城坚壁据守，敌军不攻自退，不退自破；我本人则率领一支军队，撇开其他隋军部队，直扑隋军大本营，隋军大本营见我军已打到他们跟前，一定认为其前方部队已被我方吃掉，军心必然大乱；我率部过江之后，就派人到淮南散布消息，说我军要进攻徐州，徐州是南北交通枢纽，是北方士兵回去的必经之地，一旦被我占领，他们就回不去，因此他们听到我要进攻徐州的消息，必然会争着往回跑，这样一来，隋军就不战自溃了；接下来，我们就静等春水上涨，长江水面变宽，到时我军在上游和中游的部队，自然会顺江而东来援救我们，到时所有的危机都解除了。

这是一套很好的行动方案，操作性很强，遗憾的是被陈后主否决了。

就这样，建康附近的 10 余万守军屡失战机，无所作为。

陈后主令司徒豫章王陈叔英率军屯守于朝堂，萧摩诃屯守于乐游苑，樊毅屯守于耆阇寺，鲁广达屯守于白土冈，忠武将军孔范屯守宝田寺。隋、陈双方最后决战的态势已经形成。

正月二十日，陈后主突然命陈军出战，他对萧摩诃说："你是主战的，今日可为我一决。"萧摩诃慷慨地说，"自古以来，为将者阵前决战，既是为了国家，也是为了自己，何况今日之事，也是为了自己的妻子儿女，臣自当奋力死战"。

陈后主也很够意思，拿出大量的金银布帛，赏赐诸军将士，他相信重赏之下必有勇夫。

双方在白土冈摆下阵势。

陈军在冈北依次列阵，南北长达 20 里，呈一字长蛇状。从前到后依次为鲁广达、任忠、田瑞、樊毅、孔范、萧摩诃等部，萧摩诃军居最北。

贺若弼与所部杨牙、员明等七大总管率轻骑 8000 列阵以待。

战斗打响时，鲁广达、田瑞等人率部奋勇作战。田瑞作为先锋，率先进击，被贺若弼军一鼓击退。鲁广达等军继续力战，贺若弼连败 4 阵，留下了 273 具尸体。陈军见隋军连败数阵，认为战斗力不过如此，一个个滋生了骄傲自满的情绪，不把隋军放在眼里，大家都忙着争抢隋军丢弃的战利品。

贺若弼且战且退，敏锐地捕捉到陈军的软肋——忠武将军孔范所部，这个曾经在陈后主面前夸下海口，说自己官职低，要借与隋军决战立功升官的佞臣将真正体会到战争的残酷。

贺若弼整顿军队，以疾风暴雨之势朝孔范所部发起猛烈反击。孔范所部一触即溃，士卒四散奔逃，其他各部见状大惊，阵形很快混乱，在隋军的猛烈反击下，陈军全线溃退，很快就摆下5000多具尸首，受伤者不计其数。

对于10万陈军来说，就算死伤五六千人，也算不了什么，只要大家齐心协力，要吃掉贺若弼的七八千人，完全是有希望的。遗憾的是，作为陈军主将的萧摩诃无心作战。因为，此时，他接到家人的报信，说他刚率军开赴前线，陈后主就派人去他家把夫人接进宫去了。萧摩诃知道陈后主风流好色，自己的夫人长得那么漂亮，进了宫，恐怕就出不了宫。国家已经危难到了这个地步，那个昏君居然还敢如此胡来，他都不在乎这个天下，我们还有什么好在乎的。他这么一灰心，陈军就群龙无首了。在隋军的猛烈冲击下，陈军彻底崩溃，连萧摩诃本人也成了隋将员明的俘虏。

员明将萧摩诃押至贺若弼面前，贺若弼命左右拉出去砍了。左右推搡着萧摩诃离去，萧摩诃神色自若，全无惧色，吼道："推什么推？自己走，老子为陈朝冲锋陷阵几十年，还怕死吗？"贺若弼闻言，心里微微一怔：真是一条汉子。随即喝令左右住手，释放了萧摩诃，以礼相待。

贺若弼踌躇满志，他认为自己即将实现父亲的遗命，献陈国君臣于阙下。此次平陈，头功非自己莫属。他下令，立即进攻建康，捉拿陈叔宝君臣。

然而，当他来到建康城下，发现建康城已破，早有人捷足先登。陈叔宝君臣早已成为别人的阶下囚。这位捷足先登者是谁呢？他叫韩擒虎。

六、金陵王气黯然销

韩擒虎，字子通，河南东垣人，将门之子，原名叫韩擒豹，因13岁时打死一只老虎，从此改名为韩擒虎。其父韩雄是西魏北周两朝名将，以武烈闻名，官至大将军、洛虞等八州刺史。韩雄曾与杨坚之父杨忠并为独孤信的部将，一起参加了著名的河桥之战、芒山之战，彼此交情不错。因为这层次关系，韩擒虎与杨坚的关系从小就很熟稔。

　　韩擒虎人如其名，生得容貌魁岸，有其父亲的武烈风范，为人粗犷豪迈，以胆略著称。他很喜欢读书，对经、史、诸子百家能知其大旨，是位文武双全之人。

　　韩擒虎军功卓著。周武帝伐齐，他不战而克金墉城，继而平定范阳，因功加上仪同，拜永州刺史。陈国军队入侵光州，韩擒虎以行军总管的身份率军迎敌，大破陈军。杨坚为辅政大臣时，任命他为和州刺史。陈国大将甄庆、任忠、萧摩诃等人互相声援，频频入侵江北，韩擒虎屡挫其锋，因此，陈国军队只要听到韩擒虎的名字，马上就像泄气的皮球。

　　很明显，这是一个胆识及文韬武略都足与贺若弼媲美的人，而且对陈国军队有着非常丰富的实战经验。杨坚在选择进攻陈国的理想人选时，同时选择了贺若弼和韩擒虎。当贺若弼任吴州总管时，韩擒虎任庐州总管。

　　和贺若弼一样，韩擒虎也以灭陈为己任。他认为，他天生就是完成这一使命的人选。碰上这样一个人，贺若弼自然要和他较较劲儿：那就看咱们谁先攻下建康，谁能捉住陈叔宝。两人都想成为灭陈之战的统帅，但是，杨坚没有把统帅的职务交给他们，节制他们的是东路军统帅杨广，杨广命二人为左右先锋，一路上不与陈军纠缠，从东西两侧直扑建康，自己则率领主力随后赶到，合攻建康。

　　当贺若弼在吴州广陵渡横渡长江时，韩擒虎率 500 名士卒自横江（今安徽和县东南）渡过长江，攻打采石。由于头天晚上是除夕，陈国采石守军大多喝得烂醉，韩擒虎一举攻克采石，迅速向陈国腹地推进。韩擒虎所部人数不多，机动迅速，出其不意，攻其不备，所到之处犹如"神兵天降"。正月初七，韩擒虎进攻姑孰（今安徽当涂），只用了半天的工夫，就攻下了姑孰，姑孰守将樊猛之子樊巡被俘，散骑常侍皋文奏也兵败逃回京城。鲁广达的两个儿子鲁世真、鲁世雄也投降了韩擒虎，随后又去招降其父。

　　韩擒虎早就在陈军中威名赫赫，如今进兵又如此神速，所到之处无不摧枯拉巧，陈军惧其威猛善战，莫不望风而降。江南百姓早闻韩擒虎大名，纷纷前往韩擒虎的军营拜见，争着一睹这位名将的风采。

　　晋王杨广的捷报如雪花般飞向长安，杨坚大喜，特地大宴群臣，声称平定江南指日可待。

　　鉴于韩擒虎所部兵力单薄，杨广怕出现意外，立刻命行军总管杜彦与韩擒虎合军一处，步骑兵共计 2 万人。

　　当贺若弼进占钟山，屯驻于白土冈东侧时，韩擒虎与杜彦率军进抵新林。此时，陈军在建康尚有 10 多万军队。但陈后主不懂军事，先是仗着"金陵王气"不以为意，等隋军兵临建康外围时，才知道王气靠不住，胆怯懦弱，日夜哭泣，将军国大事交给湘州刺史施文庆处理。施文庆深知诸将嫉恨自己，怕众将立功，于己不利，于是将诸将的奏章扣押，一律不上呈陈后主。

陈军屡失战机，败局已定。

听说韩擒虎与杜彦合兵一处，陈叔宝急遣领军蔡征驻守朱雀航。蔡征是文官，也有些本事，但此人长期受陈后主猜忌，差点被诛杀，到现在陈后主才起用他，希望他力挽狂澜，未免太异想天开。蔡征虽然有信心守住朱雀航，无奈手下将士早就被韩擒虎的威名吓破了胆，听说韩擒虎率军前来，一下子全跑光了。

此时，任忠被贺若弼在白土冈击败，逃回建康城，对陈后主说，事到如今，陛下只有听天由命，臣等已经无能为力。陈后主见状，马上说，朕悔不该当初不听任爱卿之言，事已至此，请任爱卿勉力为之，保我江山社稷，说完命人抬出两大箱黄金。任忠见了这两箱沉甸甸的黄金，有些心动，便对陈后主说，陛下这么信任微臣，微臣自当勉为其难，臣这就去组织军队护驾。他抬着两箱黄金离开了皇宫。但是，他没有去组织军队护驾，而是直接出城去投奔了韩擒虎。不是因为他不爱国，而是因为陈后主这个昏君根本无法救国，陈朝大势已去，无可逆转。

韩擒虎深知兵贵神速，决意抢在贺若弼之前，攻下建康。他率领本部精骑500人，与任忠直奔建康朱雀门。朱雀门守军见韩擒虎领军前来，立刻泄气，四下逃走，韩擒虎率先进入了建康。

陈朝的文武百官纷纷逃遁，平常在陈后主身边奉承的那些狎客早已无影无踪，只有老臣尚书仆射袁宪还在他身边。真是家贫思贤妻，国难识忠臣，陈后主长叹一声说："朕平常待你不好，没想到现在只有你护卫在朕的身边，看来，咱们大陈合该亡国，不只是朕无德，朕身边那些衣冠之士一个个都无德，现在都跑了，哎！"叹气是没有用的，隋军的喊杀声已经起来越近了，他们已经到了皇宫门口，陈后主顾不了那么多，带着他的爱妃张丽华等 10 余人撒腿就跑，跑到后宫景阳殿。可是，殿中无处藏身，慌乱之中，他见殿外有一口枯井，便想跳入井中，老臣袁宪随后赶到，和另外一个大臣用身体挡住井口，不让陈后主往下跳，既然已经亡国，那也要做个有尊严有骨气的亡国之君。陈后主奋力推开两人，扑通一声跳了下去。

隋军进入景阳殿，四处搜寻，问陈叔宝等人何在，有人朝枯井指了指。军士们来到井边，冲里面喊话，里面没有答应，军士们急了，再不上来，我们就要往下扔石头了。陈后主这才应声说不要扔，赶紧放下绳子把我们拉上去吧。士兵们放下绳子，将陈后主和张丽华及孔贵嫔一起拉上来。到了这个时刻，三人还形影不离，真是为情而生，死也要在一起！

至此，陈国宣告灭亡。而建康自孙权在此建都，历经东吴、东晋、宋、齐、梁、陈六朝，作为四百年间分裂割据时期南方政权的首都，终于完成了它的历史使命，它将作为"六朝古都"而载入史册。

第九章　再平江南

一、悲欢离合皆心酸

开皇九年（589 年）三月，隋军押送陈后主君臣，从建康北上，向长安进发，队伍绵延数百里。一路上凄风苦雨，陈后主想起在建康时锦衣玉食、轻裘肥马的奢华生活，再对比眼前的处境，真是天壤之别，悲不自胜。这就是亡国之君的下场！

四月，凯旋将士到达骊山（陕西临潼区东南），杨坚亲自前往迎接，大宴凯旋将士，接着在太庙举行献俘仪式。

第二天，杨坚召见陈后主君臣二百余人，责备他们君不君、臣不臣，君臣失道，致使社稷不保。一席话说得陈后主既惭愧，又惊惧，伏地屏息，不能对答。

不过，杨坚对陈后主还是很厚道的，下诏赦免其罪，让其客居长安，给予他的赏赐不计其数。每次引见，都让他立于三品官员的行列。每次大宴群臣，都请他参加，为了避免勾起他的思乡之情，只要有他在场，就不奏江南音乐。

陈后主在长安城无所事事，也看不出他有什么亡国之痛。一天，他对监管他的人说，请你转告皇上，说"陈叔宝身无秩位，入朝不便，愿得到一个官号。"杨坚听了转告，叹息说："陈叔宝真是全无心肝呀，好好的一国之君不做，却要讨个闲官做！"

杨坚很关心陈叔宝的生活，问监管人陈叔宝的生活起居怎么样，监管人说：陈叔宝经常酗酒，喝得酩酊大醉，很少有清醒的时候。杨坚一听，那怎么行呢，这样喝伤身体呀，还是让他有所节制吧！不过，转念又想，他不喝酒又怎么打发日子？"算啦，由着他的性子喝吧，有关部门保障供应，他要喝多少都满足他！"又过了一段时间，杨坚又问监管人陈叔宝有什么嗜好，监管人回答说："喜欢吃驴肉。"又问现在酒量如何，监管人说："每天与那帮子弟饮酒一石。"杨坚简直不敢相信，算啦，由着他去吧，他若不酗酒，把作诗饮酒的工夫用在治国上，会落到如今这个下场吗？

不管怎么说，杨坚对陈后主是厚道的，在所有的亡国之君中，陈后主的日子过得最滋润。不过，陈后主的日子好过，陈国其他人的日子就未必好过了。他有一个妹妹叫乐昌公主，在陈朝时嫁给了太子舍人徐德言，两人郎才女貌，十分恩爱。徐德言是个明白人，知道陈国不久就要灭亡。一天，他流着眼泪对妻子说："国已危如累卵，家岂能保全，你我夫妻分离已成必然。以爱妻的容貌和才华，国破之后势必会被掳入豪贵之家，你我夫妻离散，各居一方，唯有日夜相思，梦中神会。倘若老天有眼，不割断你我夫妻今生这段情缘，日后定会有相见之日。因此，我们应该有个信物，以求日后相认重逢。"说完，徐德言把一枚铜镜劈成两半，夫妻二人各藏半面，嘱咐妻子，若真被掠进豪贵之家，就在每年的正月十五那天，托人将你的半面铜镜拿到长安街市去叫卖，我若还在人间，那天就一定会去长安街市，通过铜镜打问你的消息。"

陈国灭亡后，乐昌公主被押往长安。杨坚论功行赏，把她赏给了在平陈之战立下大功的杨素。杨素得此才貌俱佳的美人，对其百般宠爱，还专门为她建造了一座江南风格的宅院。但是，乐昌公主终日郁郁寡欢，默无一语。

过了几年，徐德言历经千辛万苦、颠沛流离，一路走到长安，到了正月十五那天，在闹市口果然看到一个老头在叫卖半面铜镜，价钱高得出奇，简直是价值连城，无人敢去问津。徐德言看到那半面铜镜，涕泪俱下，拿出自己身上的那半面镜子上前一对，两面镜子严丝合缝。他心里一阵欢喜，爱妻终于有了下落，可是一打听，心里又凉了半截，原来妻子已做了杨素的小妾，杨素是杨坚的宠臣，在朝廷红得发紫，妻子进了他的府中，那就是羊入虎口，哪里还有出来的机会！万般无奈之下，他只好在那半面镜子上题了一首诗："镜与人俱去，镜归人不归。无复嫦娥影，空留明月辉！"

乐昌公主看到丈夫的题诗，想到自己与丈夫咫尺天涯，无法相见，终日愁眉不展，容颜凄苦，水米不进。杨素再三盘问，她才道出实情。杨素本是冷酷无情之人，听了这个凄美的爱情故事，却被深深触动，立即派人将徐德言召入府中，请他吃饭。

徐德言来到杨府，夫妻之间几年未见，竟然恍若隔世，当年风流潇洒的徐德言，如今已两鬓斑白，而那个千娇百媚的乐昌公主如今一脸愁容，此情此景，让两人悲不自胜。

杨素发话了："乐昌公主，你不是很会写诗吗？就以眼前的情景赋诗一首吧！"

乐昌公主当即吟道："今日何迁次，新官对旧官；笑啼俱不敢，方验做人难！"今天是什么日子呀，怎么这么倒霉，当着前夫与后夫，我笑也不敢，哭也不敢，做人真难啦！这就是生活在乱世中的一个弱女子的心酸。

杨素一听，心里震撼了，想当初自己也是风流倜傥之士，现在却夺人之爱。想到这里，他决定成人之美，将乐昌公主还给了徐德言，还给了他们一笔钱，让他们回到江南故地。

徐德言和乐昌公主是幸运的，最终破镜重圆。可是，像这样幸运的人毕竟是凤毛麟角，陈国灭亡后，江南有千千万万个家庭遭遇了不幸，却没有像他们那样幸运，上自王公贵族，下至普通百姓，有多少年轻美貌的女子被掳掠到了北方，又有多少江南士子失去了原有的优越地位，从社会的上层跌落到社会底层。据《隋书·天文上》所载，隋平陈朝后，"江南士人悉播迁入京师"。杨坚的本意没有错，这些人在江南有号召力，把他们留在江南会增加很多不稳定因素，可是这样一来，又会造成多少妻离子散、家破人亡？如此一来，隋朝在江南就失去了人心，不满和动荡的情绪在江南开始酝酿蔓延。

二、霹雳一声江南反

杨坚治国一向雷厉风行，隋朝平定江南后，他认为南北政令和法律法规应该统一。很快，他就把治理原北周、北齐的那一套搬到了江南。从维护国家统一的角度讲，这样做是必须的，但是，他操之过急，江南初定，当务之急是维护稳定，而不是除旧布新！

自东晋偏安江南以来，江南世族势力迅速发展，较之于北方，江南的皇权相对弱小，政府的力量相对薄弱，世家大族在政治上拥有很大的话语权，他们常常执掌国政，主宰国家安危，像东晋就是由王、谢等几个世家大族支撑起来的。因此，以世家大族、地方豪强、少数民族首领为代表的地方势力的权力很大，甚至可以为所欲为。他们兼并土地，隐瞒人口，将大量失去土地的人民变成自己的依附人口，替自己耕种土地，不向国家交税。据统计，隋朝平定江南时，陈朝在国家户籍上统计的人口只有200万。这个数字，让谁看了也不会相信，江南那么大的地盘，经济发展水平那么高，文化那么发达，军事实力曾一度和北方抗衡，刘裕北伐就差点收复了整个北方，怎么可能只有这么一点人口呢？但是，这一切的不正常在江南的皇帝眼里是正常的，因为他们要想维护自己的统治，必须依靠世家大族。现在不一样了。杨坚统一了天下，"普天之下，莫非王土；率土之滨，莫非王臣"，皇权至高无上，哪能容许江南地方势力兼并土地、隐瞒人口、为所欲为呢！因此，平陈之后，杨坚立即依照隋朝固有的模式对江南实施社会改造：实行州县两级制，所有的州县官员都由朝廷重新任命，从北方选拔人员赴任，原有的官员要么被迁往北方，要么就地下岗，并在江南的乡村设置乡正、里长等基层管理人员，丈量土地，清查户口，禁止世家大族隐瞒人口。这些措施从维护国家统一、加强中央集权的角度讲，无可厚非，遗憾的是，杨坚没有考虑到江南的具体情况，操之过急，希望在一夜之间，不仅在地理上实现大一统，在一切制度措施上也实现大一统，此举不仅触犯了江南世家大族的利益，也让普通老百姓一时无所适从，不满的情绪油然而生。

对于江南的思想文化，杨坚也采取了高压政策。杨坚本人是信佛的，从小在寺院由尼姑抚养成人，对佛教有着很深的感情，可是，在江南，他却限制佛教的发展，宣布每个州只准保留两个寺庙，其余的全部废除。这对江南佛教势力的打击是致命的，唐代诗人杜牧写过一首诗，其中有"南朝四百八十寺，多少楼台烟雨中"之语。所谓"四百八十寺"，这只是一个概数，如果仔细核算的话，江南差不多有1000所佛寺。当然这个数字与北方是没法比的，在宇文邕灭佛之前，北周和北齐加起来有四万所寺院，上百万僧尼。杨坚的这一诏令下达后，就意味着原陈朝地区的三四十个州中，只能有七八十所寺院存在。如此一来，不仅江南的佛教界不满，就是普通百姓心里也不舒服，因为他们的信仰被剥夺了。

杨坚不让江南百姓信佛教的原因是想让他们改姓五教，所谓五教，其实就是将儒家伦理道德和价值规范概括成五条，让老百姓遵守，概括地说就是父义、母慈、兄友、弟恭、子孝。无论从家庭的角度还是从国家的角度讲，推行五教都是没有错的，有利于维护社会稳定，培养忠孝两全的顺民。但是，杨坚推行的方法太简单、粗暴，致使效果适得其反。自魏晋以来，江南的士大夫们始终以中国文化的正统自居，认为北方的统治者不过是一帮野蛮人而已，如今隋朝平定江南后，派人给五教注疏、讲解，对江南世族和百姓天天讲，月月讲，要求人人背诵，而且官府要随时检查、抽问，背不得的要受到惩罚。于是江南世族很反感：论儒学造诣，你算老几，居然敢班门弄斧。普通老百姓也非常反感，从上到下都反感。隋朝在江南地区的人心彻底丧失了。

想当初，隋军刚下江南时，江南人民是父老遮道，夹道欢迎这支正义之师，认为只要推翻了陈后主的统治，他们就会迎来好日子。可是，陈后主的统治结束后，隋朝却没有给他们带来福音。在他们的信仰被剥夺、女人被掳掠、强行被信仰五教时，社会上又谣言四起，说隋朝不但要把陈朝的官员和江南世族迁往北方，普通老百姓也要被迁往北方戍边。当然，这个谣言是以那些世家大族为首的地方势力捏造和散布的，但它的渗透力和杀伤力却是巨大的，因为中国老百姓的乡土观念浓厚，安土重迁，听说自己要被强迫迁往北方，整个江南一下子就炸开了锅，全境都举起了造反大旗，一时烽烟四起，撒豆成兵！

造反的势力有很多股，少则几千，多则几万，有几万人马的，就自称天子，有几千人马的，就自称州牧、都督。比如，婺州人汪文进、会稽人高智慧、苏州人沈玄憎等人都各自称天子，设置百官；乐安蔡道人、蒋山李棱、饶州吴代华、永嘉沈孝澈、泉州王国庆、余杭杨宝英、交趾李春等人拥兵自重，自称大都督，率军攻掠州县。

叛乱的烽烟弥漫着江南。

杨坚闻讯，赶紧组织人员平叛。可是，派谁去合适呢？他仔细斟酌了一下，最后确定让杨素挂帅。一则，杨素一年前参加过平陈之役，并在此役大显身手，是江南军民眼中的"长江之神"，很有震慑力；二则，杨素治军严格，江南形势复杂，没有铁腕治军的手段，是无法控制局面的。而杨素的铁腕治军是出了名的，据说，每到要打仗时，他总要寻士兵们的短，只要犯了错，就当众将其杀掉，对其他士兵说，这就是违反军纪的下场。每次与敌人对阵，他总是以200人为一个单位编队。第一队200人赴敌，只能誓死冲杀，不能后退，谁后退，就斩谁，1人后退杀1人，100人后退杀100人，绝不手软。若是200人全死光了，他又派出第二队冲杀，仍然是200人，作战纪律跟先前的一样，以此类推。所以，他的军队没有临阵退缩的，大家都视死如归。因此，敌人见了他的军队就犯怵。由于他赏罚分明，虽然冷酷，士兵还是乐于效命，毕竟跟着这样的主帅混有前途，只要奋勇杀敌，能打胜仗，活下来就能加官晋爵。

三、荡平东南叛军

杨素率领皇甫绩、史万岁、杜彦、来护儿、崔弘度等人前往平叛。

各地叛乱势力，互相响应，杀害官吏，裹挟百姓，气焰甚是嚣张。杨素深知，此次平叛不似一年前的灭陈之战，那时是两国交兵，着眼点是消灭对方的有生力量，双方都摆出自己的主力决战，目标是明确的，而此次平叛则不一样，对方的力量或明或暗，实力强大的摆出一副掐架的姿势，实力不强的，则像游蛇一样，飘忽不定，时不时的出来骚扰一下，有的甚至占据一山、一溪、一洞，据险顽抗。杨素冷静地分析了形势，决定首先拿朱莫问开刀。

在叛军势力中，朱莫问是实力较强的一支，他自称南徐州刺史，凭借优势兵力占据京口，目中无人。杨素决定一鼓作气击垮这个家伙，他率领由"五牙船"和"黄龙船"组成的战船编队，向京口外围的扬子津发起猛攻。朱莫问的水军在这样的"航母编队"前不堪一击，很快被打得七零八落。

隋军步骑兵乘机登陆，向南徐州发起攻击。朱莫问到这时才明白什么叫虎狼之师，顿时失去了抵抗意志，弃城而逃。杨素率军进城，安抚南徐州军民后，乘胜进军。朱莫问率领残部投靠了顾世兴。顾世兴自称晋陵太守，得知杨素率军前来，也不惊慌。他和都督鲍迁、朱莫问等人合兵一处，率领水军主动出击。他还邀约无锡叶略、吴郡沈玄憎、沈杰等人率军前来助战。

顾世兴满以为人多势众，以多打少就能占到便宜。殊不知此举正中杨素下怀。

杨素对自己的"航母编队"充满信心，尤其是在开阔的大江里。他唯恐叛军太分散，各自据险自守、声东击西，现在好了，几路叛军集结起来，主动向他进攻，这正好毕其功于一役。他派崔弘度和皇甫绩率军前去阻击沈玄憎、沈杰等人，自己亲率李景、于仲文、来护儿所部迎战顾世兴等人。

杨素在顾世兴水军必经之处设下埋伏，顾世兴、鲍迁、朱莫问等人率领水军大摇大摆鼓噪而行，当他们进入伏击圈后，杨素一声令下，隋军水师两翼齐出，前后包抄，对叛军发起攻击，顾世兴和朱莫问见状，情知不是对手，令鲍迁率3000水军抵抗隋军，两人则率军拼命逃跑。

鲍迁是位很自信的水军猛将，从小在水上谋生，深信自己能打败"不善于水战的隋军"。为了阻止隋军大船划动，他令士兵在水中撒网，然后率军乘小船围攻隋军大船。

杨素得知鲍迁撒下渔网后，令一部分士兵撤进船舱，张弓搭箭，做好射击叛军的准备；另一部分士兵则放下小船，随时准备反击围攻的叛军小船。

鲍迁见隋军大船困在水中无法游动，以为杨素中计，便率军乘小船迅速包抄过来。但是，他们实在不了解杨素"航母编队"的组织结构，刚刚靠近隋军大船，隋军士兵就迅速从船舱钻出来，用强弩射击他们。只听弓弩声响起，叛军纷纷倒下，被射死者不少。隋军乘机登上小船，向叛军发起反击。叛军没想到隋军大船里还备有小快船，一下子傻了眼，自知抵敌不住，迅速往后撤。杨素指挥隋军紧追不舍。3000叛军无一漏网，鲍迁本人亦被活捉。杨素令俘虏跳下水将渔网全部捞起来，然后率军迎击叶略所部叛军，将其一举击溃。

但是，在杨素连战连捷时，另一路隋军却出现了问题。问题出现在崔弘度身上。

崔弘度这个人前面我们已经提到。他有资力、有能力，年纪比杨素大，资历比杨素深，在灭陈战争之前，杨素在军界的名望一直在他之下，两人的级别相同，现在他却要归杨素指挥，心里很不服气，便暗中抵制杨素的命令。

杨素命他和皇甫绩率军阻击吴郡的沈玄憎、沈杰等部，一旦得手，要紧追叛军，一鼓作气消灭他们，不能攻下一个城池就驻扎在那里，错失进剿的最佳战机。两人率军打败沈玄憎和沈杰，占领了苏州，苏州是人间天堂呀，到了这儿，谁都会流连忘返。崔弘度一反杨素的命令，坚决要在苏州驻防。皇甫绩苦苦劝谏，崔玄度只是不听。皇甫绩没办法，只好率军驻防苏州，等待杨素率军前来会合后，再一起追击叛军。

沈玄憎和沈杰见隋军不再追击，得以喘过气来，一番总结经验教训后，找到了对付隋军的办法。他们重整旗鼓，便转过身来，将苏州团团围住。崔弘度和皇甫绩多次率军出战，无法击退叛军，叛军气焰越来越嚣张，守军由主动陷入了被动。

皇甫绩立即给杨素写信，请求他赶快率军前来援助。接到皇甫绩的来信，杨素不敢迟疑，挟打败叶略军的余威，迅速扑向苏州，袭击包围苏州的叛军，城内的守军趁势发起攻击，里应外合，沈玄憎和沈杰腹背受敌，大败而逃，投奔了南沙陆孟孙的叛军。杨素乘胜直捣南沙，陆孟孙和沈玄憎等人抵敌不住，拼命逃跑。杨素率军穷追不舍，终于在松江活捉了陆孟孙和沈玄憎、沈杰等人。

杨素又挥师黟、歙等地，贼首沈雪、沈能凭借营寨坚守，听说陆孟孙和沈玄愲、沈杰等人战败的消息，犹如惊弓之鸟，杨素大军前来，两人自知无力抗衡，率军投降了杨素。

此时，杨素的最大对手是浙江的高智慧。

高智慧自号为东扬州刺史，拥有上千艘战船，军队战斗力很强。不仅如此，苏州的顾子元也发兵响应他。

杨素决定分兵三路：一路由皇甫绩率领，前去镇压顾子元；一路由史万岁率领，前去镇压其他各路叛军；一路由自己亲自率领，前去对付高智慧。皇甫绩率军与顾子元对垒 80 天，双方互有胜负，战事呈胶着状态。皇甫绩捉拿了顾子元的家属，这令顾子元十分惊慌。不过，皇甫绩没有虐待他的家属，反而以礼相待，供给如常。此举感动了顾子元，亲自到城下叩头认罪，率众投降。

在各路叛军中，高智慧的水军系收集陈国水军残部组建而成，属于正规军，受过正规训练，作战经验丰富，船只众多，战斗意志顽强。杨素认为，只有彻底打败这支叛军，才能威慑其他叛军，彻底平定江南。他率船队从正面向高智慧的水军发起猛攻，双方展开了激战。

战斗从早晨一直持续到天黑，不分胜负。杨素意识到自己遇到了真正的对手，不敢有半丝大意。为了赢得这场战争，他亲自击鼓，指挥隋军船队进攻。隋军将士见主帅如此，士气大振，奋勇向前，全力杀敌，不怕牺牲，最终打败了高智慧。

高智慧率军逃到海上，异常顽强，企图寻机再起。杨素率领船队紧追不舍。高智慧日夜不停地跑，杨素日夜不停地追。高智慧率领残军从余姚漂洋过海逃到了永嘉，杨素大军尾随而到。高智慧见杨素穷追不舍，没有放弃的意思，到了永嘉后，便率军回师与隋军决战。

杨素不顾疲劳，亲自率领船队向叛军发起猛攻。这是一场生死存亡的较量，叛军若胜，将声威大振，东山再起，震动大江南北；隋军若胜，意味着江南指日可定。

高智慧所部得到了永嘉叛军的支持。叛军盘踞河岸扎下营寨，绵延一百多里，大小战船覆盖着江面，击鼓呐喊向隋军猛扑过来。

杨素命来护儿率轻快小船数百只，径直登上江岸，往叛军大营掩杀过去，自己则亲率船队向叛军逼近。

高智慧以为双方的决战只是在水上进行，显然没有想到隋军会水陆夹攻，忽略了陆上的防守。来护儿勇猛无敌，纵身跳到岸上，手起刀落，十几个叛军士兵瞬间就成了刀下之鬼，隋军士兵一个个像饿虎扑食，向毫无准备的叛军冲杀过去，很快烧毁了他们的军营。高智慧正率水军与杨素决战，见岸上营寨被烧毁，心急如焚，想派军上岸救援，又被杨素紧逼，分兵不得，只好眼睁睁地看着岸上军营被烧毁，守军悉数被消灭。

高智慧见无法战胜杨素率领的船队，退回去又无立足之地，只好再次向海上逃窜。来护儿率领船队追到海上，高智慧又逃到泉州，来护儿率军也一路追到泉州。高智慧走投无路，只好逃向闽越。

杨素令杜彦率军镇压高智慧余党，高智慧余党屯集在山洞险滩，凭借险要的地势，负隅顽抗。杜彦率军水陆并进，攻占锦山、阳父、若、石壁四个山洞，全部平定余党，诛杀了各部反首。杨素又挥师彻底击败盘踞永嘉的沈孝彻，由陆路转向天台、临海（今属浙江），继续追击叛乱的散兵，前后战斗达100多次。

在杨素追击高智慧的同时，行军总管史万岁奉命率2000人进攻婺州。

此时，贼首汪文进占据东阳（今浙江省中部金华江上游），自称天子，任命蔡道人为司空，派他据守乐安。

史万岁率军从东阳别道挺进，以迅雷不及掩耳之势打败蔡道人，平定汪文进，随后翻岭越海，转战千余里，大小战斗700余次，击败无数叛军，攻下溪洞不可胜数，致使许多叛军闻史万岁之名，无不抱头鼠窜，望风而逃。由于史万岁率领的只是一支偏师，当时水陆交通阻绝，信使不通，以致100多天杳无音讯，杨素等人都以为其部已全军覆没，就差给其开追悼会。史万岁为了与杨素等人取得联系，只得将书信置于竹筒之中密封，然后浮于水中，顺流而下。取水之人得到竹筒，立即上报杨素。杨素大喜，没想到史万岁一旅偏师，居然斩获在诸军之上，立即上奏杨坚。杨坚接报，赞叹不已，如此良将，殊为难得，立即赐史万岁家钱十万，官拜左领军将军。

杨坚因杨素长年在外征战，念及他征旅劳累，当然也隐隐有忌其功高震主之意，下诏让他回朝休养，为了表彰他的大功，还特地拜其子杨玄感为上开府，赐彩帛3000段。

杨素上书说，高智慧退守闽、越，王国庆占据泉州，实力犹存，各地残余叛众，还需进一步肃清，若此时不乘胜追剿，彻底荡平，必然后患无穷。

杨坚寻思片刻，觉得也有道理，下诏表彰他的功绩，命他"总为元帅"，总管江南诸州，统摄江南诸州军民事务，继续率军缉拿叛军。

杨素调集各州军队，前往征讨盘踞泉州的王国庆叛军。隋军势大，王国庆不是对手，屡战屡败，但杨素却不想将其一举歼灭，因为，他还有另一张牌要打。他派人给王国庆送去书信，希望他认清当前的形势，迷途知返，归顺朝廷。否则，将死无葬身之地。隋军的战斗力远远超出了王国庆的想象，他意识到要想活命，唯有投降。

但是，投降是有条件的：你反叛朝廷，这是株连九族的大罪，要想保住身家性命，必须将功赎罪。可是，怎样才能立功赎罪呢？杨素说：提高智慧的人头来见。这事虽然很难，但为了活命，王国庆只好把心一横：行，这事儿我干。他写信给高智慧说，各路反隋大军遭遇不测，唯有你我实力犹在，必须联合起来，才能抵抗隋朝大军。高智慧此时势孤力单，正想寻找外援，同意相约见面，共商大计。殊不知见面就成为了他们的永别。王国庆将高智慧扣押，将其送给了杨素。杨素饶恕了王国庆，在泉州将高智慧斩首，宣布：所有散失在各地的叛军，只要主动放下武器前来自首，一律赦免。

王国庆感激杨素的救命之恩，也写信给自己的旧部、余部，劝他们归顺朝廷，争取朝廷宽大处理。在他的劝说下，各地散乱的叛军纷纷来降，杨素信守自己的诺言，一一赦免，让其各自回家，男耕女织，好好过日子。

江南叛乱宣告平定。

四、杨广的怀柔手段

随着平叛战争进程的推进，杨坚也开始反思自己对江南的所作所为。他意识到，凭武力征服江南不难，凭武力平定叛乱也不难，难的是收复江南的人心。江南问题不是单纯的军事问题，解决江南问题不能仅靠军事手段，还必须辅之以政治手段。基于这种认识，他启动了与军事配套的第二方案：怀柔江南。谁是执行这一方案的最佳人选呢？应该说高颎、李德林就是合适的人选，但杨坚没有选择这两人，而是将这项具有挑战性的工作交给了他的二儿子杨广。一则，杨广参加过平陈战争，对江南的情况比较熟悉；二则，杨广对江南有着特殊的感情，身上有江南士人的气质。他还娶了一位来自江南的媳妇，这位媳妇是后梁的公主。要知道，梁朝君主都是有江南书卷气、文化气的人，从梁武帝到前太子萧统、萧詧、萧岿、萧琮，祖孙五代都是这样的人，其中萧统还编纂了中国文学史上著名的《昭明文选》，杨广之妻萧淑妃是萧岿的女儿，秉承家学渊源，琴棋书画样样在行。她和杨广的感情很好，在她的熏陶下，杨广也迷恋上了江南文化，对其推崇备至，不仅其诗文散发着浓厚的江南气息，还学了一口纯正的吴侬软语。要知道南方人学好北方话不难，而北方人要学好南方话是难上加难，杨广能学一口纯正的吴侬软语，不仅是萧淑妃调教有方，也是杨广态度端正、热爱江南所致。这样的人是很适合去江南做怀柔工作的。于是，杨广走马上任，做了扬州总管。

前面说过，江南社会本质上是世族社会，世族势力根深蒂固，儒学传家，学问淳厚。要想搞定江南，必须先搞定世族，而要搞定世族，必须先搞定儒学。杨广一到江南就积极拉拢儒家知识分子。当时，江南有一个著名的儒士叫潘徽，以礼学造诣闻名江南。隋陈对峙时，双方互派使者致意。有一次，隋朝派了一位礼学专家出使陈朝，按照对等原则，陈朝也派了一位礼学专家接待，此人就是潘徽。南北两大礼学专家碰撞在一起，本着为各自的主子争脸面的原则，很快碰出火花。潘徽引经据典，口若悬河，舌如利刃，几下就把北方那位礼学专家驳得理屈词穷。这是一个有知名度的重量级人物，杨广当然不会忽视，他卑词厚礼，将潘徽罗致到自己的幕府，交给他一项重要任务：编书。你不是喜欢做学问吗？编书就是做学问的最好方式。你不是说江南文化好吗？我现在就让你编一本跟江南文化有关的书，这本书的名字就叫《江都及礼》，而且让你做总编，全权负责此书的编纂工作。这下把潘徽感动得差点流下眼泪。要知道，编成这么大一部书，靠一个人是没有办法完成的，况且总编的工作是负责把关，下面得有一大批执笔人，于是，潘徽又去招揽大批江南文士进入编委会，充当执笔人，如此一来，江南有名气的知识分子差不多都进了杨广的幕府，成为他的"师爷"，为他出谋划策，歌功颂德。

就这样，杨广通过笼络江南文士，控制了江南世俗社会的舆论导向，将江南的军心、民心朝着朝廷所期望的方向引导。

世俗社会这一块儿解决了，还要解决宗教社会。南朝时期，佛教流行，成为江南人民信仰的主要宗教，梁武帝曾经数次舍身同泰寺，甘愿做一名虔诚的寺奴，而陈后主也曾有过类似的举动。皇帝尚且如此笃信佛教，何况普通百姓呢？陈朝灭亡后，杨坚在江南大肆裁汰寺院，不仅严重打击了江南的佛教势力，也剥夺了江南人的宗教信仰，激起了江南上上下下的普遍不满。杨广到了江南以后，积极拉拢佛教界的高僧大德，尤其看重了一个叫智顗的大师。此人姓陈，出身于世家大族，后来遁入空门，潜心研究佛学，成为天台宗的一代宗师，在江南佛教界有很高的声望。杨广亲自写信给智顗大师，请他到江都弘法。杨广在信中用词非常委婉客气，落款自称"弟子杨广"。智顗并不领情：你一个征服者，我一个方外之人，不是一路人，你跟我套什么近乎？他拒绝了杨广的请求。杨广也不生气，继续卑词写信，智颚不断拒绝，杨广不断地写，一次比一次客气，一次比一次谦恭。出家人到底以慈悲为怀，不是铁石心肠，哪里受得了杨广这份客气，智颚最终答应了杨广的请求，驾临江都。

听说智颚要来江都，杨广立即以总管府的名义组织了一个"千僧会"，请来江南地区的千名高僧组成浩浩荡荡的迎接队伍，恭迎智颚大师光临。如此场面，让智颚感受到了杨广弘扬佛法的诚意。在众多高僧大德的见证下，杨广拜智颚为师，受菩萨戒，成为佛教的俗家弟子。智颚大师给杨广取了一个法号叫"总持菩萨"，意思是专门负责扬善抑恶的菩萨，大师的意思是：我认可你了，你是我的弟子，希望你在江南扬善抑恶，不要像你老爸那样，让江南的佛教信众处于水深火热之中。师傅赐给了弟子法号，弟子也要给师傅上尊号，杨广给智颚上的尊号叫"智者大师"，意为你老人家是普天之下最大智慧的人。师徒二人互相推崇、勉励，往来密切，仅留传于世的书信就有四十多封，成为佛教史上的一段佳话。可以肯定的是，杨广的所作所为得到了佛教界的认同，也得到了信仰佛教的一切信众的认同。

就这样，杨坚通过军事和思想文化上的双线出击，彻底平复了江南。

再平江南的意义是重大的，它进一步打击了江南的地方势力，加强了中央对地方的控制。江南之所以会发动叛乱，归根结底，是世家大族和地方豪强的利益受到侵犯，也只有他们才有实力去组织和发动一场大规模的叛乱，民众的不满只是被他们有效加以利用了而已。再次平定江南，通过军事打击，地方豪强和世家大族死的死，逃的逃，几乎被连根拔起，幸存下来的，也只好跟着中央走，再也无力和中央叫板了。

当然，这场战争也让杨坚意识到江南既然能与北方对峙，在相对稳定的环境中发展三四百年，是有其必然性的。要想维护江南的稳定，就得尊重这种必然性，尊重江南人民的风俗和生活习惯，尊重他们的政治文化传统。对于征服者来说，要整合被征服地区的政治、社会、文化，是一个循序渐进的过程，任重而道远，不可能像军事整合那样，毕其功于一役，而一旦政治、社会和文化方面的整合出了问题，军事整合的成果也将化为乌有。只有明白了这个道理，并按照这种思路去做，多一些耐心，才能真正实现对被占领地区的征服。

这场战争的最大赢家是杨广，实力和声望急剧上升。平心而论，杨广参加了平陈战争，取得了平陈战争的首功，但这个首功难以服众，因为，那场战争的真正决策者是高颎和千里之外遥控的杨坚，杨广顶多算是挂职锻炼而已。这次怀柔江南则不一样，他完全是靠自己的智慧和力量收复了江南人心。不仅在江南知识分子阶层、宗教界和普通民众中树立了良好形象，更加深了杨坚对他的信任。整个江南地区成为了他角逐太子之位的坚定支持者，而随着杨坚对现任太子逐渐失去信任，杨广在整个大隋帝国的权力整合中，地位大大改善了。

第十章　圣人可汗

一、不安分的突厥人

杨坚再次平定江南，心里非常高兴。但是，一个不好的消息从北边传来——东突厥又一次迅猛崛起。

开皇七年（587 年）四月，已诚心归附隋朝的东突厥可汗摄图病逝。临死前，摄图因为嫌自己的儿子雍虞闾懦弱，不能对抗西突厥，遗命立自己的弟弟处罗侯为大可汗。摄图死后，杨坚派长孙晟持节前去册封处罗侯为莫何可汗，雍虞闾为叶护可汗。按照突厥人的习惯，大义公主又嫁给了新一任可汗处罗侯。处罗侯请求长孙晟上奏朝廷，说阿波可汗被老天爷抛弃，与 5000 多骑兵被困在山谷里，愿听从圣旨，率军前去捉拿他献给朝廷。

杨坚召集大臣们商议，多数大臣认为应该趁机杀死阿波可汗。但高颎认为"骨肉相残，是对圣朝教化的最大危害，宜存养以示宽大。"现在是他们兄弟之间互相仇视，此时不宜杀阿波。阿波虽然有罪，但不是对隋朝有罪，如在他穷困时将其捉来杀了，大隋又如何怀敌附远，使边远之地的部族前来归顺呢？不如让阿波与处罗侯共存，使他们相互牵制。

杨坚接受了高颎的建议，没有同意处罗侯率军去杀死阿波。但是，处罗侯一意孤行，出兵打败阿波可汗，将其擒获，献给了隋朝。阿波可汗的余部遂立鞅素特勤之子为可汗，是为泥利可汗。阿波死后，达头可汗成了西突厥地区的最大势力，东西突厥之争从以前摄图与阿波之争，变成了处罗侯与达头之争。遗憾的是，上天不佑护处罗侯，开皇八年（588年）十二月，处罗侯在西征途中中箭身亡，其部众拥立雍虞闾为主。

隋朝派使节前往册封雍虞闾为大可汗，是为都蓝可汗，同时又册封处罗侯之子染干为突利可汗，居于北方。突利可汗也是处罗侯做大可汗之前的封号，现在传给了自己的儿子。按照突厥人的规矩，处罗侯死后，大义公主又嫁给了都蓝可汗。

都蓝可汗并不像他父亲想象的那么懦弱，他其实是个有勇有谋的草原雄主，即位后，一面与隋朝保持友好关系，每年遣使到隋朝朝贡，源源不断地从隋朝那里套取各种物资；一面不断向西用兵，与达头可汗争夺势力范围，到开皇十年（590年）时，将地盘向西扩张到天山山脉。都蓝可汗踌躇满志，将从于田阗（今新疆和田）缴获的玉手杖作为礼物送给了隋文帝杨坚。杨坚收到这份礼物，心里很不是滋味，他希望东突厥和西突厥势均力敌，互相制衡，现在可好，都蓝可汗都打到天山地区了，他要是打败了达头，统一了东西突厥，那岂不成了隋朝的心腹大患？

此时，隋朝已经平定了江南叛乱，杨坚左思右想，想了一个法子给都蓝可汗敲敲警钟。他将陈后主的一面屏风赐给大义公主，命人送到突厥。此举有两层含义：从明的一层讲，大义公主是朕的干女儿，朕赏赐这么名贵的东西给她，说明朕很挂念她这位干女儿；从暗的一层讲，就是警告都蓝，别以为你兵强马壮，千万不要触犯我大隋天威，你看看陈朝，仗着长江天险、水军天下无敌，我不是一样把它征服了吗？你若是自不量力，陈朝就是前车之鉴。

大义公主收到这面屏风，心里像打翻五味瓶似的，这是亡国之君的日常用物，可她不也是亡国遗民吗？看到这面屏风，她想起了逝去的北周帝国，想起了被杨坚诛杀的父亲、叔父以及所有因杨坚篡国而死去的宇文宗室成员，她没有忘记这一国仇家恨，而她为了自己的丈夫，居然还要认贼作父，这是怎样一种撕心裂肺的伤痛。因此，当她看到陈后主的那扇屏风，长期郁积在胸中的伤痛顿时被触发，便在屏风上题了一首诗，其辞曰：

盛衰等朝暮，世道若浮萍。

荣华实难守，池台终自平。

富贵今何在？空事写丹青。

杯酒恒无乐，弦歌讵有声！

余本皇家子，飘流入虏庭。

一朝睹成败，怀抱忽纵横。

古来共如此，非我独申名。

唯有明君曲，偏伤远嫁情。

杨坚小时候虽然不爱读书，但这么多年的风风雨雨也让他长了不少见识，何况身边还有那么多的御用文人，当然能看出诗中隐藏的真意。这首诗明显是借咏叹陈国的灭亡抒发大义公主的家国之恨，她忘不了北周，对杨坚和大隋怀恨在心，当年，摄图率领突厥各部大举入侵很大程度上就是拜现在的大义公主、当时的千金公主所赐，现在都蓝可汗实力壮大，要是她念念不忘为北周报仇，不时撺掇都蓝可汗，岂不又要对隋朝构成新的威胁。想到这些，杨坚开始对大义公主警惕起来，从此赐予大义公主的礼物越来越淡薄。

开皇十三年（593 年），隋朝一个叫杨钦的犯人跑到突厥，前去拜见大义公主，说她留在隋朝的姑姑宇文氏和姑父也就是前北周驸马都尉、彭国公刘昶将起兵反隋，让大义公主说服都蓝可汗发兵侵扰隋朝边境，里应外合，光复北周。杨钦说自己就是派来联络的特使。

其实，这压根儿就是捕风捉影的事，刘昶此时要人没人、要权没权，哪有实力造反？只是他生了一个不成器的儿子叫刘居士，刘居士手下有 300 人，他们在大街上横行不法，还经常去北周旧宫去游逛，到了旧宫的正殿未央殿前，他就面南而坐，让 300 名党徒在他面前分成两班，对着他跪拜。这不过是玩玩游戏，扮扮皇帝，开开心而已。可是，由于刘居士身份特殊，就让一些别有用心的人有了新的解读，说刘昶、刘居士父子念念不忘北周，一心想着当皇帝，想要造反。杨钦正是利用这一传说，再加以绘声绘色的发挥，让大义公主深信不疑。这不是因为大义公主不够聪明，而是她的国仇家恨太深，时时想着复仇。

既然姑妈、姑父要起兵，自己作为突厥的可贺敦，当然不能袖手旁观。大义公主决定让都蓝可汗起兵抗隋。可是，此时的都蓝可汗跟隋朝保持着友好关系，况且自己的身份特殊，从一开始就由自己去说服都蓝可汗起兵，有些不现实。想到这一点，她决定起用一个人，这个人就是她的情人安遂迦。此人能歌善舞，能说会道，扮演着双重身份，既是大义公主的情人，又是都蓝可汗的心腹。安遂迦根据大义公主的意思，前去撺掇都蓝可汗说：想当初，北周和北齐都争相讨好我们，就像我们突厥养在南边的两个儿子一样，一切都听我们突厥的，那时，我们突厥是何等的威风，可汗现在的实力不亚于当年，在东西对峙中已占上风，为什么要看隋朝的脸色说话做事呢？他这么一说，都蓝可汗倒真有些心动，毕竟自己现在手握控弦之士数十万，是有资格有实力跟隋朝叫板的。安遂迦一番撺掇之后，大义公主这才跟都蓝可汗吹枕边风。她说：现在隋朝内部出了问题，有人想造反，这可是千载难逢的大好时机呀，只要可汗愿意，且莫说让隋朝像先前的北周那样听命于自己，就是灭了它又有何难？

经过大义公主和安遂迦一唱一和的撺掇，都蓝可汗动了与隋朝翻脸的邪念。从此对隋朝不那么恭敬，使臣往来的频率大大降低了。

二、计杀大义

杨坚敏锐地注意到了突厥对大隋的不恭，随即派长孙晟出使突厥，一观究竟。长孙晟是出了名的突厥通，到了突厥之后，几下就弄明白了是怎么回事，回去后马上向杨对做了汇报。杨坚听了气不打一处来：好你个大义公主，你写诗发泄心中的不满也就罢了，现在你居然撺掇都蓝可汗跟我玩真的，是可忍，孰不可忍！若是再让你活在这个世界上，还不知要挑起突厥与大隋的多少争端！从此，杨坚对大义公主动了杀机。

他立即派长孙晟再次出使突厥，交给他两项任务：绑回逃犯杨钦；挑拨都蓝可汗与大义公主之间的关系，最好能借都蓝之手杀掉大义公主。

长孙晟来到突厥，直接找到都蓝可汗，向他索要杨钦，说杨钦是大隋的钦犯，犯了十恶不赦的大罪，我们大隋皇帝想把他引渡回去，亲自审理。都蓝可汗矢口否认，说他从没有听说过这个人，更不曾见过这个人。

长孙晟也不跟他废话，退出牙帐，就用自己的方式去查找杨钦的下落。他向都蓝可汗手下的一个达官（即部落首领）贿以重金，向他打听杨钦的下落。达官如实相告。当天晚上，长孙晟率了几个随从前往杨钦藏身的营帐，将其抓获，捆了个结结实实。然后将其押到都蓝可汗面前，此情此景让都蓝可汗非常难堪。

长孙晟发话了：在下知道可汗为什么要骗我，这是因为听了大义公主的一面之词。可是可汗怎么就这样相信她呢？她一定对可汗说了大隋现在内部纷争激烈，局势不稳，杨钦是刘昶父子的特使，专程来联络共举大事的。其实，这全是谎言，我们大隋内部团结，天下安宁，大隋要杀刘昶父子，只需一句话的工夫，他们有这个能力造反吗？大义公主之所以要用谎言欺骗可汗，不过是想挑起突厥与大隋之间的争端，真是居心叵测，别有用心，只要可汗想一想她的真实身份，就会明白她为什么要这样做。我可以负责地告诉可汗，大义公主不但在政治上欺骗了你，而且在感情上也欺骗了你，你非常信任的那位安遂迦就是大义公主的情夫，他们之间的事，我们大隋上上下下谁不知道？只是我大隋皇帝念及父女情分，不忍心说破，可汗若不信，把安遂迦召来审讯便知。接着，他就将大义公主与安遂迦之间的一桩桩、一件件丑事进行重磅爆料，说得有鼻子、有眼睛，每一个情节都细致入微。都蓝可汗不由得不信，气急败坏之余喝道：来人啦，去把安遂迦那厮给我绑来。

就这样，杨钦被长孙晟带回了大隋！

不过，事情到此还没有完，杨坚知道，突厥人是没有什么贞操观念的，都蓝可汗不会容忍安遂迦跟他老婆偷情，但肯定不会对大义公主怎么样，以大义公主的聪明和手段，过几天去给他赔个礼、道个歉，念及这些日子她对自己的辅佐和体贴，都蓝很可能会捐弃前嫌，跟她和好如初。这一幕是杨坚最不愿看到的，于是又向突厥派出了第二拨使团，使团的负责人是奇章公牛弘。

牛弘到了突厥，当即向都蓝可汗宣布杨坚的诏书：废除大义公主的封号，从此，他不再是大隋皇帝的义女，不再受大隋的外交保护；两国的友好关系不变，大隋皇帝感念突厥可汗的忠诚，特赐四名绝色佳人服侍可汗。

杨坚的用意很明显：解除大义公主与隋朝的一切关系，既然她做了对不起你都蓝可汗的事，那你可以处置她，要杀要剐随你便，我杨坚绝不掺和；同时，这四个女子貌美如花，足以替代大义公主，你不必再挂念她的美貌。但是，都蓝可汗的肚量超过了杨坚的想象，四个美女照纳，天天与她们寻欢作乐不误，大义公主虽被他晾在了一边，但他也没有做出半点对大义公主的过激行为。

眼看着大义公主安然无恙，杨坚无计可施。就在这个时候，突厥内部一个野心家的出现，让他看到了事情的转机。此人不是别人，正是都蓝可汗的堂弟突利可汗染干。此人承袭其父亲的封号，被分封在北方，地盘不大，野心却不小。他看达头、都蓝在隋朝的扶持下，顺风顺水，日子过得十分滋润，就想跟隋朝拉近关系，以谋求更大的发展空间，毕竟地盘小了被人看不起。于是，他悄悄派人前往长安，向杨坚提亲，请求杨坚嫁一个公主给他。

杨坚一听，觉得这是一个可以利用的人，于是让裴矩告诉使者：回去告诉突利可汗，和亲可以，但突利可汗要拿出和亲的诚意，我们大隋皇帝最恨的是忘恩负义的大义公主，只要突利可汗能够帮我们除掉大义公主，大隋皇帝就答应这门亲事。

使者回去告诉了染干，染干一听，这事好办。于是，他亲自去找都蓝可汗，对他说：大义公主与胡人私通的事，现在是尽人皆知，突厥上下都觉得这是可汗的耻辱，可汗怎么还能容忍她呢？再说，现在隋朝最恨的人就是大义公主，可汗一方面与隋朝保持友好关系，另一方面又留着大义公主，这叫隋朝怎么看呢？接下来两国关系该何去何从呢？若是隋朝转而支持达头，可汗认为还能保持现有的地位吗？

这番话其实没有什么新意，不过是长孙晟那番话的翻版，但是，同样的话让不同的人来说，效果是不一样的。长孙晟是隋朝的使者，他说这番话时，都蓝的第一个感觉是警惕，你说这番话的目的是什么？其次是反感，这是我的家事，你来指手画脚干什么？而染干是都蓝可汗的堂弟，自家人，彼此是不设防的，都蓝当然听得进去。既然现在全突厥的人都知道了这件事，还留着大义公主，这大可汗的脸往哪儿搁呢？于是，都蓝拔剑在手，怒气冲冲地来到大义公主的营帐，一剑结果了她的性命。一个不幸的女人就这样结束了短暂的一生，时年33岁。

杀死大义公主之后，都蓝对隋朝说话有底气了：你们说大义公主不好，我把她杀了，请给我一个大隋的真公主吧，不错，你们给了我四个美女，但这只能满足我的生理需要，却无法满足我对名分的需要，大义公主没有被废黜之前，我好歹还是隋朝皇帝的女婿。如今你们不认她，我也把她杀了，那就再嫁个公主给我，让我继续做隋朝皇帝的女婿吧！基于这样的想法，在杀死大义公主后不久，他派人前往长安，向隋朝提亲。

到底答不答应这门亲事呢？杨坚召集群臣商议。

当时，大多数人认为应该答应都蓝的请求，而且最好嫁一个亲公主过去。因为，都蓝的势力大，在突厥最有号召力，有一个亲公主待在他身边监视，他的一举一动就掌握在我大隋的手中。但是，长孙晟劝谏说，都蓝可汗反复无常，不讲信义，只因与达头可汗有矛盾，才暂时依附我大隋。即使许以和亲，他最终也会反叛。况且他若娶隋朝的公主为妻，就是隋朝的女婿，借助于隋朝的威力，达头、染干肯定又会受他制约。等他今后强大起来再反叛，恐怕就难以对付了。不如扶持染干，让他南迁，作为大隋北方的屏障，让他去对付都蓝可汗。

杨坚采纳了长孙晟的意见，拒绝了都蓝的请求，不但不给公主，还断绝了先前按惯例提供的那些物资。都蓝得不到隋朝的支持，在与达头的争夺中再无什么优势可言，实力渐渐衰落。

杨坚遵守先前的诺言，回头对染干的使者说：你们帮我们除掉了大义公主，我们也会信守诺言，嫁一位公主过去。不过，你们得做一些前期准备工作，因为我们大隋的公主是有文化教养的人，你们也得学文化，要不然，公主嫁过去，彼此没有共同语言，今后怎么生活？夫妻感情不好，两国关系又如何相处？

染干想了想也是，于是一批一批往隋朝派使臣，接受隋朝的培训。杨坚把他们全送到太常寺学习诗书礼乐。杨坚此举是很有深意的，就是在公主嫁出之前输出文明，在突厥培植亲隋势力。很快三四年的时间就过去了，杨坚觉得文明输出已经初见成效，便选了一位宗室女，封其为安义公主，嫁给了染干。

为了达到离间突厥内部的目的，杨坚故意将婚礼搞得很隆重，派牛弘、苏威、斛律孝卿等人相继为使，而染干派遣到隋朝的使者，前后也达 370 多人。染干本来居住在北方，自然环境较差，因为娶了隋朝的安义公主，有了隋朝的支持，腰板也直了，便率部南迁到都斤山，这是都蓝以前的地盘。杨坚见染干遵照自己的意旨南迁，当即又给了他很多赏赐。

都蓝见此情景大怒："我是大可汗，从隋朝那里所得到的礼遇居然还不如染干！是可忍，孰不可忍！"此时，他才意识到，不但隋朝抛弃了他，他的堂弟染干也背叛了他，这一切，都是染干和隋朝合谋的结果，真是悔不该杀了大义公主。此时，他的处境非常危险，西有达头这个老对头，南有大隋，北有染干，东面还有奚丹、奚等中小部族。他开始自救，认为与达头的矛盾不过是内部矛盾，与隋朝之间的矛盾才是不共戴天，而染干这个叛徒是必须要教训的。基于这种认识，他决定和达头冰释前嫌，停止纷争，结成联盟，攻打隋朝和投靠隋朝的染干。从此，都蓝不再朝贡隋朝。

都蓝和达头这两大草原上的强势人物，实现了强强联合，共同对付隋朝，杨坚应付得了这来势凶猛的变局吗？

三、染干奔隋

染干做了隋朝女婿，也很够意思，每次得知都蓝可汗的动静，都会立即通报朝廷，都蓝每次率军南下，隋军都已预先作好防备，突厥军根本就占不到什么便宜。

开皇十八年（598 年）春，达头可汗和都蓝可汗率领十万精兵到达漠南，摆出一副进攻架势。杨坚也不示弱，立即派自己的四儿子蜀王杨秀从灵州道（今宁夏宁武）出发，迎击达头的军队。

在杨坚统治时期，每次遇到大的军事行动由皇子挂帅，这已经是惯例，但他们只是挂名统帅，真正的决策者是行军长史。这一次充任行军长史的是杨素。这是个特立独行、文韬武略非常出色的厉害角色，在两平江南时已经大显身手，立下赫赫战功。如今参加对突厥作战，他当然不会对突厥心慈手软。大军从灵州道出发没有多久，就遇上了达头的部队。

突厥人从小在马背上长大，擅长骑射，两军对垒时，习惯于正面突击。中原军队以步兵为主，擅长步战和防守，与突厥军队作战时，一般是用战车结成方阵，用来抵御突厥骑兵的大规模正面突击。特立独行的杨素还会采用这样的战术吗？

杨素召集各位将领，商议对付突厥大军的办法。

随同杨素参战的很多将领参加了两次平陈之战，他们认为突厥军队与江南陈国的水军不同，机动性相当强，来无影去无踪，建议都把战车和步兵骑兵相互掺杂，与形似鹿角的障碍物一起布成方阵，将骑兵布置在方阵之内，既可以避免突厥战马的横冲直撞，又可以伺机出击。

杨素认为，此阵御敌尚可，但不是打败突厥大军的办法。他说，打仗讲究的是随机应变，把握最有利的时机消灭敌人，不能拘泥于阵形，一旦敌人发现阵形的薄弱环节，很容易被敌人击破。他说，要想真正打败突厥人，必须决战于阵前，在心理上震慑他们。

阵前决战，最重要的是战斗意志和战斗力，要把自己最坚韧的战斗力和最顽强的战斗意志展示在敌人面前，让敌人心惊胆寒，然后一鼓而击败他们。

杨素决定用骑兵与突厥人对攻，他从所属各部队挑选出 1000 名精壮勇士，按每 200 人一队，编成五个作战单位，正面突击。他宣布作战纪律：两军对阵，听到进攻命令后，只许前进，不许后退，违令者，立即阵前斩首。本帅深信，你们都是大隋帝国最勇猛的战士，此战之后，你们将扬名天下，加官晋爵，封妻荫子，光宗耀祖！

士兵举起武器，高声呼喊："誓死向前，大隋必胜！"士兵的呼喊声回荡在旷野，雄浑激越，荡气回肠！杨素不愧是鼓舞士气的高手，将这支铁军的士气调整到高昂状态。

突厥达头可汗听说杨素试图以 1000 名士兵打败突厥人，差点笑掉了大牙，嘲笑杨素真是白日做梦，笨到了极点。他传令各部落，即日起兵，10 多万突厥精兵直扑杨素大营，企图一举打败这位声名显赫的隋朝名将。

杨素得知达头可汗亲自率军杀过来，令军队分为左右两路，做好包围突厥军队的准备，然后派 200 名铁军战士前去正面迎战。首批 200 位勇士得令后，迅速跨上战马，向突厥军阵猛冲过去。达头可汗见隋军只派 200 人进攻，毫不在意，也派 200 人迎击。战斗过程极为简单，只在瞬间工夫，达头派出的 200 人无一生还。

达头可汗这才意识到，对方的 200 人是用特殊材料制成的。这一次，他派出 2000 人前去应战。突厥人数虽然明显占优，但是，草原军队长于抢劫，来时如一阵飙风，擅长闪电战，却不擅长持久战、消耗战，战术很突出，战斗作风却明显不足。而杨素调教出来的士兵只要上了战场，就只有一个念头：不成功，便成仁！绝不后退，绝不贪生怕死。

一番激战后，2000 人也不是对手，逃回去的不足一半。不过，隋军也损失了 100 多人。

达头可汗大怒，率军倾巢出击。

杨素一声令下，余下的 800 名精壮勇士也从阵中杀出，一个个像打了鸡血的"亡命之徒"，无不以一当十，越杀越疯狂，手起刀落就像砍刀切菜。双方杀得难解难纷，突厥虽有十万之众，却无法施展开，真正能与隋军这八九百人接触的也就是一万人左右，因此，人数虽众却无法得势。

站在高处的杨素见状，突然挥动令旗，埋伏在左右两厢的隋朝大军一拥而上，将突厥军团团围住。800 名精壮勇士见隋军反包围了突厥军，更是信心百倍，直扑达头可汗的中军营垒，达头可汗的卫队抵挡不住，达头可汗本人也受了重伤，在众将的护卫下仓皇逃走。隋军乘胜追击，突厥军被杀者不计其数，幸存者一个个哭号而逃。

隋军大获全胜！此战和当年的达奚长儒一样，打出了大隋军队的军威。中原军队与草原军队作战，大多靠智谋、出奇兵取胜，很少通过面对面的阵地战打败他们，但杨素做到了，从此，突厥人闻杨素之名，就像听到洪水猛兽来了，莫不纷纷躲避。

都蓝听说达头战败，很不甘心，认为达头此战失败，是因为太轻敌。为了重树突厥雄威，他决定再次大规模出击。开皇十九年（599 年）春天，都蓝联合达头，率领 10 多万突厥骑兵卷土重来。

有了前一年的大胜，杨坚对隋军的战斗力更加自信，这一次，他走马换将了，他要让突厥人知道，大隋的每一支军队都是铁军，能征善战的将领不计其数。这次挂帅的是他的五儿子汉王杨谅，行军长史是高颎。

都蓝和达头吸取了教训，没有和隋朝军队硬碰，而是将攻击矛头指向了投靠隋朝的突利可汗染干。在突厥的三大势力中，染干是最弱小的一方，如今都蓝和达头强强联合，共同攻打他，他根本招架不住。一番交战后，染干惨败，兄弟子侄全被杀戮。都蓝乘胜率部渡河进入蔚州。染干与隋使长孙晟独率五骑趁夜南逃。到了天亮时分又收集数百名散骑。

此时的染干面临着何去何从的选择，是继续往南走，还是往北往西走。往南走就是投靠隋朝，往北往西就是投靠达头。以前自己在突厥大小也是一方诸侯，隋朝拿自己当个人物看，把公主嫁给了自己，现在自己穷途末路，兄弟子侄被杀，妻儿老小全丢，要人没人，要地盘没有地盘，再去投靠隋朝，隋朝皇帝还会看上自己吗，会不会把自己杀了呢？相反，达头虽然与都蓝一起攻打自己，那毕竟是因为他们有盟誓，他与自己无冤无仇，自己若是去投靠他，念在同宗同族的份儿上，他也许会接纳自己。到底何去何从呢？染干也拿不定主意。于是，他就与部下窃窃私语，商议此事，大家认为还是投达头比较好。

长孙晟见他们在一旁交头接耳，心知不好，自己全力主张扶持的人若是背叛了隋朝，自己的脸往哪儿搁？再说，隋朝对待突厥的策略就是扶弱抑强，现在选定了这么一个扶持对象，又让他跟达头跑了，隋朝岂不是赔了夫人又折兵？不行，一定要让染干往南走。好在染干现在是举棋不定，还没有做最后的决定。他赶紧暗中派人前往离蔚州不远的伏远镇，令镇中迅速点燃烽火。染干见烽火四起，忙问长孙晟："城上为何要燃烽火？"长孙晟谎称："伏远镇城高地迥，视野开阔，必然是守军看见了贼人前来，才点燃烽火。根据我们国家的烽火法规定，若是前来入侵的贼人少就点燃两处烽火，多则点燃三处烽火，若是贼人大举入侵，则点燃四处烽火，使邻近的守军知道贼人势大而且近在咫尺，好从速增援！"染干闻言顿时惊慌失措，他知道，即使要投降达头，也要等局势稳定后，派使者先行沟通，现在人家追兵上来了，你说你想投降，恐怕话未出口，人头就落地了，他赶紧对部众说："不好，追兵已经逼近，我们还是先投奔大隋城池吧！"一行人进入了伏远镇。到了伏远镇，就由不得染干了，长孙晟留其达官执室以领其众，然后带着染干前往大兴城。

杨坚大喜，任命长孙晟为左勋卫骠骑将军，令他率军保护染干。

四、圣人可汗

染干刚到隋朝，没想到都蓝的使者因头特勤也到了隋朝，把挑起这次战争的责任推到了染干身上。杨坚摆出为两家主持公道的样子，令染干与他当庭辩论。因头特勤是突厥著名的外交家，擅长辞辩，一番论辩之后，把一肚子委屈的染干说得理屈词穷，有理变成了无理。染干感觉窝囊极了，仗打输了，辩论又输了，像一只泄气的公鸡，在杨坚面前没有半点底气，心想这下完了，杨坚要彻底抛弃自己了。

其实，染干的表现恰恰让杨坚眼前一亮：这人如此实诚，笨嘴笨舌，在我面前没有底气，不正是我们要扶持的理想人选吗？这样的人一旦确立了他在突厥的领导地位，是不会背叛隋朝呀！他安慰染干说；事情的真相朕都明白，朕怎么会被因头特勤的花言巧语所蒙蔽呢？放心吧，朕会给你讨回公道。杨坚不只是嘴上说，而且马上付诸行动：赏赐染干大量的钱财和金银珠宝，让他招募突厥的流亡百姓，扩充队伍。

长孙晟令投降的突厥人侦察都蓝的行踪，得知都蓝的牙帐所在地屡有灾变，夜见赤虹，光照几百里，说是天狗星陨落，还下了三天血雨。流星坠落在都蓝营内，像打雷般震耳欲聋，军心惶恐不安，每到夜晚，都自相惊扰，说隋朝大军快到了。长孙晟大喜，心知突厥内部必将出现分化。很快，都蓝之弟都速六弃其妻子，率领一万多部众前来归附染干。

杨坚非常高兴，册封染干为"意利珍豆启民可汗"，意为又聪明、又健康、又勇敢的可汗，从此，在中原的历史典籍中，突利可汗就变成了"启民可汗"。此次册封寓意深远，意味着在隋朝皇帝杨坚眼里，染干是整个突厥地区的唯一合法的统治者，这个荣耀是无与伦比的，而且，这不是虚名，杨坚给他提供了人力、财力上的坚实保障。

杨坚又让长孙晟率5万人马修筑大利城（今内蒙古清水河县），安置突厥流亡百姓，由启民可汗染干统辖。此时，安义公主已死，杨坚又从宗室女中选出一位女子，封其为义成公主，嫁给了染干。

这一系列措施让染干感激涕零，要钱给钱，要人给人，要名分给名分，要地盘给地盘，在隋朝的大力扶持下，染干重建东突厥帝国，成了隋朝册封的东突厥帝国的大可汗。如此一来，原东突厥帝国的大可汗都蓝就倒霉了，不仅失去了隋朝的支持，还失去了合法的封号，对各部的号召力锐减。加上此前他又被隋朝宰相高颖率军打得大败，内部离心离德，很多突厥部落纷纷前往大利城归附染干。

都蓝咽不下这口气，再次率军攻打染干。染干奋力作战，但最终还是打不过。杨坚令染干率军迁入塞内。都蓝不肯善罢甘休，不断地攻掠染干，杨坚又让染干迁到河南（今内蒙古鄂尔多斯一带），令人在那里挖掘壕堑数百里，东西依托黄河，作为染干部众的畜牧之地。

都蓝与隋朝彻底撕破了脸皮。

为了彻底打败都蓝，杨坚又令杨素出兵灵州、韩僧寿出兵庆州、史万岁出兵燕州、姚辩出兵河州，四路并进，攻击都蓝可汗。遗憾的是，还没有等隋军出塞，都蓝可汗就被部下杀死。达头可汗遂收拾都蓝的部众，自立为步迦可汗，取代都蓝可汗，成为隋朝的头号敌人，而突厥国内也一片大乱。

长孙晟向杨坚进言说：现在我大隋已兵临突厥边境，屡战有功，突厥早已人心惶惶，加上主子被杀，内部离心离德。如果现在乘机派人招降他们，他们必然纷纷来降。请皇上派染干的部下，分头去招降他们。杨坚采纳了长孙晟的意见，立即派染干的部下去招降都蓝的部众，果然纷纷来降。

见突厥人纷纷投降隋朝，达头可汗十分恐惧，立即召集兵马，于开皇二十年（600年）四月向隋朝边境发起进攻。

六月，隋文帝命晋王杨广为行军元帅，亲率西路军出灵州（今宁夏灵武西南），汉王杨谅率东路军与柱国史万岁出马邑道（今山西朔县），合击达头可汗。

西路军中最主要的将领是长孙晟，他经常出使突厥，对突厥的山川地貌非常熟悉，在了解突厥的营地位置后，就献上一计：投毒。他派人悄悄在突厥军队驻扎的河流上游投毒，染毒的河水顺流而下，突厥人取水煮饭，吃了饭纷纷中毒，很多士兵上吐下泻，中毒严重的丢掉了性命，侥幸保全性命的，也失去了战斗力。突厥人不知为什么会出现这种状况，还以为是上天在惩罚他们，说是"天降恶水"，上天不赞成他们与隋朝作对，于是纷纷跪倒在地，向上天请罪，然后拔营而去。长孙晟当然不愿放过这个机会，马上率部猛追、砍杀，突厥人如惊弓之鸟，毫无抵抗意志，只顾逃命，隋军一路砍杀，突厥人丢下了3000多具尸体，方才摆脱困境。

东路军最主要的将领是史万岁。

史万岁率柱国张定和、大将军李药王、杨义臣出塞，大军进抵大斤山（即今内蒙古大青山），与达头可汗大军遭遇。达头可汗派人问："隋军领军将领是谁？"侦察人员回报说："名叫史万岁。"达头可汗又问："莫非是那个敦煌戍卒？"侦察人员说："就是他！"达头可汗慌忙引军撤退。史万岁挥师追击百余里，大破突厥军，斩杀数千人。达头可日夜奔逃，总算捡得了一条性命。

隋朝东西两路大军都取得了大胜。晋王杨广作为行军元帅，自然被记了首功。

启民可汗染干甚是感恩戴德，向杨坚上表陈谢说：

> 大隋圣人莫缘可汗，怜养百姓，如天无不覆也，如地无不载也。诸
> 姓蒙威恩，赤心归服，并将部落归投圣人可汗来也。或南入长城，或住
> 白道，人民羊马，遍满山谷。染干譬如枯木重起枝叶，枯骨重生皮肉，
> 千万世长与大隋典羊马也。

这是一段发自肺腑的感恩之语，没有杨坚就没有他染干的今天，染干深知这一点，心悦诚服地尊杨坚为"圣人可汗"，说杨坚好比是自己的再生父母，给了自己第二次政治生命，自己宁愿世世代代做这位圣人可汗的羊倌、马倌，为他放羊牧马。就这样，大隋皇帝杨坚又成了突厥人心目中的"圣人可汗"，这是中国历史上中原王朝的皇帝兼任北方强大游牧帝国可汗的第一人，为后来唐太宗兼任"天可汗"开了先例，具有划时代的意义。

不过，染干要想安然无恙地为隋朝在北边放羊牧马并不容易，达头可汗虽然在东西两路各损失了几千人马，但实力犹存，只要有他存在，染干就甭想在草原上过上舒心的日子。不久，达头派侄子俟利伐从碛东攻击染干。幸亏杨坚及时派兵帮助染干驻守要路，俟利伐无机可乘，只好退入大漠。

转眼就到了公元 601 年，杨坚改元仁寿。为了彻底解决来自达头可汗的威胁，这一年年底，长孙晟向杨坚上表说：臣夜登城楼，仰观天象，看见漠北草原飘来一道红雾，绵延 100 余里，就像雨脚，从天上垂到地面。臣不知此为何兆，便去查阅兵书，兵书说这种天象名叫"洒血"，上天降下血雾，这道血雾笼罩下的国家要遭遇灭顶之灾，可见陛下消灭突厥的时机马上就要来临。

长孙晟是北周和隋朝历史上最成功的职业外交家，外交是他的本行，打仗也算是个人才，什么时候学会了夜观天象？这也太玄乎了！其实，他不过是拿天象说事而已，作为职业的外交家、情报家、突厥问题专家，他对此时突厥的处境是心知肚明的。这几年，达头可汗从坐镇西方的方面可汗，一跃成为横贯东西的大可汗，扩张的步伐太快，不断地向所属各部落征兵。这些部落起先看到达头在草原上崛起称霸，以为跟着他干有前途，没想到跟隋朝打了几仗后，接连惨败，便宜没有捞到，反倒替达头充当了炮灰。对于草原部落来说，利益永远是第一位的，看到达头处境不妙，开始跟他离心离德。长孙晟对这一切了如指掌，心知趁

着突厥内部矛盾重重，只要隋朝再从外部加一把劲儿，不怕达头可汗的势力不分崩离析。因此，主张此时对达头可汗用兵。

杨坚一直很信任长孙晟，这一次也不例外，立即采纳了长孙晟的意见，着手进行北伐。仁寿二年（602年）杨坚任命杨素为云州道总管，长孙晟为受降使者，与启民可汗染干一道北伐。

从三人的身份可以看出，他们的分工非常明确，杨素管打仗，负责在军事上打击达头；达头在军事上遇挫后，就由长孙晟出面去游说达头属下的各部落首领，让他们脱离达头的统治；染干作为草原上的新主人，是接纳和统治那些脱离达头的部落的。很明显，这次军事行动，就是彻底解决达头问题，让染干取代达头，成为蒙古草原上的统治者。

战争的结果不用去推测，有杨素这样的战神压阵，突厥没有胜算。达头很快就被打败，属下的铁勒等部纷纷反叛，奚、霫等五部宣布脱离达头内迁，达头可汗不得不投奔吐谷浑，终其一生，再也没有踏上蒙古草原半步。趁此机会，启民可汗染干统管了突厥所有部落，成为突厥历史上又一位统领东西两部的大可汗，每年遣使朝贡，正式成为大隋的附属国。

就这样，杨坚前后花了20年时间，彻底消除了突厥对隋朝的威胁。这一结果改变了东亚的政治格局，确立和巩固了隋朝主导的东亚政治新秩序，这个地方现在由隋朝说了算。杨坚在处理农耕文明和游牧文明关系上，给后世树立了光辉的典范。几千年来，中国农耕文明和游牧文明共处，中原农耕区常常处于守势，塞外游牧区处于攻势，此前，处于守势的中原王朝常常因为策略不当，而每为北方游牧政权掣肘。杨坚首开扶弱抑强的政治手法，利用突厥内部的矛盾，以突厥制突厥，用政治征服巩固军事征服的成果，这无疑为后来唐朝人处理与突厥和其他游牧政权的关系提供了很好的借鉴。

当然，征服突厥受益的不只有杨坚，还有杨广，他在隋朝与突厥的战争进入尾声时挂帅出征，获取胜利果实，在杨坚的几个儿子中，毫无争议地成为了征服突厥的大英雄。此前那些征伐突厥的名将，都成了他成功路上的垫脚石。他先是两平陈国，现在又征服突厥，如此不世之功，不用说在隋朝，就是在整个中国历史上，也找不出几人。在接下来的储君之争中，他要是不取代杨勇，不独杨坚、独孤皇后不干，恐怕众多的文臣武将都不干了。

第十一章 巩固江山根基

一、太子失宠

在整个开皇年间，大隋帝国从渐入佳境，到蒸蒸日上，一切内政外交都按杨坚的设想有条不紊地布局实施、开花结果，杨坚很舒心。不过，随着时间的推移，他也有了心结，这个心结几乎是所有帝王都会面临的——国家继承人问题。

杨坚有五个儿子，长子杨勇、次子杨广、三子杨俊、四子杨秀、五子杨谅。杨勇作为长子，出生在北周帝国建立之初，那时杨坚的日子很不好过，政局不稳，辅政大臣不喜欢他，皇帝也猜忌他，他那副帝王相为他惹来了不少麻烦，一直在战战兢兢、如履薄冰地过日子。对于这一切，长子杨勇感同身受，在那个时代，他早熟了。杨坚对此也深感愧疚，认为自己身为父亲，让孩子一天到晚跟着担惊受怕，很不应该。因此，他对杨勇很心疼。

周宣帝死后，杨坚成为北周帝国的大丞相，独揽朝政，杨勇被立为世子，授大将军，出任洛州总管、东京小冢宰，管辖原北齐的统治区域，杨坚将半个北周帝国的地盘交给了他。不久，杨坚加快了取代北周的步伐，将他召回京城，升为上柱国、大司马，兼内史御正，统管京城禁卫军，控制京师局势。

杨坚登基后，杨勇被册立为太子。朝廷的军政事务以及刑部尚书所奏死罪以下案犯，杨坚都让杨勇参与决断。这时的杨勇是名副其实的太子，杨坚很器重他，他的表现中规中矩。

当时，杨坚曾因为崤山以东的老百姓大多四处流动，认为这是一大不稳定的社会因素，决定把这些流民北迁，充实北方边塞。其实，这是杨坚的政治短视。杨坚一直生活在关陇一带，这一带地瘠民贫，老百姓只有两种职业，除了种地，就是当兵。崤山以东属原北齐故地，老百姓除了当兵、种地以外，还可以从事手工业、商业，这部分人不一定要定居在某个地方，流动性强，但这种现象在杨坚看来是不务正业，就想把他们迁往北方充实边疆。若真是这样，肯定会引起骚动，毕竟涉及的人员太多。

正是在这样的背景下，太子杨勇上书劝谏说：这些流民都是因为北齐、北周的暴政及尉迟迥、王谦、司马消难之乱而背井离乡，并非讨厌故土而甘愿羁旅在外，只要让他们沐浴皇恩，感受新朝气象，用不了几年，就会各返本乡，安居乐业；北方胡人虽然猖獗，屡犯边境，但我大隋边城牢固，将士严阵以待，屡挫其锋，边庭局势稳若泰山，何需迁徙流民实边，既费资财，又兴民怨？一番话有理有节，杨坚看了，甚是欣慰，立即停止了移民实边的计划。

从此以后，凡是朝政有不顺遂的地方，杨勇都会斟酌损益，提出自己的意见，杨坚每每也会采纳。在相当长的时间里，杨坚对杨勇的表现很满意。他曾对大臣们说："前代君王，宠幸妃子，致使废立太子之事屡有发生。朕别无侍妾，五个儿子一母所生，是真正的亲兄弟。哪像前代君王有众多宠爱的姬妾，生下的儿子你争我夺，这就是亡国的根源所在呀！"

看来，杨坚对一夫一妻制情有独钟，他认为亲兄弟之间只有互敬互爱，不会你争我夺，他也不会干废立太子之事。但是，他错了。中国有句人俗话，叫"说嘴打嘴"，不久，他就打了自己的嘴。因为，帝王的权力至高无上，帝王的意志不容违背，如果有人违背了他的权力和意志，触犯了他的某些忌讳，即使是他曾经很器重的太子，也难逃被冷落、废黜的厄运。

杨勇十分好学，诗文辞赋样样在行。所谓物以类聚，人以群分，加上他是太子，身边很快聚集了一大帮文人墨客，比如明克让、姚察、陆开明等人，他们富于风流浪漫情怀，对杨勇的影响很大。杨勇生性本来就宽厚仁慈，处世比较率性随意，不饰矫揉造作，在这帮文友的引导下，生活渐渐变得富有情调，注重排场，显得奢侈。

杨勇佩戴的铠甲由宫里提供，是蜀地产的。杨勇觉得自己身为太子，佩戴的铠甲应该与众不同，便命人在铠甲上雕饰花纹，装饰金银。他穿着这件铠甲出行，引来不少羡慕的目光。但是，有一个人看了很不舒服。这人就是杨坚。

杨坚一向提倡勤俭治国，他和独孤皇后的生活非常节俭，从不铺张浪费。他认为，铠甲不过是用来护身的，能发挥它的功用就行了，干嘛弄得这么漂亮刺眼，雕饰花纹、装饰金银，难道不费时、费力、费钱吗？杨勇身为太子，应该把精力放在学习治国理政上，等将来继位后，做个贤明之君，如今他却把心思放在这些华而不实的东西上，一旦养成奢侈浪费的作风，将来这个国家还经得起他折腾吗？

杨坚见了杨勇那身铠甲，当即让他脱下来，告诫他："天道不会任人唯亲，只青睐那些有德之君，纵观前代帝王，没有哪一个能靠奢侈豪华而使天下长久。你身为太子，如果不上遵天意，下顺民心，又凭什么来统治国家、君临百姓呢？朕过去穿的衣服，使用的佩饰，虽然都很陈旧，但还留着，你取一件去，时常看看，自行警诫，戒奢以俭。今天朕将腰刀给你，你要知道朕的良苦用心。"

杨勇觉得很委屈，自己身为太子，不就是穿了件精致的铠甲吗？况且现在国家富强了，物质条件改善了，穿件精致的铠甲有什么错吗？他心里有这样的想法，却不敢表露出来，看到杨坚那副严肃的样子，他只好连声说"父皇教训的是"，然后接过佩刀，跪安而去。

此次教训杨勇，杨坚只是想让他意识到"创业难，守业更难"，从此居安思危，谨小慎微，把心思放在治国理政上。要知道，领袖选拔继承人，看重的不只是能力，还要看他能否顾大局、识大体，保持国家大政方针的连贯性。勤俭治国是杨坚的一贯宗旨，他认为，作为自己的继承人，杨勇必须贯彻这一宗旨。

可惜的是，杨勇没有体谅父亲的良苦用心，依然我行我素，过着奢侈豪华的生活。他招待大臣很热情铺张，美味佳肴，好吃好喝，佳人伴舞，总要让大家尽兴而去。相比于杨坚，大臣们认为杨勇更人性化一些，毕竟大隋帝国经过这些年的休养生息，国家稳定，经济繁荣，条件改善了，生活过好一点是应该的。于是很多官员，都愿往太子府上跑。

有事不往皇帝这儿跑，却往太子那儿跑，置皇帝于何地？杨坚看在眼里，记在心里。当然，他也没有说什么，毕竟按照惯例，太子参与军国大事，大臣们有事先找太子沟通，也是说得过去的。但有一件事让他忍无可忍。

转眼到了冬至节。在古时候，春分、夏至、秋分、冬至是大节，按惯例，群臣都要去皇上那里朝贺。但是到了冬至节这天，满朝文武都纷纷跑到杨勇那里朝拜，杨勇非常高兴，穿上礼服，命令乐队奏乐迎接，场面很是隆重，搞得比杨坚过大寿还引人注目。

杨坚这里却冷冷清清，难得见几个大臣来朝贺。由于宫中很少吹笙奏乐，东宫音乐奏响，全城都传遍了。杨坚心里像打翻了五味瓶：为什么自己寄予厚望的太子如此不体谅自己？群臣过节不往皇帝这儿跑，却集体往太子那儿跑，这又是为什么？太子眼里还有自己这个父皇吗？群臣眼里还有自己这个皇上吗？

事后杨坚问朝臣："听说冬至节那天，大臣们相约到东宫朝拜，这是什么礼节？"

太常少卿辛亶回答说："启禀陛下，大臣们前往东宫叫敬贺，不能说是朝拜。"

杨坚说："既然是庆贺时令变化，只需根据各人的意愿，三五成群去就行了，为什么要由有关部门邀集，一时会聚一起，太子身穿礼服安排乐队接待他们呢？东宫这样做，是违背礼制的。"说完这番话，就下诏宣布："礼制是有等级的，君臣之礼是不能错杂的……皇太子虽是储君，但从礼制上讲，也是皇帝的臣子，朝廷及地方各级官员，在冬至节带着土特产到东宫朝贺，这样的事不属于国家典制，从今以后要禁绝。"

这道诏书是一个鲜明的信号：杨坚对太子不满了。以前，太子有差错，教训他一顿，希望他改正，现在已经不只是教训了。虽然杨坚没有明确表示要废黜太子的意思，但是，父子之间的冷战从此开始，

紧接着，杨坚下令选拔身强力壮、武功高强的同宗侍卫官到皇宫警卫，人数不限，换句话说，就是要将所有的高手集中到皇宫。高颎见状，立即劝谏说："如果把高手都选拔到皇宫，东宫的警卫力量就差了。"

杨坚一向对高颎说话很客气，但这一次例外，他一脸不高兴地冲高颎说："我的日常行动都是有规律的，大家都知道这一点，也很容易被别有用心的人钻空子，所以，警卫人员必须要雄健勇毅、武功高强。太子在东宫修身养性，要那么多高手干什么？"

太子在皇帝面前失宠了！更可怕的是，他不仅失宠于父皇，还失宠于母后。

独孤皇后什么都好，但有一点不好，就是妒忌男人三妻四妾，对发妻不忠。当年，她嫁给杨坚时，年仅 14 岁。新婚之夜，面对如花似玉的新娘，杨坚想尽鱼水之欢，独孤氏却告诉他：莫着急，你若真对我有情，就必须先发下重誓，这辈子只能有我一个女人！当时的杨坚一则因为独孤氏魅力四射，二则因为独孤氏家的背景深厚，独孤氏的父亲独孤信是柱国大将军，还是父亲的老上司，她的姐姐是宇文泰的儿媳、后来周明帝的皇后。因此，在既有魅力又有家世背景的独孤氏面前，杨坚心甘情愿地发下了重誓。后来，独孤家族虽遭遇变故，声势一落千

丈，但独孤氏以其聪明、能干、贤惠拴住了杨坚的心，杨坚一直信守着一夫一妻制的承诺，即使在称帝后，后宫虽按惯例设置了宫女、嫔妃，但大多成了摆设，杨坚很少去碰她们。

独孤皇后不仅要求杨坚忠于自己，还要求其他男人忠于自己的发妻。当时有个叫长孙览的大将军，在北周时参加灭齐之战，立下大功，按照惯例，宇文邕就把北齐后宫的嫔妃、宫女赏赐给有功将士，长孙览得到了一个叫库狄氏的嫔妃。两人一见钟情，如胶似漆，不久，长孙览就把原配夫人郑氏忘到一边。时间长了，郑氏咽不下这口气，此时，杨坚已经取代北周称帝，独孤皇后是天下弱女子的保护神，郑氏便跑到独孤皇后那里告状。独孤皇后当即让长孙览将库狄氏休掉，终生不许相见。类似的情况很多，独孤皇后只要知道哪位官员纳妾，心中就会愤愤不平，要是听说哪位官员的爱妾怀孕，就一定会逼着杨坚将这位官员降级使用，杨坚也很配合，独孤皇后越来越理直气壮。

偏偏杨勇在这方面很不检点，他不仅有很多宠幸的姬妾，而且独孤皇后亲自为他选定的太子妃倍受他的冷落。

原来，独孤皇后亲自为杨勇挑选了一位元姓女子做太子妃，这位女子的父亲叫元孝矩，出身于北魏皇族，又是北周和隋朝的大将军，血统高贵。因此，在独孤皇后看来，元氏跟杨勇门当户对，两人的结合是一桩美满的婚姻。也许，正是因为出身高贵的缘故，元氏骨子里天生就有一种傲气，在性格和待人处世上刚毅有余，温柔不足。这样的性格和处世方式也许很对独孤皇后的胃口，但绝对不讨官二代杨勇的喜欢，因为不温柔的女人缺乏魅力。正是因为这样，杨勇才向自己的叔叔抱怨："阿娘不给我一个好媳妇，真可恨！"

俗话说，儿子是母亲的前世情人，儿子对妻子不忠就是对母亲的不忠。独孤皇后对杨勇冷落元氏的做法很是反感。

太子妃受到冷落后，心情抑郁，身体状况逐渐变得不佳，后来犯了心痛病，病发后两天就死了。时为开皇十一年（591年）正月二十一日。

独孤皇后深感震惊，认为太子妃的死与太子有关，把太子召来狠狠教训了一顿：好端端的太子妃，年纪轻轻的，得病两天就死了，这是为何？是不是你存心想她死？你平常关心过她多少？

杨勇被独孤皇后一顿教训后，心里很憋屈：不就是死了个太子妃吗？再立一个就是，天下之大，还缺女人吗？他没有把独孤皇后的教训放在心上。对于太子妃的死也没有多少悲痛，女人嘛，就像衣服，破了再换一件就是，何况他身边有的是姬妾。

在所有的姬妾中，最受杨勇宠信的是云昭训。

云昭训出身低微，她的父亲叫云定兴，是个很有创意的手艺人，心灵手巧，随便设计一个马鞍、衣服、帽子什么的，很快就能成为京城里的流行款式。因此，他的地位虽低，名气却很大。这样的父亲调教出来的女儿自然也是心灵手巧，再加上出身低微，云昭训没有大家闺秀的孤傲和刻板，相反她很温柔活泼，善解人意，富有生活情趣。这样的性格、言谈举止体现在一个女人身上，就是光彩照人，魅力四射，足以让杨勇眼前一亮。杨勇第一次见到她就被吸引住了，从此，没事就往她那儿跑，偷偷约会，在外面同居。不久，云昭训为他生下了一个儿子。既然为杨家生了儿子，那就是杨家的媳妇了，不能再住在外面，从此，杨勇就把她接入宫里，给了她一个昭训的名号。

也恰恰是因为云昭训的入宫，太子妃被彻底冷落到一边。独孤皇后对此早有耳闻。太子妃死后，云昭训在东宫更是专宠独断，嚷着要杨勇立他为太子妃。但是，立不立太子妃不是杨勇说了算，而是杨坚和独孤皇后说了算。得知云昭训专宠东宫的消息，独孤皇后认为太子妃之死跟这个女人有关，若不是她暗中做了手脚，太子妃年纪轻轻，又不是得了什么绝症，为什么得病两天就死了呢？就算是绝症，也要拖上个十天半月。独孤皇后见杨勇身为太子，却被这个出身低微的女人所迷惑，对他很是失望，于是派人暗中观察，搜集杨勇的过错。

皇上不喜欢，皇后也讨厌，这样的太子还能稳坐钓鱼船，只有傻子才会相信。

很多大臣看在眼里，心知天要变了，杨勇的太子地位不保，于是，他们又开始寻找新的主子。这个主子是谁？晋王杨广。

二、移爱晋王

杨广在杨坚诸子中以文韬武略著称，此时已有两征江南的光环，在诸皇子中功劳最显赫。他不但功劳大，名声也好，通过再平江南，几乎得到了所有江南人的认同。他对朝臣谦恭、对士卒体恤，仁义之声播满朝野。

有一次，杨广率领士兵出猎，在半路上天降大雨，左右赶紧给他递上雨衣，杨广拒绝了，说将士们都淋着雨，自己一个人不能搞特殊，要与将士们同甘共苦。在场的将士都很感动，纷纷说晋王仁义。从这件小事可以看出，杨广是一个非常重视自身形象的人。这样一个既有功劳，又有人望的人，若是没有政治欲望，是很难让人相信的，关键是看上天给不给他展示欲望的机会。

杨广是不幸的，因为，按照嫡长子继承制，身为次子，无论他的功劳和人望有多大多高，他都没有继承皇位的资格。然而，杨广又是幸运的，因为太子杨勇失宠了。这是上天给他的机会，他倍加珍惜，决定好好利用一下。那么，如何利用这个机会呢？

杨广是位有心人，杨勇的所作所为及杨坚和独孤皇后的反应他早已看在眼里，并从两人的反应里看出了他们喜欢什么，反感什么。

知道了父皇和母后的喜好，杨广就立即采取行动，投其所好。他刻意模仿杨坚和独孤皇后的生活习惯，变得节俭起来。杨勇不是因为装饰铠甲惹了父皇不高兴吗？他就将晋王府中所有的帷帐、屏风全都换成素绢，既没有花纹，又没有图案，看上去非常素雅。杨勇不是因为喜欢声色犬马招惹是非吗？尽管杨广精通音律，仍不惜大手一挥，弄断了王府里所有乐器的弦，不准人擦拭打扫，让上面布满尘灰。一天杨坚来到晋王府，见王府里的帷帐如此素雅，里里外外没有一件奢华的东西，王府的乐器上布满了灰尘，好久无人弹奏，脸上微微一笑，心想这个儿子才真像朕呀，不事奢华，做人做事都很务实。杨坚对他产生了好感。于是，父皇这一关，杨广顺利通过了！

杨广知道，母亲独孤皇后主张一夫一妻制，太子杨勇之所以失宠于母后，就是因为宠幸姬妾，冷落太子妃。他吸取了这一教训，晋王府里所有长得漂亮的侍女，全都被屏蔽，不准出来抛头露面，在前面扫洒庭除的全是些长相粗丑的女人。王府的姬妾严格按照朝廷的规定配备，绝不超过规定的数目，而且，那些姬妾虽有名分，实同摆设，杨广每天只同萧淑妃住在一起，举案齐眉，大秀恩爱，甚是融洽。杨广有两个儿子，全是萧淑妃所生。这一切看上去正是杨坚对待独孤皇后的翻版，独孤皇后听说这一切，甚是感叹：此儿才真像他父亲，知道创业难，守业更难！她开始在杨坚和群臣面前盛赞晋王的德行。

光取得父皇和母后的好感还不够，还必须取得其他人的好感，为自己夯实群众基础。太子杨勇不就是因为处处以自我为中心，我行我素、妄自尊大，而招人讨厌吗？杨广决定低调处世，谦恭待人。杨坚或独孤皇后每次派人到晋王府，无论来人身份高低，杨广和萧淑妃必定会站在王府门口恭迎，好酒好菜招待，临走时还送上一份厚礼。尤其是对独孤皇后派来的婢女，萧淑妃总是跟她们同吃同住，没有一点架子。这些婢女身份低贱，从来就没有人正眼瞧过她们，在晋王府却得到了这样高的礼遇，回去自然会一个劲儿说晋王夫妇好。这一切让杨坚夫妇很感慨：我们派去的仆人，他们都如此尊重，这说明他们夫妇心中有我们当父母的位置呀！

江南发生叛乱后，杨广被任命为扬州总管，凭着自己的智慧和谦恭，收服了江南人心，继续坐镇江南，每年回朝探亲述职一次。开皇十一年（581）他从扬州回长安朝见，所带车马仆从很少，装束十分俭朴，此时的杨广虽然功名显赫，但在朝中大臣面前非常谦恭有礼，从不摆谱，搞得大家都对他有好感，声名鹊起。

杨广深知，现在克制自己不算什么，只要能让父皇废掉太子，自己将来做了皇帝，要什么没有？女人、财富、一切享受都会应有尽有，所谓吃得苦中苦，方为人上人。

但是，光表现节俭、不近女色、对其他人彬彬有礼是不够的，父皇不是在向天下人提倡孝道吗？好，那就充分体现自己的孝心。

回扬州的时候到了，杨广前去向独孤皇后辞行，他挥洒着催泪弹，眼泪汪汪地说："儿臣镇守远方，又要和母后分别了，儿臣不愿离开母后呀，对母后的依恋一直凝结在心里。今日一别，儿臣不能侍奉母后了，再次相见，恐怕遥遥无期。"杨广伏在地上，泣不成声，悲痛得居然站不起来。

独孤皇后是快五十岁的人，也有些多愁善感，见杨广如此，流着泪说："儿啦，你远在地方镇守，娘也老了，今日离别，怎么看上去就像永别呀！"母子相对而泣。

杨广见火候到了，更加伤心地哭泣说："是呀，母后，儿臣见识愚蠢，平常从不评论谁对谁错，也不曾得罪过谁，常想兄弟几人都是一母同胞，要互相友爱，但儿臣不知犯了什么错，总是不讨大哥喜欢，大哥对儿臣不满已久，不止一次想加害儿臣。儿臣真担心有一天诽谤产生于投杼之间，毒酒来自于杯勺之内，因此忧虑紧张，害怕随时都会有致命的危险降临。"说完又是泣不成声。

独孤皇后见状，愤愤不平地说："娘早就无法容忍杨勇胡作非为，娘为他娶了元氏的女子，门当户对，希望能借此兴旺基业，没想到他跟她竟然没有正常的夫妻关系，一味地宠爱那个阿云。以前，我从没有听说过元氏有什么病，却突然死了，听说还是有人投药致死，好端端的媳妇就这样夭折了。娘想，事情既然已经这样，也就不想继续追究，谁知他又想在你身上打主意。娘在的时候，他尚且这样，要是哪一天娘死了，那他还不任意欺凌你们？每当想到东宫没有正妻，父皇死后，要你们兄弟去向云氏叩拜询问，这该是多么痛苦的事啊！"

杨广听了，再一次痛哭叩拜，独孤皇后也极度悲伤。事后，独孤皇后将此次离别的情景告诉了杨坚，杨坚也深以为然。他对是否继续让杨勇做太子产生了疑问。

就在开皇十一年，杨坚接见了来自南方的一位神秘人物，此人叫韦鼎，是位道行高深的术士，当年在北周时期，他就预言杨坚要当皇帝，后来杨坚果真当了皇帝，因此，杨坚对他的话深信不疑。既然现在自己对太子失望，有了废立的打算，那就不妨问问他，看看自己的几个儿子到底哪个有皇帝相。他问韦鼎："诸儿谁为嗣位？"你看看我的这些儿子，哪个该接我的班呀？韦鼎再怎么厉害，也不敢直说，很巧妙地回答道："至尊皇后最爱者当与之，非臣敢预知也！"陛下和皇后最喜欢的那位皇子应该成为帝国的接班人，当然到底是谁，这不是我敢预测的。看上去他好像没有说破，实际上他已经说得明明白白，谁不知道杨坚和独孤皇后最喜爱杨广呢？

至此，杨勇的太子之位宣告不保。

三、二杨结盟

独孤皇后的态度给了杨广明确的信号，他知道母后的心思已转向自己。

在大隋帝国，杨坚虽然是皇帝，却是个怕老婆的皇帝，独孤皇后可以对这个帝国的大小事情做一半的主，何况杨坚本人已经有了废立之意。杨广智商高，情商也高，揣摩透母后的心思后，便开始了夺储策划。

参与夺储策划的有两个关键人物，一个是张衡，一个是宇文述。

张衡，字建平，河内人，出身于官宦世家，少有大志，15 岁进太学，读书很用功，遇事爱思考，属于胸有丘壑、城府很深的那种人。在北周时，他官居掌朝大夫，主管朝廷内外礼仪。杨坚受禅后，他奉命追随晋王杨广，杨广为河北行台、并州总管、扬州总管，他都一路追随，从曹郎到总管掾，竭忠尽智，很受杨广器重，成为杨广智囊团中的核心人物。杨广夺储的计谋，大多由他提出。

宇文述早在平陈之战时就出场了，他是杨广的亲信，在灭陈战争中，曾一度代理杨广的职务平定陈国余部。杨广再任扬州总管后，为了进一步拉近与宇文述的关系，表奏朝廷，封他为寿州总管。他不仅是杨广夺储计划的重要策划者，更是整个计划的具体实施者。

宇文述向杨广献计说："皇太子早已失宠于皇上皇后，又没有什么美德闻名于天下。相反，大王以仁孝著称，才略盖世，屡次统领千军万马出征，为国立下大功。皇上和皇后都很钟爱大王，天下的民心已归属大王。但是，废立太子是国家大事，这种离间至尊骨肉之间的事，很不好谋划。环视朝中，高颎是杨勇的亲家，他肯定不会帮大王，但杨勇失宠于皇上，高颎也会遭到皇上的猜忌；现在满朝文武能改变皇上主意的，只有杨素。杨素自视甚高，身边没有多少出谋划策的人，能在他身边出谋划策的只有其弟杨约。我很了解杨约这个人，请大王让我前往京师，与杨约相见，共同谋划废立之事。"

此话正中杨广下怀，他知道，自己要想取代杨勇成为大隋帝国的储君，必须要取得朝臣尤其是朝中重臣的支持。

环伺朝中重臣，隋朝初年的"四贵"中，杨雄、苏威、虞庆则在平陈战争之后，地位纷纷下降，杨素则直线上升，后来又取代苏威成为尚书右仆射。此时，在废立太子的问题上，真正说得上话的只有左仆射高颎和右仆射杨素两人。然而，高颎绝不会帮助杨广：一则他很正直，恪守嫡长子继承制的原则；二则，他已经位极人臣，处于一人之下，帮谁再多也就是保持现有的位置，犯不着冒这个险；三则因为他和现任太子杨勇是儿女亲家，杨勇的女儿嫁给他的儿子。无论于公于私，他都不会帮杨广。真正有可能帮杨广的只有杨素。一则，杨素才大于德，喜欢干冒险的事，如果能成功，他将取代高颎成为帝国的第二号人物；二则，他与现任太子杨勇的关系不好，一旦杨勇继位，他不会有好下场。

但就目前的形势而言，杨素帮助杨广也仅仅是理论上的可能，要把这种可能变成实际行动，还有很多工作要做，如今宇文述主动请缨，正是天赐良机。杨广非常高兴，对宇文述说："此行需要什么，你尽管开口，本王亲自为你负责后勤工作！"宇文述欣然领命而去。

到了长安，宇文述就去找杨约拉家常，好几次宴请杨约。

杨约，字惠伯，是杨素的同父异母弟。此人从小就不安分，很贪玩儿。一天，他爬到树上，爬得老高老高，坐在一根大树杈上，向下面的人炫耀。突然"咔嚓"一声，树杈断了，他重重地跌落在地，被树杈所伤。这下惨了，因为伤及的不是皮肉，而是生殖器，没有办法，他只好进宫做了太监。杨约脑子好使，尤其是受伤后，再也不像以前那样活泼好动，性格变得沉静，一肚子花花肠子能出很多鬼主意，再加上他记忆力强，又好学，深得杨素喜欢。杨素只要有什么行动，就会先跟他商量筹划一番，然后再动手。杨素飞黄腾达后，他也跟着沾光，辞了太监的营生，做官去了。杨坚受禅后，他一路升迁，官至大理少卿。

由于生理上有缺陷，杨约唯一不感兴趣的就是女人，除此以外，贪财好利、喝酒赌博样样在行。正因为如此，宇文述认为夺储之事从他身上下手很容易找到突破口。

宇文述每次宴请杨约都要摆出很多珍玩器物。见了面，先是哥俩很投缘，今天一定要大口喝酒尽兴。喝了酒，接着就上娱乐节目：甩骰子赌博。宇文述每次都假装不是杨约的对手，把拿出来的金银财宝输个精光。这样隔三岔五的请杨约喝酒，喝了酒每次都输给他大量的金银财宝，搞得杨约自己都不好意思。

一天，宇文述又输光了，杨约说："宇文兄，你我都是明白人，你老这么输我，也不是办法，咱们不是外人，有什么话，你就直说吧！"

宇文述等的就是这句话，顺势接过话茬说："嗨，什么事都瞒不过杨兄这等聪明人，实不相瞒，我一介武夫，哪有这么多值钱的东西，这些都是晋王赐给我的，让我和你玩玩罢了。"

杨约闻言大惊："晋王想干什么？"

宇文述正色道："愚兄见识短浅，但深知恪守正道，固然是人臣应该做的，但违反常理、使之合乎大义，也是贤达之人实现理想的手段。因此，自古以来的贤人君子，没有哪一个不是与时进退的识时务者，以此躲避祸患，趋吉避凶。你们兄弟两人功名盖世，掌管军国大权已经好几年。在朝臣中，受过你们兄弟委屈的人难道还数得清吗？况且太子把自己的一切想法不能实现的根源全归咎于你们兄弟，常常对你们切齿痛恨，你们兄弟虽然得到皇上的宠幸，但是，有那么多人想报复你们，一旦皇上驾崩，你们兄弟靠什么保全自己呢？现在皇太子失宠于皇后，皇上又素有废黜太子的想法，这是你们兄弟都知道的事情。现在要让皇上册立晋王，不过是凭你兄长在皇上面前的一句话而已。假若你们真能玉成此事，自是大功一件，如此大功，晋王必定铭刻于心，这样你们兄弟也可顺势消除累卵之危，安如泰山，永享富贵。"

杨约听了这番话，半晌才回过神来。这是一件要冒天大风险的事。但不冒这个风险，后果也确如宇文述所言。杨勇对杨素早就怀恨在心，一旦杨勇继位，兄弟两人肯定没有好果子吃，何况还有那么多存心要报复他们的大臣。

一番思想斗争后，杨约终于狠下心来："既然晋王如此看得起我们兄弟，那我们就干！"

随后，杨约去对杨素说："皇上废太子是迟早的事，其他几个皇子都蠢蠢欲动。皇上究竟会立谁为新太子，现在还不得而知，新太子会怎样对待我们也不得而知。既然如此，我们何不抢先请求皇上册立晋王为太子？将来晋王登基，我们凭着拥戴之功，自然会受到礼遇，朝中与我们有仇的那些大臣到时也无可奈何！况且以兄长现在的地位，立谁不立谁，还不是你一句话！"

杨素本来就为自己身居高位得罪的人太多而忧心忡忡，所谓一朝天子一朝臣，一旦杨坚撒手人寰，未来的皇帝会如何对待自己，他心里没有底。听了杨约这番话，他顿觉豁然开朗，夸赞杨约说："凭愚兄的智力，远远达不到这个高度，幸亏兄弟提醒我呀！"杨约听了此话，知道大事可行，又进一步说："皇后的话，皇上几乎句句采纳，我们应该趁机结好皇后，以此为依托，我们不仅能长保荣禄，还能传福祉于子孙。况且，晋王屈己待人，礼贤下士，声名日盛，而且躬身节俭，有主上之风，以愚弟看来，他将来必然能安定天下。兄长若是迟疑不决，一旦皇上遭遇不测，令太子用事，以兄长现在与太子的关系，恐怕祸至无日矣！"

杨素沉默半晌说："话虽如此，只是不知道皇后心里到底是怎么想的，她是不是真想立晋王？若真像你们所说，我有什么理由不这么做？"

杨素决定先试探一下独孤皇后的口风。

过了几天，宫里举行宴会，杨素前往参加。喝了酒，吃了饭，便私下和独孤皇后拉起家常，聊着聊着就聊到了晋王杨广。他对独孤皇后说："晋王真是仁孝呀，他前往扬州时对微臣说，他真舍不得离开皇上和娘娘，但为国镇守藩镇，又是他义不容辞的职责！微臣当时见晋王穿的战袍很旧，想送他一件新的，晋王却说戎装能穿就行，父皇和母后日夜为国操劳，过得那样简朴！我们做儿子的怎么能奢侈呢？听了晋王的话，微臣真是汗颜啦……"

此话触及了独孤皇后的伤心处，她禁不住哭了起来，对杨素说："越国公说得很对呀，我这个儿子十分孝顺，每次听说皇上与我派使臣到扬州，他必定会到边境迎接。一说到分别，他哪一次都泣不成声。他媳妇也很可爱，符合我的心意。我派的婢女去那儿，她与她们一起睡觉、一同吃饭。哪像太子同云氏面对面地坐着，整天沉醉在宴席上，亲近小人不说，还与父母兄弟过不去。我之所以可怜晋王，是因为常常担心他遭遇不测呀！"

杨素是何等精明的人，从独孤皇后的话语中，他认定一旦废黜太子，她必定会倾心于晋王，于是趁机贬斥太子说："娘娘说的是呀，太子身为储君，却不知为皇上分忧，整天亲近那些纸上谈兵的小人，不求上进，也不曾为国家立下大功。哪像晋王，挥师横渡长江，一举平定陈国，建立千古功勋，又诛杀陈国奸臣，封府库，资财无所取，天下称贤。晋王镇守地方多年，政绩斐然，却从不居功炫耀，生活节俭，勤于政事，尊重朝臣，礼贤下士。不仅我等戎武之士推崇晋王，天下百姓都说他好呀！"

独孤皇后泣不成声，对杨素说："还是你越国公理解我的苦心啦！"临别时，她赏给了杨素不少金子。独孤皇后心里清楚，虽然她和杨坚都有废立的打算，但是，如果此事得不到朝中重臣的支持，那是很难办的。如今杨素愿意促成此事，她自然欣慰莫名，所以赏给他大笔钱财做活动经费。

就这样，倒太子、挺晋王的集团形成。

独孤皇后利用皇后的身份，在太子东宫安插了不少眼线，从此，杨勇的一举一动全在她的掌握中，她挑出其中的阴暗面，再进行一番添油加醋后向杨坚汇报。杨坚本来就对杨勇有成见，现在又听了那么多关于杨勇的劣迹，认为这小子真的是奢侈腐化，不可救药。

与此同时，杨素也在朝廷里煽风点火，鼓动官员，尤其是任职于太子府的官员检举揭发杨勇，深挖他在工作方面的失误。

独孤皇后和杨素里外配合，一个拿杨勇的生活作风说事，一个拿杨勇的工作作风说事，一时之间，"内外喧谤，过失日闻"，杨坚再也听不到有关太子杨勇的好话了。生活和工作都劣迹斑斑，无一是处，杨勇要是还能保住太子之位，除非他是神仙。

不过，此时的杨坚在废立太子的问题上还是下不了决心，因为还有一个重量级人物他没有搞定，此人就是首席宰相高颎，在废立太子这个问题上，他与杨坚产生了尖锐的分歧。只要高颎在朝，废立太子就会变得遥遥无期。

四、罢免高颎

平心而论，高颎对杨坚的忠诚毋庸置疑，没有高颎，杨坚很难度过那段政治上的艰难岁月。平定尉迟迥叛乱时，高颎主动请缨，为杨坚排忧解难，前往前线监军，此去凶多吉少，来不及向老母辞行，他派人代他向老母辞行说"忠孝不能两全"，随即流泪上路。在平定尉迟迥叛乱一役中，高颎所起的作用不亚于韦孝宽。

杨坚受禅，论功封赏，高颎功居第一，任左仆射兼纳言，朝中大臣无人能望其项背。

随后，在制定律令，反击陈国和突厥、营建新都、制定灭陈大计、率军灭陈等重大事件中，高颎一直扮演主角，运筹帷幄。对于杨坚而言，高颎堪称集萧何、张良之功于一身，是大隋帝国当之无愧的第一功臣。

高颎不仅才气纵横，而且心胸宽广，从不嫉贤妒能，大隋帝国的很多文臣武将都是他推荐上来的，像苏威、杨素、贺若弼、韩擒虎、王世积、源雄等人都得力于他的推荐，他们的功劳有目共睹。

灭陈归来，诸将纷纷表功，独高颎淡然自若。一次，杨坚闲聊时让高颎和贺若弼谈论平定陈国之事，高颎说："贺若弼先献十策，后在蒋山苦战破敌。臣只是个文官，怎敢和大将军论功？"其谦虚低调可见一斑。

但就是这样一个德才超群、气度非凡的能臣，也会无端被人猜忌，当然，最先猜忌他的不是杨坚，在很长一段时间里，杨坚是很信任高颎的。

灭陈之战，高颎是东路军的实际决策人物，东路军的主要文臣武将都是他推荐和提拔上来的。有人对杨坚说："高颎灭陈后，必然会割据江南而谋反！"杨坚当即诛杀了那个进言人，以示"用人不疑，疑人不用！"高颎凯旋归来得知此事，请求辞职，杨坚不许，还安慰他说："君臣和好，不是苍蝇之类的小人所能离间得了的。"

不久，右卫将军庞晃及将军卢贲等人，先后在杨坚面说高颎的坏话，杨坚一怒之下，疏远并贬黜了二人，又安慰高颎说："你就像一面镜子，越是经常摩擦，越是锃亮。"

后来，尚书都事姜晔、楚州行参军李君才上奏，说水旱不调，罪由高颎，请求罢黜高颎。结果两人反被杨坚罢了官。

为了表示自己对高颎的亲善，永不怀疑，杨坚让太子杨勇把女儿嫁给高颎的儿子，两家结成姻亲。又隔三岔五地赏给高颎大量钱财，还赐给他一座行宫。高颎的夫人贺拔氏卧病，杨坚不断派人问候，还亲自到高颎府上探视。杨坚对高颎的宠遇，引起了其他有功之臣的妒忌，不管杨坚怎么弹压，弹劾高颎、说他坏话的人总是络绎不绝。

俗话说，谎言说上一千遍，也会被视为真理，何况高颎并非完人，很多弹劾也是有理有据，并非空穴来风。这样的话听多了，杨坚难免也要反问自己：高颎真的靠得住吗？一两个人说他不好，也就罢了，那么多人都把矛头指向他，这说明了什么？

悲剧在于高颎虽有自知之明，深知位高权重，树大招风，屡次请辞，但杨坚就是不让他辞职。

一天，术士刘晖对高颎说："小人夜观天象，见荧星侵入太微星座，进犯左执法星。这对宰相不利，大人应修德以除灾祸。"高颎心中惶恐不安，将刘晖的话上奏杨坚，再次请求辞职。杨坚是迷信星相学的，他不会忘记30多年前相士赵昭告诉他的那一席话：你今后要做皇帝，但必须要经过一番杀戮。这一切后来都应验了。但是，杨坚还是没有答应高颎的辞职请求，还好言安慰，又给赏赐。

开皇十九年（599年）二月，杨坚命汉王杨谅为元帅，以高颎出朔州，尚书右仆射杨素出灵州，上柱国燕荣出幽州，三路进击突厥。

四月，高颎命上柱国赵仲卿率3000士卒为前锋，在族蠡山与突厥大军相遇，连战7日，大败突厥人，随后挥师追击，至乞伏泊再次大败突厥，俘敌千余人，牲畜数以万计。突厥都兰可汗闻讯，亲率大军赶至。面对突厥人的层层包围，赵仲卿将部队列成方阵，四面拒战，从容无惧，坚守五天后，高颎亲率大军赶到，大破突厥，都兰可汗大败而逃。高颎率军追过白道，越过秦山700余里而还。大军越过白道时，高颎突发奇想：何不乘胜征服大漠南北？于是派人回朝请求增兵。

此举很不明智，"兵者，国之利器"，哪是你想增就增的。正在杨坚沉默不语时，站在一旁的一位太监说："陛下，这些日子以来，说高仆射有异心的人不少，皇上派给高仆射的军队足以打退突厥人，他为什么还要请求增兵呢？陛下可要三思啊！"若是在往常，这位太监如此说高颎，肯定小命难保，但此次不一样，杨坚相信了他的话，没有同意增兵，并认为高颎此举的动机值得怀疑。

杨坚为什么会有这种想法呢？因为高颎在立储问题上和他发生了分歧。

前面讲了，杨坚和独孤皇后决定废立太子，却不能立即行废立之事，是因为老宰相高颎还没有表态。毕竟废立太子是国家大事，若不能得到宰相集团的支持是很难办的，虽然杨素明确表示支持，但高颎是首席宰相，他若反对，这事就很难办。于是，杨坚便拿话去试探高颎："晋王妃有神灵附身，说晋王必有天下，你说朕该怎么处理这件事？"。

这对高颎来说，是个两难选择，支持杨勇，就会则得罪杨坚，杨坚会视他不忠；而支持杨广，出卖自己的亲家，那他将在天下人面前彻底抬不起头来。此事对于高颎来说，最好的回答是像后来李勣回答唐高宗那样："此陛下家事，何需问外人？"但高颎没有这样的超然，闻言长跪不起，对杨坚说："长幼有序，太子又无过错，皇上怎能废太子呢？"高颎认为自己身为宰相，理当据理力争，维护嫡长子的合法权益。

杨坚默然，回去后将高颎的话告诉了独孤皇后。独孤皇后表面上没有说什么，暗地里却下定决心，一定要想办法废黜高颎，她早就对他不满了。高颎两代人事奉独孤家族，对独孤皇后和大隋帝国忠心耿耿，独孤皇后为什么会对高颎不满呢？这是因为高颎有几件事做得让独孤皇后很恼火，独孤皇后认为他看不起自己。

高颎的夫人贺拔氏去世后，独孤皇后体谅他为国操劳，有大功于国，对杨坚说："高仆射老了，又死了夫人，陛下怎能不为他娶妻？"应该说独孤皇后是一番好意。杨坚将独孤皇后的话告诉了高颎，高颎流泪婉拒说："臣现在老了，退朝之后，唯有吃斋念佛而已。臣知道陛下对臣垂爱很深，想为我纳妻续弦，但这不是臣的意愿呀！"高颎若是因为怀念发妻而不续弦倒也无可厚非，孤独皇后是很欣赏这样的男人的，但后来发生的一件事，却让独孤皇后抓住了把柄，此事稍后再讲。

独孤皇后什么都好，就是在"一夫一妻"制上很较真儿、认死理，坚决反对杨坚跟别的女人上床。所以，杨坚30多岁位至三公，40岁当皇帝，活了63岁，也只有五子五女，全是独孤皇后所生。杨坚除了皇后，并非没有嫔妃，但那些人都是摆设，杨坚不敢随便去临幸她们，谁要是被临幸，也就意味着她去见阎王爷的日子不远了。

尉迟迥叛乱被平定后，尉迟家族所有的女眷都被罚没入宫为奴。他的孙女长得颇有姿色，堪称倾城倾国，杨坚在仁寿宫遇到她，顿时被她迷倒，临幸了她。尉迟氏以为自己的美好前程即将来临，从此可以脱离苦海，杨坚也答应给她一个名分。这事很快被独孤皇后知道了。一天，她趁杨坚上朝之机，命人将尉迟氏斩杀。

杨坚下朝归来，得知此事，非常气愤，感觉自己这个皇帝做得太窝囊，气得独自骑马从禁苑飞奔而出，信马由缰，不择道路，跑进山谷达20多里。高颎和杨素见状，飞马追赶，追上后抓住杨坚的马缰，苦苦劝谏。杨坚委屈万分，长叹一声说："朕贵为天子，没想到在自己的后宫如此不自由！"

一番劝慰之后，杨坚的怒气总算化解，在野外驻马良久，直到半夜时分才回宫。独孤皇后一直在宫中等候，见杨坚回来，立即哭着跪在地上谢罪，高颎和杨素又在一旁劝说和解，到底是几十年的夫妻，杨坚也就原谅了她。于是，杨坚摆酒设宴，大家一起尽欢，喝到天亮。从此以后，独孤皇后在杨坚面前收敛了许多，不再那么强势。

但是，高颎却因为此事得罪了独孤皇后。因为当时在山上，杨坚不听劝解，不愿回宫，他对杨坚说："陛下岂以一妇人而轻天下！"事后杨素把这句话告诉了独孤皇后。独孤皇后见高颎说自己是"一妇人"，认为他看不起自己，顿时怀恨在心：我这些年一直视你为自家人，哪点对不起你，你居然说我是"一妇人"，真是个"白眼狼"！

不久，高颎的小妾生了个男孩，"哟，老来又添贵子！"杨坚听到这个消息后很高兴。独孤皇后却是一脸的不屑，对杨坚说："陛下认为高颎还值得信任吗？当初，陛下要亲自为高颎娶妻续弦，对于臣子来说，这是何等的荣耀！可高颎心存小妾，当面欺骗陛下，说什么年老了，对女人不感兴趣了，退朝后以吃斋念佛为事。可现在呢？他的小妾为他生下儿子了，用不了多久就会被扶为正室，高颎当初欺诈陛下之心已显露无遗，这样的人，陛下还能信任他吗？"杨坚听了独孤皇后的话，细细寻思，觉得有道理，从此对高颎有了看法。

开皇十八年（598年）二月，高丽国王高元率靺鞨骑兵万余人进攻辽西，被隋朝营州总管韦冲击退，事情本可以到此为止。但是，此时的大隋帝国民殷国富，兵强马壮，是真正的天朝大国。杨坚认为天朝大国的国威不容蕞尔小国冒犯，于是召集群臣，商议征讨高丽之事。

高颎认为高丽国地处偏远，大军劳师远袭不利，坚决反对向高丽用兵。杨坚不听，随即以汉王杨谅、王世积为行军元帅，由汉王总督三军，高颎为汉王长史，率水陆大军30万进攻高丽。由于路途遥远，后勤补给困难，大军出发不久就出现缺粮现象。当陆路大军出了临渝关（今山海关），又因水土不复发生疾疫；而周罗睺率领的水军自东莱泛海，又遇到大风，战船大多漂没，士卒死亡十之八九。不过，如此大规模的出师也使高丽国王惶恐不安，当隋朝陆路大军抵达辽水时，高元连忙遣使谢罪，上表自称"辽东粪土臣元"，愿意继续对隋称臣，岁岁朝贡。杨坚见出师不利，也只好顺势同意，待之如初。

大军无功而返，杨坚很郁闷。独孤皇后却拿此事大做文章，对杨坚说："高颎本来就反对出兵，不愿去，陛下强迫他去，我就知道他此去必然无功而返。"杨坚听了此语，默然。

此次出征，杨坚因为汉王年少，把军权全部交给高颎。高颎想到自己责任重大，在行使权力时也不避嫌，汉王杨谅的话，他大多不采纳。因此，汉王很忌恨他。回京后，杨谅向独孤皇后哭诉："儿臣幸亏没有被高颎所杀。"听到这话，杨坚心里更加不平，虽然没有表露出来，但对高颎的猜忌不言而喻。

因此，开皇十九年高颎率军征讨突厥，中途要求增兵时，杨坚拒绝了。此时，太子地位之争已经很激烈，高颎是明确支持杨勇的，跟杨勇又是儿女亲家，此举是不是想趁机起兵，帮助杨勇巩固太子之位，然后逼自己退位呢？杨坚不能不这样想。有了这样的想法，高颎在他心目中的地位就一落千丈了！

随着太子地位之争的白热化，杨坚越来越觉得高颎是废立太子路上的绊脚石，必须要想办法扳倒他。可是，高颎在首席宰相的位置上已经待了近 20 年，树大根深，门生故吏遍布朝野，要想扳倒他，谈何容易！

不久，上柱国王世积被仇家控告谋反，其实，谋反是子虚乌有的事，只要稍稍做一番调查，事情就会水落石出。不过，要是杨坚认为他谋反，那他就是谋反。

杨坚认为王世积一案很有利用价值，因为此人是高颎推荐提拔的，和高颎的关系非同一般。只要把王世积一案办成铁案，就能把高颎牵扯进去。

杨坚下令好好审理此案，有关部门心领神会，把案件朝着杨坚所希望的结果引导，一番刑讯逼供后，王世积知道自己跳进黄河也洗不清，不管有没有的事情，索性全认下，免得再受皮肉之苦，他还供出自己与左卫大将军元旻、右卫大将军元胄、左仆射高颎等人来往密切，曾送给他们名马及其他名贵东西，自己所知道的宫禁中的事情，全是从高颎那里听来的。

这样一来，高颎就麻烦了，且不说内臣结交外臣该当何罪，光是接受王世积送给他的名马及其他名贵物品，就可以治他个受贿罪！

然而，很多人认为王世积是在胡言乱语，以高颎的操守，绝不会做出那样的事来，上柱国贺若弼、吴州总管宇文弼、刑部尚书薛胄、民部尚书斛律孝卿、兵部尚书柳述等人，纷纷上书，证明高颎无罪。

杨坚怒不可遏，心想高颎都快大祸临头了，朝中居然还有那么多高官替他说话，可见他在朝中的势力有多大，朕若再不对他下手，恐怕他就要对朕下手了。为了杀鸡儆猴，杨坚立即罢免了上述诸人。从此，朝中再也没人敢为高颎说句公道话。

很快，杨坚免去了高颎的一切职务，让他以公爵身份回自己的府第养老。

回家养老也不是坏事，高颎位极人臣这么多年，该拥有的早拥有了，他早就想急流勇退。只是以这种方式回去养老，还是让他觉得很憋屈。问题是，杨坚并不想就此善罢甘休，虽然他的官职没有了，但他的爵位还在，他的爵位是公爵，这是身为人臣所能得到的最高爵位，加上他为相近 20 年，只要他的爵位还在，他的追随者就认为他还有复出的可能，对他抱有幻想。想到这里，杨坚决定再给高颎一棍子。

不久，杨坚前往秦王杨俊府第赴宴，召高颎侍宴。此情此景，令高颎悲不自胜，眼泪汪汪。独孤皇后见此情景也觉得过意不去，伤感莫名，和高颎相对而泣，左右都为之流泪。此时，杨坚展示了他的铁石心肠，对高颎说："朕没有对不起你，是你自己对不起自己！"一句安慰的话也没有。这还不算，他还对在场的其他侍臣说："朕对高颎胜过对朕的儿子，以前他不在朝中，朕看不到他时，总觉得他就在朕的眼前。可自从他离职以后，虽然没有多长时间，我竟然一点都不记得他了，好像世界上从来就没有高颎这个人一样。所以，为臣者，千万不要自恃功劳大，就目空一切，要挟君王，自称天下第一呀！"

杨坚抛出了"痛打落水狗"的信号！

这个世界上雪中送炭的人不多，落井下石的人不少。替高颎掌管封国的国令见高颎失势，决定抛弃这个主人，另攀高枝。他上奏举报高颎有见不得人的勾当，说高颎被免官后，闷闷不乐，他的儿子高表仁说："当年司马仲达托病不朝，最终拥有天下。父亲今日的情况与司马仲达类似，怎么知道这不是咱们高家的福分呢？"这话就恶毒了，明明是杨坚罢了人家的官，现在却说人家托病不朝，还把人家说成是篡夺曹魏政权的司马懿。如此不负责任的话，也敢讲，要是让时光回转几年，这位国令的人头恐怕早就落地了。但是，杨坚此时需要这样的话，尽管他心里清楚，这是"莫须有"的事情，但即使是冤案，他也想把它坐实。

杨坚下令把高颎囚禁在内史省拷问。高颎当然不会承认。但这不妨碍案件的进展，审案的官员充分发挥了善于挖掘的本领，很快向杨坚上奏了其他不为人知的事，说高颎暗地里与和尚、尼姑往来频繁，一个法名叫真觉的和尚曾对高颎说："明年国家将有大丧"，一个法号叫令晖的尼姑对高颎说"开皇十七、十八年，皇帝会有大灾难，十九年不可能活过去"。办案人员真是用心良苦，对杨坚的内心世界洞若观火，这一切不正是当年杨坚不得志时的所作所为吗？他们深信，这些猛料足以让杨坚震怒。

杨坚果然震怒，对大臣们说："帝王之位，难道是可以力求的吗？孔子以大圣之才，作法传世，难道他不想当帝王吗？他做梦都想，只是天命不认可他罢了。高颎和他儿子交谈，自比晋朝皇帝，这是什么意思呢？"

审案官和朝中妒忌高颎的大臣趁机请求杨坚杀掉高颎。但是，杨坚没有接招儿，他说："去年杀虞庆则，今年杀王世积，现在若再杀高颎，天下人会怎么说朕呢？"

杨坚终于说了句老实话，我们从此也听出了弦外之音：虞庆则、王世积都不该死，他们死得很冤，只是因为杨坚猜忌而杀了他们，民间对此颇有微词。这也算是杨坚间接为虞庆则、王世积平反吧！

虞庆则、王世积不该死，那高颎就更不该死。所谓的司马仲达、沙门、尼姑的说辞都不足为凭，刑讯逼供之下，什么样的供词得不到？杨坚是谁？岂有不知道这个道理的！他想要谁死，什么样的供词都弄得到；他若不想谁死，什么样的供词都不算数。高颎的影响太大，没有高颎就没有今日之大隋帝国，杀了他，会让天下人心寒。这一点，杨坚比谁都清楚。

当然，审案人员们的良苦用心是不能辜负的，杨坚下令免去了高颎的爵位，让他以平民的身份去安度余生。

高颎一脸释然，一身轻松。做个平民很好，他可以告慰母亲的在天之灵：儿终于可以回来给你守墓尽孝了，儿已经远离官场争斗之地，不会被杀头了。但是，这只是他的一厢情愿，因为，杨坚可以饶他不死，但另一个人不会，这个人就是杨广。这是后话。

高颎罢相是隋朝历史上的一件大事，它对隋朝历史产生的负面影响显而易见。大隋王朝失去了一个政治节操、能力和见识超群的卓越政治家。在隋朝的所有宰相中，高颎的能力首屈一指。《资治通鉴》对杨坚废立太子前夕的宰相集团成员作了这样的评价："杨素粗疏，苏威怯懦，元胄元旻正似鸭耳，可以付社稷者，唯独高颎。"意思是：杨素这个人有奇才，但长于治军，在处理国家大事上太粗疏；苏威有能力，但是遇事缺乏担当；至于元胄、元旻，纯粹的戎伍出身，像鸭子那样叫唤几下尚可以，做事缺乏头脑。真正能以国家相托付的，只有高颎。然而，这样一位大才，杨坚不仅把他赶出了宰相集团，还削去了他的官爵，使他成了普通老百姓中的一员。高颎罢相后，能为隋朝把握政治方向、力挽狂澜的人没有了，隋朝的鼎盛时期宣告结束。

高颎的离去，使太子杨勇失去了最有力的保护神。从此，"人为刀俎，我为鱼肉"，无论是杨坚、独孤皇后，还是杨广、杨素等人，都可以肆无忌惮地向他挥刀了。杨勇感受到了前所未有的无助。

五、秦王之死

自从遭到杨坚和独孤皇后多次指责后，杨勇内心一直惶恐不安，而最让他惶恐不安的是传来了秦王杨俊的死讯！

秦王之死是一个信号，这意味着杨坚对失宠的儿子决不会心软。

杨俊，字阿祇，是杨坚的三儿子，生性仁恕慈爱，崇敬佛教，曾经请求出家当和尚，但杨坚不同意。他天赋很高，又是一副菩萨心肠，杨坚对这个儿子很器重，做了皇帝后，先是授他上柱国，任河南道行台尚书令、洛州刺史，而后又加授右武卫大将军，统领关东军队。开皇三年，又升任他为秦州总管，统摄陇右各州郡，后又调任山南道行台尚书令。在伐陈之战中，杨俊以山南道行军元帅的身份，统领中路军三十个总管、水陆大军十几万人马驻扎在汉口。此战既表现了他的卓越军事素养，又展示了他的菩萨胸怀：尽量减少伤亡，不战而屈人之兵。大功告成时，他很低调，说此战全赖将士用命，自己并无寸尺之功，深受杨坚赏识。灭陈之战结束后，杨坚授予他扬州总管一职，都督四十四州诸军事，镇守广陵。一年以后，又转任并州总管，都督二十四州诸军事。并州乃天下精兵所在，维系着大隋帝国的安危，委任他为并州总管，可见杨坚对他的器重和赏识。

起初，杨俊在并州也勤勤恳恳，为政颇有心得，名声很好。杨坚多次下诏褒奖。但是，慢慢地，杨俊变了，变得和大哥杨勇一样，爱享受，生活很奢侈。出现这样的情况实属正常，一则杨俊没有什么远大的理想，不想成为什么政治家，更没有杨广谋取太子之位的野心；二则因为国家不断走向繁荣富强，他身为皇子，坐镇一方，手握地方军政大权，有条件享乐。

杨俊的享乐主要表现在热衷于建筑、装饰，把自己的宫殿装饰得富丽堂皇，这需要大量的资金，手中没有那么多资金怎么办呢？他就把朝廷拨给自己的办公经费，也就是公款拿去放高利贷。一个王爷违反朝廷制度，放债收利，老百姓肯定有意见，一些地方官员也深受其害。这事很快被反映到朝廷，杨坚立即派人调查，不查不知道，一查吓一跳，这简直是个犯罪集团，最后处理下来，秦王属下被牵连罢官的达一百多人。

应该说，杨坚对杨俊还是很够意思的，只是狠狠地责备了他，希望他知错能改。遗憾的是，没过多久，杨俊的毛病又犯了，继续奢侈浪费，大修宫室，穷奢极欲。

杨俊的天赋很高，用起功来，做啥都是一把好手，可惜他没有把心思用在正道上。他不仅脑子活，动手能力也强，常常亲自挥动斧头干活，由他打磨出来的那些玩艺甚是工巧，简直就是鬼斧神工。他打磨出来的这些工巧之器都饰之以珠玉。他曾经为王妃制作了一副七宝幂篱，所谓幂篱，就是妇女出门时所戴的面纱，一般用素绢制成，也有的用彩绢，但杨俊制作的七宝幂篱是用珠宝装饰而成，看上去非常华丽。只是太过于沉重，王妃不常戴，但是，每次出门，都会把它放在马鞍上，向人炫耀：这是夫君秦王给我制作的独一无二的幂篱。

杨俊还亲自设计建造了一座水上宫殿，墙壁用香料粉刷，一年四季香气弥漫；台阶是用大理石铺就，像玉砌一般。宫殿的梁柱楣栋之间全都装上青铜镜，又间以宝珠，极尽装饰之美，既富丽堂皇，又不乏迷幻气息，散发着异域情调。他常常与宾客、妓女在上面饮宴歌舞。这一切都是杨坚所深恶痛绝的不务正业的勾当。

杨俊的生活作风也很成问题，他非常好色，经常与小妾、歌女甚至妓女通宵达旦厮混，毫无节制。这不是当年宇文赟那一幕的翻版吗？得知儿子这个样子，杨坚若是还能容忍，那他就不是杨坚。

但是，杨坚还没有下手，另一个人就抢先下手了。此人不是别人，正是杨俊为之做七宝幂篱的王妃崔氏。崔氏是当时著名的酷吏崔弘度的妹妹，是独孤皇后亲自给杨俊选的媳妇，个性很强，和独孤皇后一样，也是个醋坛子，恪守着"一夫一妻"制的信条，只不过，她没有独孤皇后那样的好命，这注定她恪守"一夫一妻"制会为自己招致悲剧。独孤皇后的丈夫杨坚是个工作狂，道德自制力强，作为有抱负的皇帝，他必须日理万机，没有多少业余时间去考虑享乐，因此，独孤皇后要求"一夫一妻"制，杨坚基本上能够做到。而崔氏不一样，她的丈夫杨俊是个没有远大政治理想的人，业余时间太多，加上他一身艺术家的气质，道德自制力差，耽于享乐，不知不觉就成了花花公子，这样的人你要让他万花丛中过，一点不动心，是不可能的。他招揽了一大堆美女，成天在水上宫殿轻歌曼舞，饮酒作乐。崔氏见杨俊成天和其他女人混在一起，心中很是不平，在一哭二闹三上吊无效后，终于失去了理智：你对我不仁，我就对你不义。不知他在杨俊吃的瓜中放了什么毒物，反正杨俊吃了就病倒了，再也不能一展男人的雄风。

杨坚得知杨俊病了，心想也好，朕正要派人去找你，既然你病了，那就回来养病吧！杨俊回京后，马上就有太医为他瞧病，诊断的结果显示，他不是生病，而是中毒。是谁这么大胆子敢向王爷投毒呢？追查下去发现投毒的居然是秦王妃崔氏。崔氏也是敢作敢当之人，并不抵赖，索性把杨俊所有奢侈腐化、不务正业的事全抖出来。

杨坚震怒了，老账新账一起算，于开皇十七年（597 年）七月，削夺了杨俊所有的官职，让他仅以王爷的身份回王府待着，不要出来抛头露面。失去了官职和权力的杨俊感到很失落，便暗中指使左武卫将军刘升去劝谏杨坚撤销对他的处分。刘升劝谏杨坚说："秦王并无别的过错，只是花费官府的钱物，营造自己的府第宫室而已，臣认为可以原谅他一次。"

杨坚闻言说："违法必究，用公款修建府第宫室就不是违法吗？"刘升还想劝谏，杨坚愤然变色。

其后杨素又进谏说："秦王是有过失，但不应该落到这个地步。请陛下好好考虑一下！"杨坚同样不给面子，反驳杨素说："朕是五个儿子的父亲，若是按照你的意思，何不另外给朕的每个儿子都制定一部法律？试想，以周公的为人，尚且要诛杀管叔、蔡叔，比起周公的贤明，朕差远了，怎敢做有损法律尊严的事呢？"这话就说得很绝了，意思是：你认为杨俊不应该落到这个地步，老子没有杀他就算是够意思的了，你们还想怎样？

杨俊没有指望了，整天心情抑郁，生理上的病还没有治好，又犯了心病，渐渐地身体不行了，病倒了。

卧病在床的杨俊前思后想，觉得自己确实辜负了父皇的一片信任，于是认真悔过，派人奉表谢罪。没想到杨坚却不领这份情，让人带口谕给杨俊："朕努力奋斗，创此大业，作训垂范，想让臣下遵守它而无过失。你秦王是朕的儿子，却要败坏法律，朕真不知道该怎样责备你！"这等于是正告杨俊，别跟老子玩那些花样，不要再抱什么幻想，贬你的官已经很客气了，你还想怎样！杨俊见父皇不肯原谅自己，既惭愧，又惶恐，病情更加严重。

大都督皇甫统上表，请求恢复秦王的官职，但杨坚没有答应。直到一年多后，杨俊确实病得不行了，才授予他上柱国一职。

开皇二十年（600 年）六月，杨俊病逝于秦王府。

按常理讲，白发人送黑发人，是一件很悲情的事，但对于杨俊的死，杨坚只是敷衍地哭了几声，随即下令将杨俊生前所做的奢侈之物全部烧掉，宣布丧事从简，以为后世的法式。

此时的杨坚把心思全放在了废立太子之事上，对杨俊的死表现得相当绝情。秦王府的官员请求为秦王立碑，杨坚回绝说："要想求名，只需一卷史书就够了，何必要立碑呢？若是子孙不能保家，墓碑不过是寻常人家拿去压物的一块石头而已。"这还不算，杨坚认为，秦王杨俊的两个儿子杨浩、杨湛是崔氏所生，崔氏既然敢毒害丈夫，那她就是十恶不赦的罪人，罪人所生的儿子是没有祭祀资格的，于是，秦王妃崔氏被赐死家中，两个儿子被废为庶人。就这样，杨俊死后，连一个主丧的亲人也没有，最后还是秦王府的官员给他主持了丧事。

目睹这一切，杨勇终于明白：只要失宠于父皇，就不能逃离生天！

杨俊刚死，杨广又打败突厥班师归来，论功行赏，功居第一。皇上高兴，独孤皇后喜欢，群臣拥戴。此时，高颎已被贬为平民，朝中不再有重量级人物为杨勇说话，他知道，太子之位保不住了。不过，他不甘心，他还要做最后一搏。

六、废黜太子

太子虽是国之根本，但被废弃的太子不如垃圾，垃圾可以回收，古往今来被废弃的太子有几个被回收？对于杨勇来说，保住太子之位不只是保住自己的荣华富贵，更是保住自己的身家性命。

杨勇明知道独孤皇后、杨素等人在暗中捣鬼，却又无可奈何。自从高颎离开朝廷后，朝中没有人能为他撑起遮雨的大伞，也没有人能为他出主意。这也要怪他自己，早的时候干什么去了呢？整天跟那些只知风花雪月、纸上谈兵的人厮混在一起，到关键时刻才知道这些人根本不顶用，一个也帮不上自己。

一个人在无计可施、近乎绝望的时候，总喜欢把希望寄托在神灵身上。杨勇也是如此，听说新丰人王辅贤能占卜吉凶，便将他召到东宫，问自己到底能否保住太子之位。

王辅贤说："长虹穿过东宫之门，太白金星侵袭月亮，这是皇太子即将被废黜的征兆！"

杨勇反问道："既然你能通神灵，难道就没有破解之法吗？"

王辅贤说："当然有！太子殿下若是被废黜，最多也就是被贬为庶人。太子殿下不妨在东宫建一座庶人村，起居饮食一如庶人，这样就可以消灾祈福，转危为安！"

杨勇根据王辅贤的要求，命人用铜铁打造五种兵器，将其制成种种"厌胜"之物，整天施法诅咒，以驱邪镇妖；又在东宫后花园建了一座庶人村，村中的房屋设施极其简陋，杨勇时常住在里面，穿着粗布衣服，睡在草垫上，希望能以此消灾祛祸。

这一切又触犯了杨坚的忌讳，因为，在宫廷里搞"厌胜"，自古以来都是皇帝所不能容忍的，你搞"厌胜"，天天诅咒、驱邪，试问你诅咒的是谁，驱的这个邪又是谁？是皇帝还是哪位皇子？无论是谁，都足以说明你居心叵测。

杨坚住在仁寿宫，听说杨勇这些日子很是不安，便派杨素前去东宫探望，看他到底在干什么。听说杨素来了，杨勇立即穿戴好冠服、系好腰带，衣冠楚楚，等他进来。

杨素到了东宫，故意在外屋歇息，迟迟不往里走，让杨勇长时间等待，以此刺激杨勇，让他情绪失控。等他进去时，杨勇果然一脸不高兴。杨素连忙说："臣老了，腿脚不方便，适才在外屋坐了一阵，让太子殿下久等，请太子殿下恕罪！"杨勇一脸不屑，没有给他半点好脸色，还说了一大通很难听的话。

杨素不在乎，回到仁寿宫，就在杨坚面前将杨勇的话原原本本地复述了一遍，没有半点添油加醋，随行的人一个个都可以作证。这下杨坚对杨勇彻底绝望了。杨素则趁热打铁说，太子的不满既已形诸言辞，恐怕会做出反常的事情来，请陛下小心提防！

这段时间，杨坚听到了杨勇太多的负面消息，如今又公然对自己派出的特使大不敬，他深信杨勇对自己的不满已经到了不能容忍的地步，很有可能采取行动，便在玄武门到至德门的路上安插眼线，昼夜监视东宫的动静，只要东宫有什么行动，无论大事小事，都要立即汇报。东宫的警卫，侍卫官凡是身强力壮的，都以侍卫府的名义全部调走。

杨坚、独孤皇后在忙碌，杨广也没有闲着。为了彻底摧垮太子，他派自己的亲信段达暗地里结交太子的亲信姬威，送给姬威大量财物，让姬威将太子的一举一动秘密告诉杨素。姬威得了好处，不仅有事要报，没事也要添油加醋地报。

杨坚决定行废立之事了。可是要废黜太子，得找个让天下人信服的理由，用什么理由去废黜太子呢？杨坚陷入了沉思。

不过，杨广早就做好了准备，他命段达去怂恿姬威说："东宫的罪过，皇上已经知道，非常震怒，我已接到密诏，皇上决定废黜太子。你若能出面检举揭发太子，就可以取得大富大贵。"姬威答应了。于是，姬威向杨坚告发，说太子即将谋反。

这完全是栽赃陷害，别说杨勇没有谋反的胆量，就算他有，他也办不到，他要权没权，要人没有人，连身边身体条件稍微像样一点的侍卫都被抽走了，他靠什么谋反？不过，杨坚相信，因为最近几年，他听到有关杨勇的信息已彻底失真，认为这个儿子已经无可救药，跟他势同水火。

开皇二十年（600年）九月二十六日，杨坚从仁寿宫回到皇宫。第二天，杨坚在大兴殿召集群臣说："朕刚到京城，按理说应该感到很开心，可不知怎么的，朕却高兴不起来，反而觉得愁闷不堪。"

吏部尚书牛弘回答说："都是我们这些做臣子的不称职，所以皇上才忧闷呀！"

其实，杨坚之所以要那样问，是因为他深信杨勇要谋反夺位，甚至怀疑很多朝廷大臣都知道其中的隐情，他这样问，是希望能听到关于太子的罪过，说这一切都是太子杨勇造成的。牛弘如此回答，显然违背了杨坚的本意。

然而，所谓废立太子，其实也就是独孤皇后、杨素、杨广等人在搞鬼，一般的大臣并不知情，更不会朝着这方面想，也就无法满足杨坚此时的愿望。

杨坚见群臣不接招儿，脸色骤变，转而对太子东宫的臣僚们说："仁寿宫离这里不远，但是朕每次回京城，都要戒备森严，像到了敌国一样。朕因此担惊害怕，不敢脱衣睡觉。昨天朕拉肚子，夜里为了上厕所方便，便住在后殿，但到了半夜因为担心会发生意外，又搬到了前殿，这难道不是你们这帮人要毁坏朕的国家吗？"说完立即下令将太子左庶子唐令则等东宫臣僚拘押，交司法部门审讯。

接着，杨坚命杨素陈述杨勇的罪状，晓谕群臣。

杨素当众宣布："臣奉皇上之旨到京城，令皇太子核查刘居士的余党。太子奉诏时，声色俱厉，骨肉腾飞，十分不屑地对臣说：'刘居士党羽已全被处置，你让我到哪里去找？你身为右仆射，皇上如此器重你，大权在握，你自己去查处就是，跟我有什么关系？'他又说：'当初皇上在北周时，处境艰危，若是大事不成功，首先被诛杀的就是我这位长子。如今我身为太子，父皇给我的权力还不如几个弟弟。没有哪一件事，我能够按自己的意思去办成。'继而又长叹一声，对左右说：'我觉得自己一点自由也没有，憋得慌！'"

大臣们听了这番话，虽然一个个很吃惊，但仍保持着沉默。就算杨素说的是真的，也不能说明什么问题呀，最多能说明太子对皇上有意见而已，太子对皇上有意见就要被废吗？杨素陈述的这些罪状显然不给力。

不仅群臣们这样看，杨坚也这样看，于是他亲自上阵，开始了长篇大论的声讨。他说："其实，朕的这个儿子早就不堪承继大统，皇后也常常劝朕废黜他，只是想到他出生在朕贫困之时，一路走来不容易，又是嫡长子，朕希望他能慢慢改正自己的错误，故一直隐忍至今。杨勇以前从南兖州回来，对卫王说'娘不给我找个好媳妇，真可恨'，又指着皇后的那些侍女说'这些将来都是我的'。这些话是多么荒唐混账呀，朕和他妈都还没有死，他就惦记着我们的侍女，这哪里还有一点孝心！当初，他的原配妻子元氏刚死，他就用很小的帷帐来安置那些服侍元氏的老妪，如此做人是多么不厚道！其实，元氏刚死，朕就怀疑是他派马嗣明用毒药谋杀的。朕曾为这事责问过他，他却愤恨地说：'是不是元氏的父亲元孝矩告了我的状，有机会我一定要杀了元孝矩。'这哪里是要杀元孝矩，明明是想杀朕呀！当初，长孙长宁王出生在外，朕和皇后将其抱回来抚养，甚是爱怜，可杨勇自己心存芥蒂，连续派人来要回去。况且长宁王是云定兴的女儿所生，而云氏是当年云定兴在外与人姘居所生，想想这一由来，凭什么说云氏就一定是云定兴的亲生女儿呢？既然云定兴能做这种事，云氏就不能做这种事吗？凭什么说长宁王就一定是我们杨家的血脉呢？况且，龙生龙，凤生凤，老鼠生儿会打洞，从前晋国太子娶了屠岸沽的女儿，生下的孩子个个喜欢宰杀。就算长宁王是我们杨家的血脉，倘若云氏不是正派的人，那岂不要祸乱朕的国家。还有刘金麟这个奸佞小人，称云定兴为亲家，定兴是愚蠢之人，居然接受了他的称呼。我前些时候之所以罢免了刘金麟，也就是因为这个缘故。杨勇曾经邀约曹妙达与云定兴的女儿一起宴饮，曹妙达经常在外对人说'我今天和太子妃一起饮酒'，曹妙达为什么如此放肆，只因杨勇的儿子都是偏房所生，害怕别人不服，才如此纵容曹妙达这样的小人，此举不过是为了得到天下人的拥护而已。朕虽然德操不及尧、舜，但到底也不敢把天下百姓交给这个品行不端的儿子。我时常害怕他加害于我，如临大敌，小心防范，今天朕决意要废黜这个不肖子，以安定天下。"

杨坚这一连串的声讨，其实很没有水平。因为这一切归结起来，不过是些家庭琐事，无论是独孤皇后不喜欢太子，还是太子不喜欢太子妃，在外面找云氏这个女人生下几个儿子，都不能成为废黜太子的理由。一则谁做太子不能以独孤皇后的喜好而定；二则你杨坚若认为云氏门第太低，可以让杨勇休了她，若是认为长宁王不是杨家的血统，可以不认这个孙子。这些都是家庭琐事，而废立太子是国家大事，总不能因为家庭琐事发生了不愉快，就拿国家大事开玩笑吧！所以，满朝文武听了杨坚的这番声讨，并不附和。左卫大将军、五原郡公元旻赶紧进谏说："废立是大事，天子说话不能更改，圣旨一下，后悔就来不及了。别人那些诬陷的话是没有根据的，希望陛下明察。"说完以头撞地，请求杨坚收回刚才说过的话。

　　事情到了这个地步，杨坚实际上应该好好想一想，至少有一点可以肯定，这些年他听到的有关杨勇的事情，主要来自独孤皇后和杨素等人，而眼前这些文武大臣，没有谁说过太子杨勇的不是，出现眼前这种状况，是不是因为自己听信了一面之词？废立之事是否应该重新考虑？

　　遗憾的是，他没有这样想。他已经对杨勇彻底失望，而且这种失望不在于杨勇做了什么，而在于他认为有一个人比杨勇更适合做大隋帝国的接班人，这个人就是杨广。

　　杨坚见群臣不支持，又让姬威出庭控诉太子不法，他要让大臣们明白，如果将来杨勇做了皇帝，他们的日子是多么难过，从而支持他废黜太子！他对姬威说："你久在东宫，熟知太子的所作所为，把你所知道的事当着文武百官的面全都说出来，看朕是不是冤枉了杨勇！"

　　姬威唯唯诺诺地说："皇太子多次跟臣一起谈话，大意不离'骄奢'二字，他想把樊川到散关一带的地方全部规划为游猎苑。还说：'从前汉武帝准备建造上林苑，东方朔出面劝谏，就赏给东方朔黄金百斤，这是多么可笑的事呀。我是没有黄金赏赐这种人的，如果有人敢在我面前劝谏，我就立即杀了他，最多不过杀个百把人，就不会再有人敢劝谏。'前不久苏孝慈被解除太子左卫率一职，太子闻讯后很失态，挥舞手臂，说总有一天，一定要讨回公道。还有，东宫所需要的东西，尚书坊都是按规定供给，不该给的坚决不给，太子便发怒说：'仆射以下的官员，我要杀他一两人，让那些人知道怠慢我会是什么下场。'他又在后花园建筑小城，一年四季不停地建，劳役无休无止，早上刚建起的亭阁，到了晚上又要改建。他常说：'皇上责备我有很多偏房小妾，难道高纬、陈叔宝就一定是孽子吗？'他还曾经让老巫婆占卜吉凶，对我说：'皇上的忌日在十八年，这个期限快到了！'"

　　杨坚听到此处，顿时老泪纵横，打断姬威的话说："谁不是父母所生，没想到他竟这样可恶。朕有一名老侍女，派她去探访东宫，她回来对朕说：'不要让广平王（杨雄）到皇太子那里去，太子很憎恨皇上，是广平王教他这样的。'元赞也知道太子的阴险，劝朕在左边府库之东，增派两个卫队。想当初平定陈国后，容貌娇好的宫女朕都安排到了东宫，但朕听说他还不满足，又在外面寻访。朕近来读《齐书》，看到高欢放纵自己的儿子，结果齐国短命而亡，朕怎么可以效仿高欢那样的做法呢！"

　　到了这个份儿上，在场的大臣没有谁再敢替杨勇求情了。杨勇和他的孩子全被监禁起来，其党羽也被一一逮捕。

接下来就是寻找太子的谋反证据，同时除掉公然反对废立的元旻，因为元旻身为左卫大将军，是军队中的最高统帅，还掌管禁军，负责宿卫皇宫，若是在关键时刻发动一场兵变，对他来说简直易如反掌，这样的人不可不除。杨坚把这个任务交给了杨素。

杨素决定玩弄文辞，巧设诽谤，罗织罪状，将这一桩桩冤案变成铁案。几天后，有关部门根据杨素的授意，上奏说元旻身为皇宫侍卫官，暗地里却跟杨勇往来密切，裴弘曾在仁寿宫将杨勇的书信交给元旻，封信处写有"勿令人见"的字样。杨素立即把这事汇报给了杨坚。

杨坚听了很感慨地说："怪不得朕在仁寿宫，哪怕芝麻大点的事，东宫也一定会知道，比驿马传递信息还要快，我早就觉得很奇怪，莫非就是这个家伙在作怪？"说完立即下令拘捕元旻和裴弘，交给司法部门治罪。

元旻的问题解决了，但是搜查东宫的人员，并没有多大收获。搜出来的那些东西，都不足以证明太子谋反。杨素说，继续搜，看有没有什么新发现。新发现是有的，不过是几千根槐树棍和几斛艾绒而已。这就让人觉得奇怪了，杨勇贵为太子，收藏些金银珠宝、古玩字画有什么不好，为什么要去收藏这两样不值钱的东西呢？这就要从槐树棍和艾绒的用处说起，它们是古时候的两种取火材料。古人取火是用燧石在铁板上划出火星，用艾绒这种易燃物引火，然后用槐树棍点燃，当火把或蜡烛使用。有人也许问，即使是这样，东宫也没有必要贮存几千根槐树棍。这是巧合，几天前杨勇去仁寿宫，在返回的途中，看到一株干枯的老槐树盘根错节，树干好几个人都围不拢来。杨勇问左右说，这么大一棵槐树死了真可惜，这枯死了的槐树还有用吗？左右回答说，枯死的槐树点火最好。杨勇说，那就把它砍回去，劈成树棍，分给士兵照明用。随从人员把槐树砍伐搬回东宫，劈成几千根槐树棍，还未来得及分给士兵们，杨坚就向杨勇发难了。

杨素觉得这两样东西大有文章可做，便把姬威找来，问道：你是东宫官员，你应该知道太子贮存这么多槐树棍和艾绒干什么。

姬威自然不会照实说，因为他是东宫的叛徒，比谁都希望太子赶快倒台，一旦太子缓过劲儿来，第一个被诛杀的就是他。他说，这两样东西就是太子为谋反准备的材料，为了谋反，太子不光准备了这么多槐树棍和艾绒，还养了一千多匹马。从太子的东宫到仁寿宫骑马其实就是一夜的路程，太子就是想让东宫的士兵每人骑着马，用槐树棍做火把照明，连夜包围仁寿宫，把皇帝困死在那里。

　　杨素觉得姬威的解释相当圆满，便拿着这些材料去跟杨勇对质，说你若不是想谋反，囤积这么多槐树棍干什么，又养一千多匹马干什么？杨勇听了非常生气，反唇相讥道："我听说你家养了好几万匹马，我好歹也是一国太子，养一千多匹马，这就是谋反吗？"

　　杨素被抢白了一顿，气急败坏，又找来东宫日常穿戴、使用和玩赏的器物，只要是稍加雕刻和装饰的，全都拿来陈列在大厅里，展示给文武百官，作为太子的罪证。杨坚派人将这些东西拿给杨勇看，以此诘难他。独孤皇后也不甘落后，对杨勇一番斥责。

　　随后，杨坚又派使者责问杨勇：证据确凿，你还有什么话说。杨勇很不服气地说："这些也能成为我谋反的证据吗？我没有谋反！"

　　此时，在杨素的授意下，又一个特殊人物出场了，这个人是太史令袁充。他向杨坚进言说："臣夜观天象，上天昭示，皇太子应当废黜！"皇帝是上天的儿子，既然上天垂象要废黜太子，那就是天意，任何人不能违背。这一招是狠毒的，满朝文武顿时无语。

　　杨坚接过话茬说："其实天象早就显示了，只是没有哪位大臣敢说罢了！"说完立即派遣使臣前去召见杨勇。

　　杨勇见到使臣，情知大事不妙，惊恐地问道："莫非父皇要杀我？"

　　很快，废黜太子的仪式正式举行，庄严而肃穆！

　　武德殿上，杨坚身着戎装，文武百官站在武德殿的东面，各位宗室亲王站在西面，杨勇和他的几个孩子依次站在殿堂中间。废立太子虽是国家大事，也是他们杨家的事，所以，杨氏宗亲成员也应邀参加。

　　杨坚令薛道衡宣读废黜杨勇的诏书。薛道衡朗声宣读：

> 皇太子勇，地则居长，情所钟爱，初登大位，即建春宫，冀德业日新，隆滋负荷，而性识庸暗，仁孝无闻，昵近小人，委任奸佞，前后愆衅，难以具纪。但百姓者天之百姓，朕恭天命，属当安育，虽欲爱子，实畏上灵，岂敢以不肖之子而乱天下，勇及其男女为王、公主者，一并可废为庶人。

　　千言万语，归结为一句：皇太子是国家的根本，承载着上天的重托，必须要有担当，但杨勇不思进取，亲近小人，委任奸佞，这种毫无仁孝的人怎么能担当起治理国家、造福百姓的重任呢？所以朕要废黜他。

读完诏书，杨坚又令薛道衡谴责杨勇："你所犯下的罪恶，简直是人神共弃，想求不废，怎么可能呢？"事已至此，杨勇只得再拜而谢："儿臣应该被陈尸闹市，以为将来者的鉴诫，幸蒙父皇哀怜，得以保全性命。"说完，泣下沾襟，手舞足蹈而去。此情此景，左右大臣无不悯然。

左卫大将军、五原郡公元旻，太子左庶子唐令则，太子家令邹文腾，左卫率司马夏侯福，典膳监元淹，前吏部侍郎萧子宝，前主玺下士何竦等七人被斩首。被处罚的东宫僚属不计其数。

杨素、元胄、杨约、杨难敌等人都得到了重赏。

杨广脸上终于露出了微笑，多年的努力终于梦想成真了！

杨坚已经确定了册立新太子的时间。此时的杨广异常清醒，没有忘乎所以，他知道杨勇是怎样失宠于父皇和母后的，他要避免重蹈覆辙，于是主动上表，要求从今以后，东宫的官员只能对皇上称臣，不能向太子称臣；希望在册封太子那一天穿得朴素一些，仪式不要搞得那么隆重。

杨坚非常高兴，认为杨广懂规矩，识时务。作为回报，他让杨广居住在大兴县。当时京师大兴城分为长安和大兴两县。"大兴"是杨坚在北周得到的第一个公爵位，即大兴郡公，杨坚认为自己之所以能在北周逢凶化吉，无数次涉险过关，一步步君临天下，全拜"大兴"二字所赐，现在让杨广居住在大兴县，是为了让他沾沾"大兴"二字的喜气，今后把国家治理得更加兴旺发达。

第十二章　开皇之治

一、经济繁荣，国富民强

太子废立之事搞定了，突厥归附了，天下一统，四海宴然，大隋帝国如日中天，让我们回头梳理一下，杨坚建隋后，一路走来所建立的丰功伟业。

杨坚一生用了两个年号，一是开皇，一是仁寿，所谓开皇，就是开创皇家基业；所谓仁寿，就是享国长久之意。其中，开皇长达二十年，这是杨坚在帝王之位上大有作为的时期。在这一时期，杨坚励精图治，大隋帝国政治清明，社会安定，国力蒸蒸日上，开创了光耀千古的文治武功，史称"开皇之治"，与历史上的"文景之治"、"光武中兴"、"贞观之治"、"开元盛世"一道，成为中国封建社会的盛世美谈。

据《资治通鉴》卷一七八记载："开皇十三年，有司上言：府藏皆满，无所容，积于廊庑。帝曰：朕既薄赋于民，又大经赐，何得尔也？对曰：入者常多于出，略计每年赐用至数百万段，曾无减省，于是更辟左藏院以受之。"

这段话的大意是，开皇十三年（593年），有关部门的官员向杨坚汇报，说国库里堆满了布帛，没法再堆了，连走廊上也堆满了。杨坚不相信，说自己一直实行轻徭薄赋的政策，老百姓的负担不重，再说自己每年奖赏功臣宿将也是很大方的，财政支出不少，国库里的布帛怎么可能多到堆放不下的地步呢？那位官员回答说：陛下每年用于奖赏的布帛多达数百万段不假，我们在支出时也没有打折扣，但是，这些年国库的收入一直大于支出，日积月累，年复一年，国库确实无法再堆了。杨坚说，那好办，再修一些仓库吧！

也许有人说，这样的富庶程度并非隋朝独有，比如《史记·平准书》里记载汉武帝时期的繁荣状况时就说："京师之钱累巨万，朽贯而不可校，太仓之粟陈陈相因，充溢露于外，至腐败不可食。"国库里堆满了粮食，很多已经腐烂，无法再食用；国库里的钱多得用不完，穿钱孔的绳子朽烂了，铜钱撒满一地。又比如，《旧唐书》里说，唐玄宗天宝年间，粮食布帛堆不下，唐玄宗只好下令再修几百座仓库。这些都是事实，不过，我们要知道，汉武帝时的富庶建立在汉朝六七十年的休养生息上，他是汉朝的第五代皇帝；唐玄宗时期的富庶建立在唐朝一百多年的休养生息上，有"贞观之治"和"永徽之治"做铺垫，他是唐朝的第七代皇帝。隋朝不一样，杨坚在中国社会历经数百年大动荡、大分化后，立国仅10年左右的时间，就把隋朝建设成为足与中国历史上任何盛世媲美的王朝，这样的辉煌成就在中国历史上绝无仅有。

到了开皇十七年（597年），由于户口滋盛，中外仓库无不盈积，财政官员又呈奏说："新库落成，亦堆积无余。"杨坚只好下令说："告知郡县，寓富于民，不藏于府，免除今岁租赋，赏赐百姓。"其实，早在废除梁国时，他就宣布免除江陵百姓10年租赋。平定陈国之后，他又宣布免除江南10年租赋。这样富庶的情况在历史上是罕见的，即使700年前，西汉的"文景之治"虽有过此举，但也不见如此盛况。隋朝之富庶超出了后世的想象。

那么，隋朝的经济奇迹是怎样取得的呢？

1. 继续推广均田制。隋朝立国后，继续推行北魏以来的均田制，从各级官吏到农民、奴婢都可以按规定分得不同数量的土地。

农民：一夫受田80亩，妇人40亩，称为露田；丁男另受桑田和麻田20亩，叫永业田。露田死后要归还，永业田可以传给子孙。

地主官僚的奴婢：按其地位高低限制在60人到300人之间，奴婢受田的数量与农民同。丁牛一头受田60亩，限4牛。

亲王至都督分给永业田，多者百顷，少者30顷。

京官从一品至九品分给职分田，多者5顷，少者1顷。

各级官府分给公廨田，以供公用。

均田制的推行，提高了农民的生产积极性，社会财富急剧增加。同时，公廨田的分配，也杜绝了各级官府向老百姓摊派公务费用的可能，他们的日常开支全在公廨田的收入中支取，这是加强廉政建设很重要的一环。

2. 重新清理人口和登记户籍。自魏晋以来，天下大乱，老百姓为了避难，纷纷投奔于世家大族、豪门大户，成为他们属下的依附人口，这些依附人口不去政府那里申报户籍，也不向国家交纳租税，只向庇荫他们的世家大族、豪门大户交纳一些租赋就行了。这样一来，国家控制的纳税人口就少了，财政收入也相应减少。这还不算，由于隋朝的税收对象是成丁男女，很多人为了逃避税收，就谎报年龄，明明已是成年人，却要装嫩，说自己是未成年人；明明才50岁，却偏偏装出一副老态龙钟的样子，说自己已经七八十岁，千方百计躲避税收，如此一来，又减少了不少纳税人口。如何解决这两大社会问题呢？杨坚推行了两大政策，一个是"输籍定样"，一个是"大索貌阅"。

开皇三年（583年），左仆射高颎在中国历史上第一次提出了划分民户等第和核定适用赋役等级的详细标准，即"输籍定样"，以每户人家的土地、男丁和耕牛数量为标准，将民户划分为上中下三等，不同等级的民户向国家提供不同的赋税和徭役，上户多提供，下户少提供。高颎认为，很多老百姓之所以宁愿做豪门大族的依附人口，也不愿做国家的齐民编户，就是因为现有的赋税和劳役制度不合理，穷人承担的赋税和徭役多，富人承担的赋税和徭役少，做国家的编户不如做豪门大族的依附人口划算。如今实行"输籍定样"，任何一户人家只要将自家的土地、人口、耕牛数量和制定的样本一对照，就知道自己该交多少赋税，每年该服多少天劳役，非常具体明确，这就避免了地方官吏巧取豪夺，同时也保护了弱势群体，老百姓只要细算一下账，就会明白跟政府干远比跟豪门大族干划算，没有理由不欢迎。如此一来，不用政府动员，很多依附人口就会自动脱离豪门大族的控制，成为国家的编户人口，国家掌握的纳税人口多了，财政收入就会大大增加。"输籍定样"很快以皇帝命令的形式颁发到各州县，成为各地方官员在实施户口管理时核定户等和赋役的标尺。同时，又规定每年正月初五由各县县令派员到所属乡村，按实际情况将三党或五党（每党为100户）民户划为一团，以团为单位按照定样核定户等。

"输籍定样"解决了依户人口问题，但隐瞒真实年龄、逃避赋税和徭役的问题又如何解决呢？杨坚启用了"大索貌阅"的解决方式。具体做法是责成乡里等基层组织，带着户口簿并参考每个人的体貌特征，核定实际年龄，如有隐瞒，严惩不贷。试想，你都娶妻生子，胡子拉碴的，你还敢说你未成年吗？在家里干起活来比牛还卖力，你还敢说你七八十岁了吗？如此一来，隐瞒年龄的现象基本被杜绝。

"输籍定样"和"大索貌阅"的实行，加强了隋朝中央政府对民户的管理，避免了地方政府在征收税赋时因标准不明确、执行中尺度不一和官吏徇情枉法等造成的种种弊病；同时，也使政府所掌握的纳税人口一下子增加了几百万，国家财政收入一下子猛增了很多。

3. 改革府兵制，推行寓兵于农的政策。府兵制是西魏权臣宇文泰所建，所谓府兵，就是兵农分离，鲜卑人当兵，汉人务农。当兵的人免除一切赋役。不过，鲜卑民族作为少数民族，人口不多，随着对外征服的地盘不断扩大和战争减员的增多，兵源逐渐难以为继。到了北周时期，府兵制开始征募农民当兵，出现了兵农合一倾向。杨坚代周建隋后，于开皇十年（590年），对府兵制做了重大改革，将其与均田制有机结合，规定："凡是军人，可悉属州县，垦田籍账一与民同，军府统领，宜依旧式"。自此，府兵除有军籍外，还同其家属列入州县户籍，可与民户一样申请土地，平时生产，闲时在军府接受军事训练，每年轮番宿卫京师或边疆，战时出征。此举改变了过去兵民分离的现象，府兵的家属从此可与民户一样定居，不再跟随府兵调动而居无定所。这种"寓兵于农"的制度，既扩大了兵源，加强了中央对军队的控制，有利于社会稳定和国防安全，同时又促进了农业生产的发展和社会财富的增加。

4. 厉行节俭政治。杨坚早年深味世道艰辛，一路走来如履薄冰，才得以君临天下。他认为，历代帝王"未有奢侈而能长久者"，因而身体力行，倡导节俭。有一年，关中地区饥荒，他见老百姓吃的是豆屑杂糠，乃"流涕以示群臣，深自咎责"，整月不吃酒肉。在日常生活中，杨坚的"居处服玩"，一切从俭，车子旧了照常乘，日常器物破旧了，修修补补照常用；一日三餐也非常简单，不搞什么山珍海味，有两三个菜就行了。杨坚不仅自奉节俭，对孩子们的要求也是如此，绝不姑息迁就儿子们的奢侈浪费行为。正是在杨坚和独孤皇后的以身作则和严格监管下，朝廷上下，内外吏属侍臣，纷纷以节俭约束自己，上行下效，"天下化之"。节俭成了一种社会风气，从而使社会财富得以迅速积累。

二、文化昌盛，风雅淳厚

在经济繁荣的同时，隋朝的文化发展也取得了很高的成就。国家的统一，周边环境的稳定，促进了南北文化的交融与合流，周边少数民族文化的优秀成分也被广泛吸收，隋朝文化的发展呈现出一派欣欣向荣的景象。

《隋书·儒林传》有这样一段记载："四海九州，强学待问之士，靡不毕集焉。负笈追师，不远千里，讲诵之声，道路不绝，中州儒雅之盛，自汉魏以来，一时而已。"隋朝统一后，四海之内的知识分子云集京师，人们为了求师治学，不远千里，负笈而来，在帝国的每一条道路上，都可以听见朗朗的读书声和探讨学问的辩论之声。这样的盛况，是从汉魏以来从未有过的，只有在"开皇之治"这样的盛世才能一睹这样的盛况。

隋朝的文化之所以能出现如此繁荣的局面，不能不提到一个人，这个人叫牛弘。牛弘是出身于关陇贵族集团的大儒，与杨素的关系很好。他一生酷爱读书，学问为当世所倚重。若论对读书的兴趣，完全可以用书呆子去形容他。有一次，杨坚让牛弘去宣一道口谕，牛弘领命出宫，还未走完宫殿的最后一级台阶，就把口谕的内容忘了。没有办法，他只好回去老老实实说自己忘了口谕的内容。杨坚听后哈哈大笑，这是朕之过呀！传话带话这样的小事，怎么能让你这样的大儒去做呢？可见这个人读书呆到了什么程度，简直可以说糊涂透顶。不过，在大是大非上，他一点也不糊涂。

开皇初年，牛弘向杨坚上表说："昔陆贾奏汉祖云天下不可马上治之，故知经邦立政在于典谟矣，为国之本，莫此攸先。"意思是说国家既然建立了，就涉及到如何治理的问题，治理国家和打天下是两码事，自古以来的雄王霸主可以用武力去夺取天下，却不能用武力去治理天下。要想治理好国家，一定要善于吸取前朝的经验教训，而前朝的经验教训写在书本上，代代相传，这就要求治国者要多读书，在全社会形成读书的风气，培养更多的治国人才。

杨坚采纳了牛弘的建议，但问题是在全国提倡读书之风必须要有大量的书籍，自魏晋南北朝以来，大量的图书毁于战火，北周时国家藏书只有10000册，灭掉北齐后，也仅增加了5000册，这15000册书也就成了隋朝初年国家图书馆的藏书总量。很显然，要靠这15000册书去满足天下学子的读书愿望是不可能的。怎么办呢？牛弘对杨坚说"礼失求诸野"，国家历经战乱，藏书不多，但民间还有大量的藏书，可以从民间征集。这个办法看上去很好，不过，问题又出来了，人家凭什么要把书拿出来献给国家呢？总得有个交换条件吧！在这个问题上，牛弘一点也不书呆子气，他建议由政府花钱从民间买书。杨坚欣然采纳，下诏各州县："献书一卷，赍缣一匹。"（《隋书·牛弘传》）也就是说不管是什么人，只要你向国家献书一卷，就可以获得一匹缣的赏赐。这个赏赐额度是很大的，到底有多大呢？我们知道隋朝的赋税制度实行的是租庸调制，租就是交纳田租，庸就是为国家服劳役，调就是向国家交纳丝织品，而交纳的丝织品就是缣。当时，一个农民一年向国家交纳的缣就是一匹。也就是说，只要你向国家献书一卷，就免掉你一年三分之一的赋税，这是一个相当大的数额，要知道此时隋朝刚刚立国，百废待兴，南方的陈朝、北方的突厥、西方的吐谷浑都虎视眈眈，大战迫在眉睫，需要大把大把花钱，杨坚敢于拿出那么多钱去征集图书，提倡文教，足见其英明之至，也足见他为征集图书付出了多大的代价！更难能可贵的是，这些书征集上来以后，国家并不据为己有，而是由国家组织人力物力抄写，抄写完毕，原件完璧归赵。换句话说，你只是把一本书借给国家一段时间，就能获得一匹缣的赏赐，这样的好事谁不愿意呀！于是，大家纷纷献书，国家的藏书很快就达到了3万多册。于是，国家推行文治、大兴文教的基础就具备了。

后来，隋朝平定江南，江南地区的文风颇盛，藏书甚丰，且不说原陈朝的官方图书馆，就是一些世家大族的私人藏书也非常可观，这样一来，隋朝国家图书馆的藏书量一下子又增加了许多，大量的学子云集京师，栖身于藏书丰厚之所，发愤苦读，书声琅琅，弦歌雅韵，一派儒雅的气息。隋朝的诗歌、散文、辞赋较之南北朝时期，为之一变，体现出一个强盛王朝的自信和昂扬向上的精气神！

与此同时，西域地区的胡人艺术家也纷纷来到长安，他们带来了独具异域风情的音乐、舞蹈、绘画、雕刻、杂耍、乐器，为中原艺术增添了新鲜血液。中原艺术在吸收外来艺术的基础上，无论风姿与内涵都有了新的气象，给人眼前一亮的感觉。

文学艺术的发展，昭示着一个盛世王朝不仅能凭强大的国力去奠定自己在国际社会中的地位，还能凭风雅淳厚的气息去为自己的国家形象增光添彩，在当时的国际社会中，大隋帝国的国家形象是高大伟岸、健壮文明的，它的繁荣富强是令人神往的。

三、政治清明，吏治清廉

一个社会要想实现良性发展，光有经济和文化的指标是不够的，还要看其吏治状况。因为，官员是老百姓的管理者，是社会事业的组织者，还是沟通国家和民众之间的桥梁，代表政府形象。只有官员清正廉洁，老百姓才会对政府充满信心，国家才能获得充足的发展后劲，实现长治久安。相反，若是吏治腐败，官员不思进取，老百姓对政府没有信心，国家要想繁荣富强，几乎是不可能的。

隋朝承袭北周政权而立国，立国之初，吏治状况非常糟糕。自北周以来，战争频繁，立功的将士们纷纷被安置到地方任职，比如出任州牧、刺史、县令等职。不可否认，在战场上他们是英雄，但是，在地方上他们未必能成为好官。因为，当军官和当地方官是两码事，当军官要冷血，所谓"慈不带兵"；当地方官要仁慈，要爱民如子，所以，地方官又被称为"父母官"。因此，很多能当好军官的人，当不好父母官，这种现象自北周以来至隋朝初年非常普遍，致使吏治状况十分糟糕，正如《隋书·柳彧传》所说："刺史多任武将，类不称职。"担任武将的刺史大多不称职。比如当时的大将军、落丛郡公燕荣出任幽州总管，此人生性好斗，对待部属非常苛严，经常鞭笞左右人员，动辄鞭笞几百上千下，直至流血盈前，他仍饮酒谈笑如故。有一次，他巡行所属郡县，看见路边的荆条长得又粗又壮，适合做笞棰，就命人取一根来，想试一下用这样的荆条打人好不好使。可是谁也不愿做这样的试验品，他就随便找了一个下属，那个人说自己无罪，不该被打。燕荣说："没关系，今后你若是犯了错，我就不打你。"那人被打后不久果然犯错，燕荣抓起荆条又打，那人说："前些日子我无故被打，使君大人许诺，今后我犯了错就宽宥我，为什么今天还要打我？"燕荣说："你没有犯错的时候，我尚且要打你，何况你现在犯错了呢！"于是，那人又挨了一顿打。其实，随便打人也就罢了，他每次巡察地方，只要听说哪个地方官及百姓的妻女长得漂亮，就直接住到他家，将其妻女奸淫，搞得官民皆怨。试想，让这样的武将去治理地方，能把地方治理好吗？老百姓能对政府充满信心吗？可怕的是当时像燕荣这样的地方官很多。

杨坚决定整肃吏治，还老百姓一个公道，具体地讲，他采取了以下三项措施：

1. 严肃官员任命，不再从武将中选拔地方官。武将大多是一帮冷血动物，不知道体恤民情、爱惜民力，让他们治理地方多半成事不足，败事有余。杨坚认识到这一点后，立即堵死了武将从政的路。开皇九年，隋朝灭掉陈朝，一统天下，在此次战争中，又有大批的将领军功卓著，等待封赏。不过，杨坚没有把任何一人安置到地方任职，明确宣布："功臣正宜授勋官，不可预朝政。"（《资治通鉴》卷一百七十九）也就是说，立了军功当然要奖赏，但只能用金钱、荣誉、各种福利待遇做奖赏，不能赏以实职让武人干预朝政。

2. 健全选官制度，实施科举制。魏晋以来，九品中正制成为人才选拔的主要依据，但这一人才选拔制度很不科学，导致世族子弟凭借家世占据上品，把持高官要职，正所谓"上品无寒门，下品无世族"。隋朝建立后，废除了九品中正制，为了选拔优秀人才，杨坚可谓绞尽脑汁，想尽了一切办法，比如下求贤诏，从基层文官中选拔优秀人才，让地方官吏推荐人才等。但是，在所有选拔方法中，影响最大的还是一项制度的确立，这项制度就是科举制，即采用分科考试的方式选拔官员。

开皇三年（583年）正月，隋文帝下诏各地举"贤良"，接受中央政府的考试和选拔。开皇七年（587年）正月，他令"诸州岁贡三人"参加考试，合格者可以做官。开皇十八年（598年）七月，又令京官五品以上、各地总管、刺史，以"志行修谨""清平干济"二科举人。就这样，号称中国"第五大发明"的科举制度正式确立！

从形式上看，科举制与汉代以来相沿袭的察举制存在着继承关系，那时，州举秀才，郡举孝廉。自东汉后，被察举者须经考试，即所谓"儒者试经学，文吏试章奏"。孝廉主要试经，秀才主要对策，有时兼及经文。到了隋代开皇年间，由于废除了郡级行政机构，举察孝廉一事就不了了之，秀才成为科举的主要选拔对象。秀才除了试策外，往往还要加试杂文。在隋朝，要想考取秀才很不容易。整个隋朝一代，被录取的秀才也不过十几人。在秀才科之外，还有明经科、进士科，和秀才科一样，考中之后通过吏部铨选，就可以当官。

当然，作为科举制的首倡者，杨坚不可能把这一人才选拔制度发扬得尽善尽美，隋朝的科举制度还有很多不完善的地方，比如，它不是学子们自由报考，而是由地方长官推荐人员参考，因此，在选才上存在着很大的局限性。但是，不管怎样讲，它在中国历史上第一次把读书和做官有机地结合起来，把个人的才学、修养、能力和自己的政治前途有机地结合起来，真正实现了"学而优则仕"，不少出类拔萃的人才在科举考试中脱颖而出。就在开皇十六年，中国历史上大名鼎鼎的房玄龄在科举考试中高中进士，这一年，他18岁，从此踏上仕途，一步步从隋朝步入唐朝，辅佐李世民扫荡群雄、君临天下，成为中国历史上最有作为的宰相之一。可见，隋初的科举制度虽然有不少缺陷，但已经活力四射，成为大批有经世致用之才的读书人走上仕途的平台。随着科举制度的确立，中国文官制度也就有了坚实的社会基础，中国封建社会的文明化程度迅速向高峰迈进，并一直在世界上保持高位水平。科举制度不仅对中国1000多年以来的人才选拔产生了重大影响，也是杨坚对世界文明的一大贡献，时至今日，世界各国选拔人才的主要方式仍是考试，仅此一点，杨坚就可以在世界历史上光耀千载。

3. 实施严格的官吏考核制度，赏罚分明，不徇私情。无论从什么途径选拔上来的官员，都有好坏之分，况且，人是会变的，以前根基不怎么样的人，因为在工作中兢兢业业，善于总结经验教训，会在实干中逐渐脱颖而出；以前基础很好的人，因为在工作中自以为是，不思进取，故步自封，甚至腐化堕落，会逐渐沦为官场的害群之马。为了保证干部队伍的活力和纯洁性，杨坚规定，各州刺史每年年底都要进京述职，根据其政绩，对其进行赏罚。同时，朝廷不定期地向各州、县派出监察官员，巡行地方的吏治状况。巡行是不会提前通知的，经常搞突然袭击，地方官员根本来不及做表面文章，唯有在平常扎扎实实地做好基础工作，才能经得起上面的突然检查。前面提到的那位幽州总管燕荣，就是在朝廷派人巡察的过程中被发现有贪污、暴虐、奸淫等种种劣行，被杨坚召回朝廷赐死。

不合格的官员要受到惩罚，相应地，那些表现优异的官员就应该受到赏赐。杨坚对那些为官清廉的好官奖赏力度是很大的。当时有一个叫房恭懿的人，任新丰县令，第一次接受考核时就位居京兆地区第一名，杨坚赏赐他400匹布。房恭懿将400匹布拿回去直接分给了新丰县的贫苦百姓。杨坚听说这事后，很高兴，又赏赐他300石粮食。房恭懿又将这300石粮食运回去慰问困难群众，自己家一点也不留。杨坚认为他为政清廉，这样的地方官应该好好提拔重用，便提拔他做了德州司马。在德州司马任上，房恭懿的考核成绩居全国第一，杨坚大为赞叹，为了号召天下地方官向他学习，杨坚决定好好表彰他一下，把天下接受考核的地方官召集在一起，对他们说："房恭懿志存体国，爱护百姓，这样的好官，不是靠朕一个人的德行所能罗致的，是上天和祖宗派他来辅佐朕的！朕现在要拜他为刺史，这不是让他去治理一州，而是让天下人都以他为楷模，你们应该好好向他学习。"随即任命房恭懿为海州刺史、持节海州诸军事，成为坐镇一方的军政大员。

榜样的力量是无穷的，房恭懿的升迁使所有官员都明白了一个事实：朝廷的考核不是闹着玩的，奖惩非常分明，要想有好的政治前途，就必须兢兢业业，好好地治理地方，爱护百姓，为朝廷排忧解难，为官一任，造福一方。

在杨坚的一番整肃之下，隋朝的吏治状况大大改观，大批不合格的官员被革职清理，有些甚至被杀头以儆效尤，官场风气为之一变，行政效率提高了，中央出台的政策措施在地方得到了彻底贯彻执行，政府的公信力大大提高，全国上下心往一处想，劲儿入一处使，国力蒸蒸日上，一派欣欣向荣。元朝史学家胡三省在评论"开皇之治"时，说了这样一句话："开皇之治，以赏良吏而成。"可见，杨坚整肃吏治对于开创"开皇之治"的盛世局面，意义是多么重大。

四、纵横千古，独树一帜

经过十多年的励精图治，大隋王朝在经济、文化、吏治建设方面取得了巨大的成就，国力昌盛，国泰民安。对于这一盛世局面，不仅历代史家津津乐道，就连亡国之君陈叔宝也对此心悦诚服。一天，杨坚带着陈叔宝去巡行北邙山，陈叔宝远观俯瞰，触目所见，一派太平祥和的景象，于是诗兴大发，当即吟诵道：

　　日月光天德，山河壮帝居。

　　太平无以报，愿上东封书。

日月光耀着陛下的德行，山河使陛下的宫殿显得雄壮。能生活在这样的太平世界里，我无以为报，请让我给陛下献上一卷封禅书吧！意思是，天下如此繁荣太平，亘古未有，陛下应该封禅泰山。但是，杨坚拒绝封禅。

杨坚不仅拒绝了陈叔宝的封禅建议，还拒绝了所有文武大臣的封禅建议，他认为，封禅不过是粉饰太平、浪费钱财而已，为君之道贵在富国利民，不搞那些繁文缛节的虚架子。在这一点上，他远比此前的秦始皇、汉武帝、光武帝及以后的唐高宗、宋真宗高明，大隋帝国有如此之繁荣，正是得力于他的务实。从这个角度上讲，他是中国历史上少有的真正懂得和恪守治国之本的皇帝，唯其如此，"开皇之治"才在中国历史上的盛世王朝中，显得格外耀眼。

开皇年间，大隋帝国的府库到底储积了多少财物，史无确数。但曾有这样的记载，粮食布帛足够朝廷支用五六十年。以至后来隋末战乱，洛阳被围，城内布帛山积，无柴做饭，便用布帛代柴烧，用绢代绳汲水。

隋朝在各地修建了许多粮仓，其中著名的有兴洛仓、回洛仓、常平仓、黎阳仓、广通仓、含嘉仓等。这些粮仓存储的粮食都在百万石以上。贞观十一年（637 年），监察御史马周对唐太宗说："隋家储洛口，而李密因之；西京府库，亦为国家之用，至今未尽。"此时的隋朝已灭亡 20 年，而杨坚已经死去 33 年，可那时贮存的粮食布帛还未用完。1969 年在洛阳发现了一座隋朝粮仓——含嘉仓遗址。该遗址面积达 45 万平方米，从中发掘出 259 个粮窖，其中有个粮窖还留有炭化了的谷子 50 万斤。可以想象，当时的隋朝是多么富裕和强盛。

　　伴随着社会的安定，经济的繁荣，户口也迅猛增加。隋初北朝半壁河山有约360 万户，南朝有 50 余万户，合计不过 410 万户。而到隋文帝晚年，全国已有890 余万户，4600 余万人。户数比南北朝时增加了一倍，比西晋时约增长两倍，接近了东汉时期的户口水准，即 1000 万户，5000 万人。当然，这些只是相当粗略的统计数字，但从中也可窥见东汉以后人口的起伏变化，以及隋文帝时期人丁兴旺的景象。有趣的是，唐朝建立一百多年后，进入最强盛的"开元盛世"，人口也未达到隋文帝时期的标准。据史载，唐高祖在位时，唐朝人口不到 1000 万人。唐太宗继位后，励精图治，与民休息，发展生产，鼓励生育，在位 23 年，死后至唐高宗继位时，户口也只有 380 万户，按每户 5 人计，不过 2000 万人。到唐玄宗开元全盛时，此时，大唐立国已经 100 多年，全国人口也只有 760 万户，4100 万人。隋朝开皇九年（589 年）已垦田地 1944 万顷，大业中期已垦田地 5585 万顷。而唐玄宗天宝十四年已垦田地才 1430 万顷。很明显，唐朝积 100余年的休养生息、七八代开明之君的勤奋经营，国力在其最盛时，也未到达隋朝开皇年间的水平，"开皇之治"的盛况，于此可见一斑。

　　在雄厚的经济实力支撑下，杨坚修建了大兴城。大兴城代表了中国古代城市建设规划的最高水平，是国家经济实力和科技水平的综合体现，是当之无愧的"世界第一城"，它是古代世界城市建筑史上的奇迹，其设计和布局思想，对后世东方都市建设产生了深远影响。

　　在兴建大兴城的同时，为了解决交通运输问题，杨坚又于公元 584 年命宇文恺、郭衍等人率众开凿漕渠。自大兴城西北引渭水，大致循着汉代漕渠故道向东，抵达潼关，进入黄河，长 400 多里，名为广通渠。这是修建大运河的开始……对于中华民族来说，修建大运河的意义远比修建长城更加重要，它将黄河流域、长江流域两大中华文明圈连接起来，使之成为一个有机统一的整体，从此，南北混一，畅通无阻，对唐宋以后直至清末民初的中国社会经济、文化的发展产生了深远影响。虽然，大运河最终是在杨广手中完成，但其发轫却是在杨坚时期。

　　在雄厚的国家经济实力支撑下，杨坚铸就了赫赫武功：废梁国，平江南，讨伐吐谷浑、征服突厥、威服高丽……兵戈所指，所向无敌。隋文帝时期的帝国版图东起大海，西到新疆，南抵云广，北至大漠，东西 4600 余公里，南北 7400 余公里。这一版图范围与鼎盛时期的唐朝相当。更重要的是，他对周边各少数民族汗国的征服，拖延和阻止了它们的强大与崛起，为唐朝的崛起打下了坚实的基础。

对于杨坚的丰功伟绩，《剑桥中国隋唐史》这样评价道："隋朝消灭了其前人的过时的和无效率的制度，创造了一个中央集权帝国的结构，在长期政治分裂的各地区发展了共同的文化意识，这一切同样了不起。人们在研究其后的伟大的唐帝国的结构和生活的任何方面时，不能不在各个方面看到隋朝的成就，它的成就肯定是中国历史中最引人注目的成就之一。"

"开皇之治"是古代中国盛世王朝的一座丰碑，尽管1000多年以来，大隋帝国和杨坚被无数文人学者误读，但历史事实是不能被扭曲的，大隋帝国综合国力之强大，除了西汉可与之比肩外，无有出其右者。这是杨坚这位伟大帝王的功劳！

第十三章　恶之花结恶之果

一、晋王为储

杨勇被废后的第 23 天，杨广被立为太子。那天关中地区发生了地震，长安城突降百年罕见的大雪。杨坚是个迷信天象的人，如此反常的天象发生在册立新太子的这天，让他隐隐感觉到某些不妙，但杨广这段时间的表现无可挑剔，他仍坚信自己找到了一个理想的接班人。

杨勇交由杨广看管，囚禁在东宫。此举让杨坚追悔莫及，这是后话。

杨坚现在要做的第一件事是摆正群臣与太子和皇帝的关系。当初，群臣和杨勇走得太近，尤其是冬至节朝贺那件事至今历历在目，让杨坚耿耿于怀。为了防止群臣跟太子走得太近、架空自己。开皇二十年（600 年）十二月，杨坚下诏：东宫官属不得对太子称臣。这话的意思是，太子虽然身为储君，但在皇帝面前仍然是臣子，没有什么特殊之处。

杨坚小时候是在寺院里出生的，在寺院里生活了 13 年，对佛教有特殊的感情。他认为，北周帝国之所以不能长久，跟宇文邕灭佛黜道有关，自己绝不能干这种傻事，当了皇帝后，他恢复了佛教、道教在三教中的地位。如今，针对天象的警示，他决定进一步崇佛尊道，下诏说："佛法深妙，道教虚融，咸降大慈，济度群品"，严禁世俗之人毁坏或偷盗佛祖、天尊、五岳四镇、江河海渎等神像，违者以大逆不道论处：对于沙门毁坏佛像、道士毁坏天尊像的，罪加一等，以恶逆论处。他相信自己的崇佛尊道之举，能给大隋帝国带来福祉，子孙世世代代都会得到佛祖、天尊的保佑。

干了一辈子革命工作，杨坚太累了，认为自己该好好安度晚年了。新年伊始，杨坚宣布改元"仁寿"，任命杨素为尚书左仆射，纳言苏威为右仆射，大赦天下囚犯。随后，封杨广的长子河南王杨昭为晋王，独孤楷为原州总管，杨广的次子豫章王杨暕为扬州总管，苏孝慈为洪州总管。又下诏为阵亡将士修坟造墓，表彰他们为国捐躯的丰功伟绩。

杨广稳稳地做上了太子，他认真地总结了杨勇被废的教训，发誓不再重蹈覆辙。他不时带着萧淑妃到后宫去向杨坚、独孤皇后请安，感动得独孤皇后心里乐滋滋的：我这儿子和儿媳很孝顺呀，哪像杨勇那两口子！

客观地说，杨广的形象工程之所以能搞得这么好，还得感谢萧淑妃！萧淑妃是西梁皇帝萧岿的女儿，据说出生于西梁天保六年（566 年）二月。按照江南的习俗，女孩子出生在农历二月份克父母，不宜由亲生父母抚养。因此，萧淑妃出生后，便由叔父萧岌收养。遗憾的是萧岌夫妇都是病体缠身的人，不久双双去世。有人还绘声绘色地说，两人之死恰恰是摊上了萧淑妃这个克星，所以，同宗的其他叔父都不愿收养他。不得已，她只好转由舅舅张轲抚养。

张轲虽然身为国舅，家境却不富裕。仔细一想，这也很正常，后梁只有江陵那块巴掌大的地方，相当于现在一个地级市所辖的地盘，有那么多的皇族子孙、宗族及文武大臣需要分封照顾，萧岿实在没有办法对国舅爷另眼相看。所以，在张家，萧淑妃虽然贵为皇室公主，却不得不像普通的农村女孩子那样干些粗重的农活儿，总之，就因为她生不逢时就成了皇家的弃女。不过，这样也好，十几年的农村生活没有埋没她的天生丽质，更让她在艰难的环境中养成了温顺善良、勤劳而善解人意的美德。业余时间她也不忘学习，识文断字对她来说不在话下，因为萧家既是江南望族，又是学问通达之家。

萧岿在位时，隋朝和后梁的关系尚可。杨坚为了搞好与后梁的关系，决定在后梁皇室中为晋王杨广选一名女子作王妃。小国君主能跟大国皇帝成为亲家，萧岿当然很高兴。他很重视这门婚事，令占卜者遍占皇宫诸女，看谁适合这门婚事，结果一个也不合适。他又命人将在舅家抚养的女儿召回，令占卜者占卜，结果是大吉大利。就这样，她被送往隋朝，与晋王杨广成婚，被册立为晋王妃，即萧淑妃。

这位从小在艰难的环境中成长起来的王妃，性情温婉，处世低调，既能体贴晋王，又能善待下人，把里里外外的关系处理得妥妥帖帖，加上她聪明伶俐，能识文断字，还能写诗作文，大家都很喜欢她。

后梁灭亡后，作为后梁皇族遗民，萧淑妃为了保住自己的地位，更加注意自己的形象，她对政治的成熟度、敏感度超出常人，逆来顺受的忍耐力无人望其项背，她与杨广很恩爱，能包容杨广的一切，不会像秦王妃那样争风吃醋。在杨广争夺太子之位的过程中，她全力配合，吃穿用住全按照杨坚、独孤皇后的理念去安排，很受杨坚和独孤皇后赞赏。杨广被立为太子后，萧淑妃再接再厉，积极展示贤妻良母和贤孝儿媳的形象，处处都称独孤皇后的心。

一天，杨广和萧淑妃前去给独孤皇后请安，独孤皇后拉着她的手说："儿媳呀，太子若是有对不住你的地方，你尽管来告诉娘！娘替你做主！"

萧淑妃赶紧跪下说："母后，太子对臣妾很好，他常常嘱咐臣妾：父皇和母后勤勤恳恳，为国操劳，生活俭朴。我们这些做儿子、儿媳的，都要像父皇母后那样克己复礼，心忧天下，臣妾这辈子能侍奉太子，真是前世修来的福分！"

独孤皇后看着萧淑妃，又看了看杨广，对他说："这么好的媳妇，你要好好珍惜啊！"

杨广恭敬回答："儿臣谨记母后教诲！"

一天，萧淑妃又去向独孤皇后请安，婆媳两人正在聊家常，一个宫女端着一碗汤药进来说："娘娘，该用药了！"萧淑妃见此，慌忙跪在地上说："母后，臣妾该死！"

"儿媳呀，你这是干什么？"独孤皇后十分吃惊地看着她。

"臣妾不知母后凤体欠安，没有及时前来侍候，请母后降罪！"

"儿媳的一片孝心，娘心领了！这只是一点小感冒，大夫说吃两副药就好了，有什么大不了的，再说太子操劳国事也不容易，你要多花时间照顾他，赶快起来吧！"

"谢母后，愿母后早日安康！"萧淑妃说罢，从宫女手中接过汤药，亲自侍奉独孤皇后服药。

"这些事让奴才们做就行了！"

"母后凤体欠安，亲侍汤药是臣妾应尽的职责，母后就让臣妾尽点孝心吧！"随后，萧淑妃亲尝了一口汤药说："母后，趁热喝吧！此时，正是药力最好的时候！"

"儿媳也懂医？"独孤皇后既感动又好奇。

"回禀母后，臣妾小时跟随叔父、舅舅生活，他们经常生病，臣妾给他们煎药，时间久了，就了解了一些药理。犯了风寒感冒，要趁热喝药，效果才明显……"萧淑妃一边喂药，一边回答说。

"好，娘这就喝！"独孤皇后微笑着说。

……

杨坚知道此事，也很感叹：是呀，这样的儿媳今后才能母仪天下呀！

二、永别爱妻

岁月不饶人，独孤皇后陪杨坚一路走来，经历了无数风雨，同甘苦，共患难，为他生育了十个孩子。为了杨坚，为了大隋帝国，她夙兴夜寐，任劳任怨，拖着疲惫的身体，几十年如一日，渐渐地，她的身体吃不消了。

仁寿二年（602 年）阳春三阳，杨坚和独孤皇后前往仁寿宫度假。这是开皇末年以来的惯例。但是，这一次，她再也没能回到大兴城。在仁寿宫，独孤皇后患了一场小感冒。起先，她不觉得这是什么大病。但是，吃了一段时间的药后，病情不但没有好转，反而更加严重了，不久便卧床不起。

杨广天天前来探视，萧淑妃更是一如既往地亲侍汤药，不离左右。然而，他们的孝心没能感动上苍，上苍没给独孤皇后留太多的时间。

仁寿二年（602 年）八月十九日夜，月色昏暗，月亮周围出现了四道晕圈，二十四日，根据星相家的说法，当晚太白星冲犯轩辕星，犯之者在劫难逃。独孤皇后于当天晚上病逝于永安宫，享年五十九岁。

杨广和萧淑妃在独孤皇后灵柩前哭得死去活来。杨坚也很悲痛，与皇后风风雨雨四十五年，一路走来，尝遍了辛酸苦辣，若没有她，很难说有自己的今天。朝中大臣也感慨良多，纷纷落泪。这不是虚情假意，他们知道独孤皇后为杨坚、为大隋帝国所做的一切！

常言道：福不双至，祸不单行。正值国丧之际，悲情笼罩着大隋帝国，偏偏天公不作美，在独孤皇后去世后的第十八天，黄河南北各州发生大水；第二十七天，关中地区发生强烈地震。杨坚一面派人赈灾，一面派人张罗皇后的葬礼。

负责筹划葬礼的是左仆射杨素，杨素并不是这方面的内行。不只是杨素不内行，对于如何确定安葬的仪礼，所有三公级别的重臣都一脸茫然。大家喋喋不休，却又拿不出一个方案来。不过，杨素是有办法的，他知道有一个人能行。在众人莫衷一是时，他拉出了牛弘，对他说："你是老学者，大家都很敬重仰慕你，今天的事，就请您做决定了！"

牛弘就当仁不让，只片刻工夫，就把仪礼的所有程序安排好了，每一个环节都引经据典，有根有据。看来，关键时刻还是读书人能派上用场，杨素由衷感叹："士族的礼乐制度全在牛公这里，我们都望尘莫及呀！"就这样，牛弘成了筹划葬礼的主角，他的所有建议都得到了杨坚的采纳。

不过，问题又出来了。杨坚一向提倡节俭，独孤皇后的葬礼是从简呢？还是搞得隆重一些好呢？杨素很为难，这件事又不能去请示杨坚。他想了想，便去找太子杨广商量。杨广说："既然父皇同意一切按牛弘的意见办，牛弘依据的是古制，古时候哪一位国母驾崩，是草草下葬的？一切按古制吧，只要父皇不明确表示反对，就说明他认可！"杨素很认可杨广的看法，独孤皇后和皇上一起生活了这么多年，感情甚笃，皇上再节俭，也不应该在这件事上斤斤计较。大家齐心协力，分头准备，很快就完成了葬礼的筹备工作！

仁寿二年十一月壬寅日，大隋帝国为孤独皇后举行盛大的出殡仪式。那天，鼓乐鸣哀，高山痛哭，大海扬波，群臣如丧考妣，在隆重的葬礼中，独孤皇后被安葬在太陵。

她走了，属于她的时代结束了！到了九泉之下，静观活在世上的丈夫和儿子们疯狂地表演，她最终会明白一切。

杨坚对独孤皇后的葬礼是满意的，出殡那天，他是最悲痛的。最悲痛的还有杨广，因为，没有这位母后对他的偏爱，他不可能扳倒先太子杨勇，成为大隋帝国的真正继承人。

最辛苦的要数杨素，葬礼从筹划到举行，他一直处于忙碌状态，他在办事方面的干练和高效，除了高颎，大隋帝国无人能望其项背。杨坚对葬礼是非常满意的，下诏说："杨素经营葬事，勤求吉地，论素此心，事极诚孝，岂与其平戎定寇比其功业？可别封一子义康公，邑万户，并赐田三十顷，绢万段，米万石，金珠绫锦称是！"（《资治通鉴》一七九卷）。由此我们可以看出，杨坚对独孤皇后的感情多么深厚，他把对独孤皇后的爱转移到为她操办丧事的杨素身上，杨素的大红大紫到了无以复加的地步，不过，这也意味着盛极而衰。他的好运该到头了。

从隆重的葬礼中，我们可以看出，一生提倡节俭的杨坚到现在不那么节俭了，他的生活方式将发生重大改变！

三、囚禁蜀王

安葬独孤皇后，杨坚心里很不平静，这不只是因为他失去了风雨同舟的伴侣，还因为那个不争气的儿子杨秀把他气得快吐血。长久以来，杨坚看不上这个儿子，这个儿子对老爸也很有意见，两人的关系已降到了冰点。杨坚再一次挥出了狠手，一怒之下，将杨秀废为庶人，此事发生在独孤皇后下葬后两个月。

在杨坚的五个儿子中，杨秀排行第四，开皇元年（581 年）被立为越王，不久，又转封蜀王，相继被授为柱国、上柱国、益州刺史、总管二十四州诸军事、西南道行台尚书令等官衔。杨秀长得很魁伟，美髯丰额，武艺精湛，为人很有胆气，不怒而自威，很多朝臣都畏惧他。当然，一个人被人畏惧不是一件好事。人家畏惧你是因为惹不起你，但惹不起你总躲得起，惹不起你的人越多，不喜欢你、从心理上排斥你的人也越多。况且大千世界，一物降一物，你再厉害，总有人能收拾你，如果能收拾你的人恰恰不喜欢你，那你的末日就不远了。

杨秀的悲剧在于他恰恰不讨杨坚喜欢。杨坚经常对独孤皇后说："秀儿肯定没有好结果。朕在世时，倒也没有什么可担心的。到其兄弟当权时，他必然要造反。"杨坚处处提防着杨秀。

一次，兵部侍郎元衡奉命出使蜀地，杨秀知道元衡在杨坚面说得上话，便好吃好喝好玩招待他，临走时还送给他一份儿大礼，希望他在父皇面前美言几句，为他多增派一些强壮的侍卫。元衡回京后，果然为杨秀请求，但遭到了杨坚的断然拒绝。

后来，大将军刘哙奉命讨伐西爨，上开府杨武通率部随后跟进，杨坚让杨秀为杨武通配个行军司马。杨秀派出了亲信万智光。但万智光没有扮演好这个角色，不但不帮杨武通，还处处拆他的台，搞得杨武通很恼火。这件事后来闹到杨坚那里，杨坚十分震怒，当着群臣的面谴责杨秀说："朕就知道，破坏朕法度的人一定是自己的子孙。这太可怕了，好比猛兽自恃其他东西不能伤害它，却被它毛里的小虫所啃食。"杨坚借题发挥，分了杨秀的兵权。

杨秀很不服气：凭什么分夺我的兵权？先是不服，继而不满。有了不满，就要发泄。杨秀发泄的方法很简单：跟杨坚唱对台戏。你说要勤俭节约、远离声色，我偏偏要奢侈享受，纵情声色；你说车马服饰要守制，不能逾矩，我偏偏要逾矩，他的车马服饰搞得都和皇上一样。杨秀仗着天高皇帝远，认为自己远在成都，杨坚不知道这一切，其实对他的一举一动，杨坚了如指掌。要知道，皇帝的耳线总是遍布朝野，尤其是对不放心的儿子，更要严密监视。杨坚很想治杨秀的罪，终因看在独孤皇后的面上忍了又忍。

杨勇被废黜后，杨广被立为皇太子，杨秀很有意见，他认为论本事，比雄才大略，自己远比杨广强，既然父皇不顾"长幼有序"的原则，那自己凭什么要遵守这个原则呢？老二可以夺老大的位子，老四凭什么不可以夺老二的位置呢？他的想法没有错，但杨坚不会给他机会。

杨广也没有闲着，他心里清楚自己是如何做上太子的，他可以抢别人的，别人自然可以抢他的，尤其是老四，天生就是一副打家劫舍的料，不防着点怎么行？仅仅是防范太被动，最好的办法是除掉他，一劳永逸。他把这件事交给了杨素。

杨素很乐意帮这个忙，杨广能做太子，他功不可没，这个忙他要帮到底，这也是为将来争表现，何况他跟杨秀实在没有什么交情。此时的杨素官居左仆射，大权在握，一言九鼎，连当年不可一世的苏威在他面前也要唯唯诺诺，他要想办成一件事是很容易的。杨素派人秘密监视杨秀的一举一动，搜集杨秀的罪证，记下他的每一句牢骚之语。被派去监视的人很用心，很快就搜集了一大堆证据。杨素把这些罪证往杨坚面前一摆，杨坚无语了，立即下令召回杨秀。

杨秀突然被召回京师，心里也是七上八下的。他在前去拜见杨坚的路上想好了种种说辞，看杨坚到时会问他什么，他再随机应变回答。出乎他意料的是，杨坚见了他，一句话也没跟他说。杨秀十分惊恐，灰溜溜地回到了住处。

第二天，杨坚派人来到杨秀的住处，那人以前见了杨秀很客气，但这次例外，不分青红皂白地责问了杨秀一番。杨秀情知大事不好，立即上朝向杨坚谢罪。当着满朝文武的面，杨秀诚惶诚恐地说："儿臣蒙受国恩，出京当藩王，却不能遵守法令，真是罪该万死！"

杨坚一脸怒气，杨秀战战兢兢！

很快，猫哭老鼠的一幕出现了。杨广突然跪下，哭着说："请父皇网开一面，饶了四弟这一次！"其他王爷和大臣见状，也纷纷流泪跪下，请求杨坚放蜀王一马。

杨坚充分展示了他的铁石心肠，语气平静而恐怖："往日秦王浪费财物，朕用父道教训他；现在蜀王祸害百姓，朕要用君道处罚他！"宣布将蜀王交给司法部门审理。

开府庆整劝谏说："庶民杨勇已被废黜，秦王已去世，陛下的儿子不多了，何必要弄到这地步？蜀王生性耿直，如今他被当面重责，陛下即使不惩罚他，恐怕他也会自杀！"杨坚火冒三丈，斥责庆整说："是蜀王的性命重要，还是朕的天下重要？来人啦，把庆整的舌头割掉。"

群臣赶紧跪下："臣等恭请陛下息怒，庆整一时糊涂，冒犯皇威，请陛下看在庆整忠心耿耿的份上饶恕他这一次吧！"庆整总算保住了自己的舌头，但杨坚不肯罢休，冲着群臣说："朕要把蜀王杀死在大街上，以此向天下百姓谢罪！"随即令杨素、苏威、牛弘、柳述、赵绰等人负责调查和审问蜀王一案，依律定罪。

杨广暗自高兴，决定把案子做大，进一步激怒杨坚，最好真的如他所说，把蜀王杀死在大街上，向天下百姓谢罪！他偷偷地做了个木偶人，在上面写上皇上和汉王杨谅的名字，捆上它的手脚，在它的心上钉上铁钉，然后让人秘密埋在华山之下，再派人出面检举揭发，说此事是杨秀干的。杨素等人接到举报，立即派人前去挖取，果然挖出木偶人，立即上奏杨坚。

本来，杨坚这几天心情平静了很多，他也在反思自己对蜀王是不是有些过分，到底该怎么处理这件事，现在见杨素又审理出杨秀"厌胜"一事，刚刚复活的那份怜悯之情在瞬间荡然无存。

事情还没有完！杨广又以蜀王的口气写了一篇檄文，其中有"逆臣贼子，专弄威柄，陛下唯守虚器，一无所知……"文中还陈述了杨秀的兵甲如何强大，还说要"指期问罪"。杨广把这篇檄文插入杨秀的文集之中，然后寻机交给了杨坚。

杨坚仔细翻阅《蜀王文集》，发现里面有很多蔑视他的内容，而当他看到那篇讨伐檄文时，简直不敢相信自己的眼睛，非常吃惊地说："难道天下有这样的事吗？"意思是蜀王真的恨不得朕快点死去吗？

事情到了这个份儿上，杨秀算是彻底完了！杨坚召集文武百官，宣布将杨秀废为庶人。杨广再一次表演了猫哭老鼠的一幕：他跪着哭求说："父皇，四弟虽然有错，但念在至亲骨肉的份儿上，请父皇法外开恩，饶了四弟……"

杨坚勃然大怒："王子犯法，与庶民同罪，朕岂能因为他是朕的骨肉，就乱了国家法度！朕意已决，立即将杨秀废为庶民，软禁在内侍省，不得与妻子儿女相见，只给他两个蛮族婢女供他驱使。"

杨广怔怔地跪在那里，一副呆若木鸡的样子。但他的心里乐滋滋的，又一个对手被除掉了。受此案牵连者多达一百多人。

杨秀被囚禁后，愤懑不已，自己虽然有错，但罪不至此，可悲的是明知自己被人栽赃陷害，却又无可奈何，连帮自己说句公道话的人，也差点被割掉舌头。他心有不甘：都是一母所生，凭什么自己要在庶人的身份中度过余生？

满朝文武谁能帮他呢？谁又敢帮他呢？他实在无法可想，算啦！还是靠自己吧。他又一次提笔上表说："儿臣因为幸运，成为父皇的儿子，承蒙父皇和母后的厚爱，使儿臣九岁时就得到了荣华富贵，可惜儿臣从来只知享乐，不知忧惧反省，轻易放纵了这颗愚笨的心，才落得今天这个下场，辜负了父皇的大恩大德。儿臣本已绝望，情愿死去，不料天恩浩荡，使儿臣得以苟延残喘。到现在，我才知道愚心不可放纵，国法不可触犯。扪心自问，悔之晚矣。但是，儿臣仍想分身有术，竭尽余生以报答父母的养育之恩，无奈神灵不佑，儿臣的福分爵禄已尽，夫妻团聚不可能，只怕不久就要长辞人间，永归地府。伏请父皇怜悯儿臣，在儿臣临死之前，让儿臣与儿子见上一面。再请父皇赐给儿臣一个墓穴，让儿臣的尸骨有个去处。"

杨坚见了杨秀的上表，把脸一沉：老子要你好好反省，你却要以死相逼，你是不是认为老子把你处理错了？既然你认为老子处理错了，那老子就错上加错。随即下诏，数落杨秀的罪过说：

"从地位上讲，你是臣又是子；从感情上说，你与家与国都相关。庸、蜀二州是重地，朕派你去镇守，这是对你的信任。你却触犯纲纪，心怀不轨，幸灾乐祸。你小看朕和太子，巴不得朝廷发生灾难。你暗自容纳不法之徒，交结异端分子，等待时机发难。朕身体有什么不适，你便幸灾乐祸，巴不得朕早点死，你的异心谁人不知？太子是你兄长，按长幼顺序也当立他。你却假托妖言，说他不能终其位。你装神弄鬼，又说你可惜不能入主东宫。你自称骨相不该当人臣，品德功业应当做皇帝。你胡说青城出圣人，想借此把自己捧上皇位。你诈称益州出现了黄龙，托人四处传言这是好兆头。你重述'木易'之姓，又在成都修建宫室，胡说什么'禾乃'之名，以当'八千'年的皇运。你又胡编京师有妖异，说你老爸和兄长将大难临头。你妄自在蜀地制造吉祥，以说明你正祥瑞当头。你哪里不想朕倒霉哟？哪里不想天下大乱哟？你建造白玉珽，制作白羽箭，你的服饰车马与天子无异，你心里哪里还有朕？你纠集旁门左道，用符书镇压朕和汉王。汉王和你是亲兄弟，你却画上他的形象，写上他的姓名，缚手钉心，枷锁杻械。还说要请华山的慈父圣母派神兵九亿万骑，收汉王的魂魄，幽闭在华山脚下，不让魂魄散开。朕对于你，是亲生父亲，你却说要请西岳华山的慈父圣母开化杨坚夫妇，让他们回心转意，欢欢喜喜。你又画朕的形象，缚手撮头，还说要请西岳神兵收杨坚鬼魂。如此这般，朕如今都不知道杨谅和杨坚是你什么人？你包藏祸心，图谋不轨，这是叛逆之臣的罪证；希望你老爸遭灾，以此为幸事，这是贼子的毒心；怀着非分之想，对兄长放肆毒心，这是悖弟的行为；嫉妒小弟，无恶不为，毫无孔怀之情；你触犯国法，滥杀无辜，这是豺狼的暴行；你剥削百姓，只求财货，这是市井小民的勾当。你侍奉妖邪，这是顽劣的本性。你辜负了朕的重托，是个不成器的东西。凡此十罪，灭天理，逆人伦，你都做了。你坏到了极点，还想免除祸患，怎么可能呢?"

杨秀读罢诏书，彻底绝望。他只好呆在内侍省的牢房里，从白天到黑夜，从黑夜到白天，痛苦地回忆这几年发生的事：先是三哥秦王失宠郁闷而死，再是大哥杨勇被废黜太子之位，再是母后去世，再是自己被幽禁废为庶民。每发生一件事，二哥杨广都会得宠一步，而他越是得宠，灾难就离兄弟们越近。他明白了，接下来就是五弟杨谅了。生在皇家真是一种悲哀，寻常百姓家的兄弟互相猜忌，打两架后，大家还可以各过各的日子，而帝王家的兄弟掐架，则意味着一方上天堂，另一方下地狱。他知道自己这辈子再也不会有出头之日，这就是命，是宿命，他逃不掉。在他们兄弟之中，只有一个人能笑到最后，自己现在是失败者，失败者是没有资格为自己申冤的，连求死的机会都没有，只能等着被人家害死。想到这些，不禁汗流浃背。

他不怕死，死对他来说已经无所谓，但他还有儿子，他的死能保住儿子吗？申辩已经失去意义，杨坚对他只有仇恨，能让他苟延残喘已经是法外施恩，算了吧，别再给儿子惹麻烦！

蜀王被废黜，最感到不安的是杨坚的小儿子——汉王杨谅。此时，杨谅身为并州总管，督领华山以东至大海，南到黄河的五十四州之地，是杨广之外最有实力的人物。他知道蜀王废黜后，下一个就轮到他了，虽然杨坚很爱他，但杨广绝不会放过他。

他不想坐以待毙，加上他的辖区是天下精兵猛将云集的地方，决定暗中积蓄力量，只等父亲眼睛一闭，就起兵向朝廷发难，诛杀杨广，夺取帝位。他以防范突厥为名，在并州征发民工修缮城池，打造和贮存兵器，又招纳亡命之徒为自己效力。据说他身边无户籍的人员就有好几万人，而且不乏能人。比如那个叫王頍的人，就是梁朝名将王僧辩之子，年少倜傥，胸怀奇略，做了他的咨议参军。还有陈国名将萧摩诃也与他走得很近。

并州已成为一个火药桶，只等一根导火线把它引爆！这是后话。

第十四章　皇权至高无上

一、从勤俭到放纵

平陈之战结束后，围绕太子废立一事，杨坚的家庭发生了重大变故，骨肉亲情几乎荡然无存，太子杨勇被废，蜀王被废，秦王杨俊英年早逝，一个好端端的家庭四分五裂。在杨坚的家庭出现一系列变故的同时，他所领导的国家也出现了问题。虽然，大隋帝国的国力继续蒸蒸日上，对外威势与日俱增，但是，隋朝初年那种君臣协力、奋发图强的局面不见了。

平定江南，意味着杨坚结束了中国社会近三百年的南北分裂，在中国历史上第二次实现了南北统一。此时的大隋帝国，兵强马壮，国富民强，一派欣欣向荣的景象。在如此丰功伟绩面前，一向低调，勤俭自律的杨坚有些陶醉，觉得自己辛苦了大半辈子，该放松享乐一下。虽然，他的享乐比起中国其他封建帝王来，不值一提，终其一生，仍是一位节约型皇帝，不过，一个人一旦有了享乐的心态，他的行为方式也会随之发生变化。

杨坚最引人注目的享乐工程是修建仁寿宫。

开皇十三年，大隋帝国在财政上重现了汉武帝时期的盛况，府库皆满，粮食布帛无法堆放，这是几百年未见的盛况。这年年初，杨坚前往长安西边的岐州祭祀，发现此地山长水阔，空气清新，非常适合疗养，决定在此处修建一座行宫，每年和独孤皇后到此避暑疗养。这个想法无可厚非，历史上哪个皇帝没有几处离宫别馆？何况杨坚此时年过半百，把天下打理得如此富庶繁荣，这才想到为自己修一座行宫，于情于理都说得过去。

问题出现在选派负责修建仁寿宫的人选上。按理说，当时无论是让高颎、苏威，还是虞庆则、杨雄去负责修建仁寿宫，都不会出现后面的事情，但杨坚把这项光荣而并不艰巨的任务交给了杨素，结果使任务变得异常艰巨、耗资巨大。

可以肯定地说，杨素是最不适合干这项工作的人，不是因为他的能力不够，而是因为他太奢侈。在隋朝，若论谁是最有钱的官员，那此人非杨素莫属，他家有"家僮数千，后庭妓妾曳绮罗者以千数，第宅华侈，制拟宫禁。"（《北史·杨素传》）试想，在大隋帝国，除了皇宫，还有哪个人的家里有家奴数千人，穿着绫罗绸缎的高级姬妾有上千人？除了杨素，还有哪户人家的宅第敢与皇宫媲美？当然，这些财富，不是杨素靠贪污受贿、巧取豪夺得到的，而是靠他的累累战功所致，他一生不仅参加了灭齐之战和平定尉迟迥叛乱，还两平江南，数征突厥，论战功，他在大隋帝国无与伦比。而杨坚这个人虽然自奉节俭，但在赏赐功臣方面非常慷慨大方，杨素凭着无与伦比的战功，换来了富可敌国的财富，过上了奢侈豪华的生活。加上他文韬武略，满腹诗书，生活讲究情调，奢侈起来更是超出大多数人的想象。

杨坚把建造仁寿宫的任务交给杨素，杨素自然要按照自己的品位去设计修建，把它建得美轮美奂，别出心裁，独一无二。他带领浩浩荡荡的施工队伍，"夷山堙谷，以立宫殿，崇台累榭，宛转相属。"（《资治通鉴》卷一七八）施工过程中，遇到山头，就把它削平，遇到山谷，就把它填平，硬是在高山峡谷中开拓出一片空阔的地带，建造出一座又一座宫殿和数不清的亭台楼阁，曲廊回榭，宛转相连。换句话说，杨坚原本打算修一栋别墅，杨素却建造了一大片别墅群，花销远远超出了预期，严重违背了杨坚花小钱办大事的理念。

多花了那么多钱还不是主要的，可怕的是这项工程在杨素手里成了不折不扣的催命工程。杨素一向以带兵冷酷著称，一旦他把带兵的那一套理念移植到工程建设上来，那些民工就惨了。他们在杨素的监督下，昼夜劳动，很多人劳累而死，死后尸体和土石方一道被用于填埋山谷。有些体力不支者，人还未死，就被一脚踢下去活活掩埋了。两年下来，累死的民夫达一万多人。

开皇十五年三月，仁寿宫终于落成，杨坚派左仆射高颎前去验收。高颎和杨坚一样，是个非常节俭的人，当他看到仁寿宫的建筑规模严重超标，奢侈豪华超乎想象时，心里就难受了，既心疼花了那么多钱，又心疼死了那么多人。他回去后，把自己看到的、听到的如实向杨坚做了汇报，说杨素修建仁寿宫"颇伤绮丽，大损人丁"。（《北史·杨素传》）即修得太奢侈豪华，还死了很多人。杨坚一听，心里后悔得不得了，早知如此，还修什么仁寿宫呢？花了那么多钱，死了那么多人，还称得上"仁寿"吗？半个月后，杨坚亲自前往验收，结果看到的和听到的远超过高颎所汇报的。沿途百姓说杨素为了赶工期，让民工昼夜施工，累死了很多人，尸体大多被用来填埋山谷，山谷填平后不需要再填了，剩下的民工尸体就被杨素下令焚烧了。杨坚到仁寿宫看了一阵，临走时撂下这么一句话："杨素竭百姓之力，雕饰离宫，为吾结怨天下。"说杨素真不是个好东西，把离宫修得如此奢侈豪华，耗尽民力，不管百姓死活，让天下人都为这事恨朕。这话传到杨素耳朵里，杨素就害怕了，原本想修一座独一无二的仁寿宫讨好杨坚，没有想到拍马屁拍在了马蹄上。杨素知道杨坚动了怒是要杀人的，怎么办呢？一向以才气自负的他此时却想不出应对的办法。

他的侄女婿，同时也是修建仁寿宫的一位监工封德彝见状，对他说："越国公不必担心，皇上最听皇后的话，越国公不妨求助于独孤皇后，只要独孤皇后认可，皇上就不会追究！说不定还会得到大量的赏赐！"

杨素悄悄跑去求助于独孤皇后说："帝王法有离宫别馆，今天下太平，造此一宫，何足损费！"（《隋书·杨素传》）意思是，按照历朝惯例，帝王理当有一些离宫别馆，现在天下太平，国家和百姓殷实富裕，我就帮皇上修造了这么一座宫殿，哪里谈得上奢侈浪费呢！如今皇上为此事责备微臣，微臣惶恐不安，请娘娘替微臣做主，劝慰皇上息怒。

杨素不愧是语言大师，一句"天下太平"就打动了独孤皇后的心，独孤皇后心想：是呀，我和皇上克勤克俭，不就是为了求得天下太平吗？现在天下太平了，连老百姓都过上好日子，懂得享受了，我们夫妇修这么一座行宫也不为过呀！她告诉杨素不要再为此事担心，她会好好劝慰皇上。

第二天，杨坚召见杨素。杨素听说皇上召见自己，怀着惴惴不安的心情进宫了，他不知道杨坚是要惩罚自己，还是奖赏自己。当他走进宫门，看见独孤皇后和杨坚并排坐在一起，那颗悬着的心才放了下来。杨坚还没有发话，独孤皇后就说了："公知吾夫妇老，无以自娱，盛饰此宫，岂非忠孝！"（《资治通鉴》卷一七八）变了，一切都变了，先前是"雕饰离宫，结怨天下"，现在变成了"忠孝"之举，性质变了，杨坚的态度也就变了，独孤皇后在一边说，杨坚在一边微微点头，面带微笑。很明显，两人经过一番沟通，已经达成了共识，不再追究杨素的责任，还赐给杨素100万钱，锦绢3000段，以表彰他的监造之功。

不过，高颎却为此事得罪了杨素，杨素认为此事若非高颎在杨坚面前撺掇，杨坚绝不会有那么大的火，加上杨素此时与苏威的关系很微妙，而高颎在大事小事上总是附和苏威，于是，一向敬重高颎的杨素开始对高颎怀恨在心，宰相集团的内斗变得复杂起来。

仁寿宫事件是一个明显的信号。它标志着杨坚夫妇在大隋帝国走向繁荣富强后，不再像以前那样严格要求自己了，而他们的自我克制和自我约束，恰恰是大隋帝国摆脱困境，走向繁荣富强的重要法宝。如今，他们不经意间破坏了这一法宝，意味着杨坚在其他方面的放纵和肆意妄为即将变成现实。

二、皇权践踏法律

皇帝走向放纵和肆意妄为，往往不把法律当回事。杨坚也不例外。

隋朝之所以能在短短十多年内创造出中国封建社会的盛世奇迹，很大程度上得力于依法治国。隋初制定的《开皇律》在中国历史上影响深远，是当时杨坚法治精神的体现，宽严适度，实施效果很好，很受老百姓欢迎。开皇之初的杨坚很重视依法治国，当时的国子博士何妥曾赞扬杨坚"留收狱讼，爱人如子，每应决狱，莫不询访群公，刑之不滥，君之明也。"（《隋书·何妥传》）。但是，到了开皇后期，随着大隋帝国的不断强盛，杨坚越来越沉浸在自己的丰功伟绩里，个人意志抬头，常常凌驾于法律之上，无视法律法规，任意量刑裁决，做出种种不利于维护法律尊严的事情来。

开皇十七年（597年）三月，杨坚宣布："诸司论属官罪，有律轻情重者，听于律外斟酌决杖。"也就是说各级政府、部门长官若认为属下可恶，而他们的所作所为依据现行法律法规又不足以治他们的罪，遇到这种情况，长官可以抛开法律不看，根据下属情节轻重打他们的板子。此举实际上是维护长官意志，要求下属尊重上司的权威。这一诏令颁行的结果是，下属违抗上司意志的现象少了，长官胡作非为、公报私仇的现象却与日俱增，他们公然置法律于不顾，做事全凭长官意志，下属不服就要挨打，而且长官要是不敢打下属，就会被同僚视为窝囊废，而敢打下属、下手够狠的长官则被视为雷厉风行。如此一来，上下级矛盾就突出了，下属虽然敢怒而不敢言，但阳奉阴违成为心照不宣的潜规则，行政效率下降，官场勾心斗角愈演愈烈，隋初那种开明、活跃、昂扬奋发的官场风气不见了。

　　整顿了官场中的上下级关系，杨坚又回过头来修理老百姓。不可否认，杨坚是一个很有政治理想的皇帝，毕生致力于营造"路无拾遗，夜不闭户"的理想社会，但是，老百姓的道德境界和他的预期是有差距的，国家无论怎样繁荣富强，社会上小偷小摸的现象总是有的。但是，杨坚认为，小偷小摸是给太平盛世抹黑，为了营造"天下无贼"的美好社会氛围，他决定用重典惩治小偷小摸的"刁民"。他发布了一个史无前例、闻所未闻的诏令："盗一钱以上，皆弃市！"凡是偷盗金额在一文钱以上的，一律斩首。当时，有三个年轻人赶路，口渴难耐，在路边的瓜田里摘了一个西瓜，被瓜农抓住，扭送到官府，一核价，这个西瓜值五文钱，结果三个年轻人一起被杀。这个案件的反响很大，老百姓纷纷表达了自己的不满：你杨坚不是要禁绝小偷小摸吗？那我们就干大的，偷一文钱是死，偷一百钱、一千钱还是死，反正是个死，为什么不玩大的？于是吃大富、抢官府、劫商贾的大案要案增多，那些大户人家、行商坐贾、地方官员一个个紧张不安，整个社会都人心惶惶。当时，有几个胆大的年轻人劫持了一位司法官员，对他说：我们劫持你不是看上了你身上的那几个臭钱，我们看重的是你的身份，请你给皇上捎句话，自古以来，从未听说过哪个朝代的老百姓因为偷了一文钱就要被处死，老百姓若是活不下去，谁也甭想活下去。你若不把这句话带个皇上，下一次再看见你，就让你去阎王爷那里报到。这位官员非常害怕，回去后就把这事向杨坚作了汇报，杨坚仔细想了一下，觉得这样做确实有些过火，便废除了这一诏令。不过，这并不意味着杨坚从此会正本清源，重新回到法治的轨道上来。

　　杨坚觉得治盗不行，就转而治贪，不久，他又颁布了一道诏令："盗边粮者，一升以上皆死，家口没官；行署取一钱以上，闻见不告言者，坐至死！"（《隋书·刑法志》）。也就是说，监守自盗军粮一升以上的处死，其家人没入官府作奴；地方官员贪污一文钱以上的处死，知情不报者处死。不可否认，杨坚治贪的动机是好的，希望贪官从这个世上绝迹，但效果肯定是不佳的，从本质上讲，它和老百姓盗取一文钱被处死的规定没有什么不同。可见，一个诏令的动机无论多么纯正，如果脱离了实际情况，就会贻害无穷。那么，一向以雄才大略著称的杨坚为什么会如此不理性地做出这样的规定呢？归根结底，还是皇权至高无上的观念在作怪，他认为皇权可以凌驾于一切，一切法律法规，都是为巩固皇权服务的。当皇权凌驾于法律之上，法律的尊严也就丧失殆尽，依法治国就成了一句空话。

　　杨坚一心要加强皇权，摆脱法律的束缚，这让一些别有用心的野心家眼前一亮。比如杨素就是其中的一个。

杨素是个才大于德的人，为了达到目的，做事往往不择手段。他已经不止一次地利用杨坚借刀杀人。这一次也不例外，他把矛头对准了鸿胪少卿陈延，这是相当于现在外交部副部长的一个官员，此人长期与杨素不和，杨素一直想除掉他，苦于找不到机会。一天，杨素路过鸿胪少卿属下的藩客馆，也就是外国使节的驻地。藩客馆的大门开着，有一堆马粪还没有来得及清理，杨素顿觉有文章可做，就信步走进藩客馆，发现里面的工作人员正聚在一起赌博。杨素大喜，随即向杨坚汇报，说鸿胪少卿陈延管治鸿胪寺不严，致使属下工作人员作风散漫，上班时间聚众赌博，以致藩客馆满院子都可见马粪，这简直是在外国使臣面前丢我们大隋的脸，有损大隋的国际地位和形象。杨坚一听，火冒三丈，当即下令将藩客馆的主客令（即长官）乱棒打死；所有参与赌博的官员一律乱棒打死；鸿胪少卿陈延因治下属不力，就地免官，并被拉到西市当着老百姓的面打板子。陈延差点被打死。就这样，杨素收拾了这个仇家。也许在一般人看来，造成这次悲剧的罪魁祸首是杨素，但如果不是杨坚自己乱了法度，任情枉法，杨素的阴谋能得逞吗？

三、肆意猜忌大臣

皇权至高无上不仅导致杨坚无视法律法规，任情枉法，还导致他无端猜忌大臣。

杨坚是以权臣的身份君临天下的，是靠欺负人家孤儿寡母挣得了这份家业，其改朝换代的合法性不强，自登上皇位的那一天开始，他的猜忌心理就很浓厚。早在开皇初期，他就大兴党狱，杀掉了王谊、元谐、梁士彦、宇文忻、刘昉等帮助他改朝换代的前朝旧臣，提拔了苏威等一批政治新秀。虽然，此举有过河拆桥的嫌疑，但对于排除功臣对于新朝政治的干扰，重新确立新的政治核心，开拓新朝新气象是有积极意义的。所以，一般的史书提到这段历史，对杨坚的评价是比较正面的。

但是，平陈战争结束后，随着国家的统一，国力的不断提升，皇权的日益巩固，杨坚的猜忌心理就变得不可收拾了，他所猜忌的已经不是前朝的老臣，而是他亲手提拔上来的那些文臣武将。先是李德林与苏威出现政见分歧，被他借势拿下；接着他又以结党的名义拿下苏威，虽然后来又重新起用了苏威，但苏威身兼五职的荣光一去不返。后来，他又以谋反的罪名诛杀虞庆则、王世积；因为太子废立一事罢免高颎，在朝堂杀死史万岁，把猜忌文臣武将的心理演绎到极致！

在猜忌心理的驱使下，杨坚要诛杀一个重臣，几乎不需要什么证据，只要下面有人说某人谋反，他就会对那人行诛杀之事。最典型的例子莫过于虞庆则之死。

开皇十七年（597），岭南人李贤造反，杨坚召集群臣商议对策。国难见忠诚，是忠是奸，是能人还是庸人，要体现在关键时刻。杨素首先站出来表示愿意率军前往平叛。杨素有两平江南的经历，军功卓越，在军界和江南地区的威信高，但杨坚不想让他去，对他说："越国公长期为国操劳，如今身居要职，朕朝夕离不开你呀！再说，杀鸡焉用牛刀，此等蟊贼，哪里配越国公亲自出马！"杨素听出了杨坚的话外音，表示谨遵君命。

杨坚又问还有谁愿意率军前往岭南镇压叛军。其他大臣纷纷请求率军前往平叛。唯独右武侯大将军虞庆则一言不发。虞庆则的态度其实很好理解：首先杨素是宰相，他也是宰相，既然此等叛乱不值得杨素去平叛，自然也不值得他去平叛。其次，虞庆则长期经略北方，熟悉北方边事，如果北边有乱，他会义不容辞地请缨挂帅，而南方的情形他不熟悉，让一个不熟悉情况的将领挂帅出征，这不符合常理。

但杨坚却不这样想，他认为，到底派谁去，那是我的事，你愿不愿去，这是个态度问题。态度决定一切，你连个去的姿态都没有，一言不发，是不是有意要回避？于是，他点名对虞庆则说："你位居宰相，爵为上公，现在国家有贼人造反，你没有一点要前往平叛的意思么？"虞庆则闻听此言，如五雷轰顶，赶紧谢罪，表示愿意挂帅出征，万死不辞。杨坚于是任命他为桂州道行军总管，率军前往平乱。

虞庆则领命出征。然而，出征前他犯了他一生最不该犯的错误：任命赵什柱为随军长史。赵什柱是虞庆则的小舅子。按理说姐夫挂帅，小舅子随军出征，应该是很卖力的。但是，赵什柱是个品行不端的小人，暗地里与虞庆则的爱妾通奸，常常担心事情会暴露，正在设法陷害姐夫，没想到姐夫却要让自己随军出征，是不是姐夫发现了自己的奸情？想到这些，赵什柱心里很是害怕，于是四处散布谣言，说虞庆则本来就不想前往岭南平叛，只是圣命难违，才不得不去。他散布这个谣言是想刺激杨坚，让他加罪于虞庆则。

杨坚很快听到了这个传言，他本来就猜忌虞庆则，听了传言，心里更不高兴。按照惯例，大将出征前向皇帝辞行，皇帝要设宴相送，以礼遣之。等到虞庆则前来向杨坚辞行时，杨坚满脸不高兴，虞庆则快快而退。杨坚既没有设宴，也没有礼送。不过，虞庆则还是心无二志，领军前往。

到了岭南，虞庆则将一肚子憋屈化作动力，向叛军发起猛烈征剿。无数的事例证明，这个世界上很多人之所以敢造反，不是因为他们有多能干，而是仗着天高皇帝远，朝廷拿他们没有办法，等到朝廷真派大军征讨，他们就招架不住。李贤也是如此，虞庆则大军一到，他的部众就一触即溃，四处逃散。李贤见大势已去，自知再坚持下去，只有死路一条，于是化装成老百姓逃走了。叛乱很快被平定。

虞庆则感叹地说："我北征能使突厥投降，南伐能让蛮夷望风而逃。此战足以让皇上释怀了！"

赵什柱趁机拍马屁说，大将军神勇，天下谁人不知。此次凯旋，皇上必然会出城十里相迎！

"哎！"虞庆则长叹一声。

"姐夫何故如此长吁短叹？"赵什柱故意问道。

见赵什柱不是外人，虞庆则将自己内心的苦水和盘托出。赵什柱牢牢地记住了他说的每一句话，表面上不断安慰虞庆则，一副同情理解的样子，暗地里却心花怒放。

虞庆则率部北返，路过潭州（今湖南长沙）临桂镇时，他眺望山川形势，感慨地说："这里地势险要，易守难攻，若有足够的粮食储备，再派一名可靠的将领镇守，是不惧贼人攻城拔寨的。"顿了一顿又说，"只是，这事得事先征求皇上的意见！"

赵什柱见状，趁机说："大将军且率军暂留此地，末将愿意先期赶回长安，向皇上禀报大军凯旋的消息，同时将这事奏请皇上，说不定皇上一高兴，立马就会同意大将军的意见，让大将军留下一可靠将领镇守此地！"。虞庆则认为这是个好办法，立即派赵什柱先期回京，大军则暂留临桂镇。

赵什柱快马加鞭赶回京城，然而，他向皇上报告的不是大军凯旋和虞庆则在临桂镇设军镇的想法，而是虞庆则谋反。他说："虞庆则对出征怀恨在心，平叛后率军到潭州临桂镇就不走了，还说临桂地势险要，易守难攻，只要粮草充足，把守那个地方，谁也攻不破。他说在那里割据称王，远远胜过在长安做宰相被猜忌……微臣这是冒死赶回来汇报！"

杨坚顿时勃然大怒，立即派特使前去调查虞庆则谋反案件，并密令特使，如果大军滞留临桂镇属实，立即将虞庆则就地正法。

杨坚的特使到了临桂镇，见虞庆则大军果然在那里逗留不前，又问他这个地方怎么样，虞庆则说，山川形势险要，是个用兵的好地方。特使立即命左右将虞庆则拿下，就地斩首。一代名将和名相就这样稀里糊涂地成了刀下鬼！他至死也没有弄明白自己究竟犯了什么罪，皇上为什么要杀他。

也许有人说，这是一个误会，是杨坚上了赵什柱的当。从表面上看，似乎是这样，但问题远不是那么简单。杨坚乃一世雄主，岂是轻易就会上当的人？从听到赵什柱的汇报，到以迅雷不及掩耳之势命特使诛杀虞庆则，他给过虞庆则辩解的机会吗？按理说，谋反是大罪，而且是团体作案，应该严加审讯，拔出萝卜带出泥，挖出同党，可是，杨坚连审讯的环节都省略了，这说明了什么？说明他早就想置虞庆则于死地。虞庆则这样莫名其妙地被杀了，随同他一起出征的将士就不会替他鸣冤吗？肯定会，只要有人鸣冤，赵什柱就会露出原形，但事后，赵什柱升了官。这说明了什么？这说明晚年的杨坚杀人是不需要理由的，哪怕被杀的人是对他忠心耿耿的一代名将、当朝宰相，只要他看不顺眼，认为这个人有问题，就会毫不犹豫地杀掉。

晚年的杨坚，猜忌心理无以复加，他不仅对那些身居高位的人不放心，对于政府各部门的小吏也不放心，认为他们总是办事不力，容易贪污受贿。为了印证自己的想法是否属实，他还专门派出一些人装扮成普通人，去找那些小吏办事，送给他们钱财，一旦哪位小吏收了钱财，就会立马被逮起来处死。搞得人人自危，大家都想着如何自保，整个国家机器在如此紧张恐怖的气息中，很快失去了活力。隋朝初年那种君臣一体、励精图治的局面，一去不复返了，大隋帝国逐渐显出了老态和暮气！

第十五章　隋文绝唱

一、耽于女色

　　独孤皇后之死，对杨坚的影响很大。首先，他自由了。以前，独孤皇后恪守"一夫一妻"制，精力无比充沛，每天陪着他上下朝，现在独孤皇后死了，戴在他头上的那个紧箍咒自动解除。对于这一变化，杨坚起初很不习惯，渐渐地，就没有了这种感觉，现在他是真正的金口玉牙，一个人说了算。

　　独孤皇后在世时，他什么都不缺，就缺女人！现在独孤皇后不在了，他有的是女人。在所有的女人中，他最宠幸宣华夫人陈氏、容华夫人蔡氏。

　　陈氏是陈国陈宣帝之女，陈叔宝之妹，从小聪慧，姿貌无双。陈国灭亡后，她被发配到掖庭，后来被选入宫中为嫔。作为亡国贵族，陈氏学会了在隐忍中求生，很注重培养人际关系，在后宫八面玲珑，处事极有分寸，连独孤皇后也对她另眼相看。以独孤皇后的醋劲儿，当时后宫很少有女人能够得到杨坚的宠爱，一旦得到杨坚的宠爱，就意味着生命走到尽头，唯独陈氏得宠后安然无恙。能得到独孤皇后的认可不容易呀，也足见陈氏才貌非凡！杨广坐镇扬州时，为了谋取太子之位，便把陈氏作为自己的内线，送了很多厚礼，比如金蛇、金驼之类的，以取媚于陈氏。在废立皇太子一事上，陈氏帮了杨广不少忙。独孤皇后死后，她被进位为贵人，专房擅宠，主断内事，独领六宫风骚，后来又晋升为宣华夫人。

　　蔡氏是陈国丹阳人，陈国灭亡之后，她被选入后宫封为世妇，生得仪容婉嫕，杨坚很是喜欢，只是因为独孤皇后的缘故，才很少被杨坚临幸。独孤皇后死后，蔡氏大得宠遇，被拜为贵人，参断宫掖事务，地位仅次于陈氏，后来又晋升为容华夫人。

杨坚每天有陈氏和蔡氏两位绝代佳人相伴，生活充满了阳光，心想独孤皇后死了也好，朕到现在才体会到了什么是真正的男人。

不过，这两个女人虽然能给他带来生理上的满足，却无法成为他在政治上的知己和精神上的寄托。在这一点上，独孤皇后是无法被取代的，几十年来，杨坚和她风雨同舟，互相支撑，历经无数考验，奠定了繁荣富强的大隋帝国。杨坚已经习惯了有独孤皇后这么一个意志坚定、富有政治智慧的女性在他身边，尤其是到了晚年，他的猜忌心理日浓，疏远了大臣，也疏远了儿子，独孤皇后几乎成了他唯一信赖的知己和精神支柱。如今独孤皇后去世了，他的内心孤寂而空虚，同时，作为和独孤皇后同时代的人，独孤皇后的死更让他产生了来日无多的感慨。在接下来的日子里，杨坚很茫然，生活上开始放纵自己，每天和宣华夫人、容华夫人寻欢作乐，醉生梦死。在政治上则变得更加多疑、善变。以前有独孤皇后在，遇事他会和独孤皇后商量，从独孤皇后那里得到反馈。现在唯一的知己和精神支柱走了，他觉得谁也靠不住，在这种心理的驱使下，有两个人的处境就尴尬了，一个是位高权重的杨素，一个是新太子杨广。这两个人是最有可能威胁他权力的人。

二、杨素失威

杨素是开皇后期红得发紫的显赫人物，在开皇十九年（599年）取代高颎成为左仆射，是真正的一人之下、万人之上。这期间，杨坚对他的倚重和宠遇无以复加，他的处境为什么会变得尴尬呢？这得归功于一个叫梁毗的人。梁毗是大理卿，一身正气，早就看不惯杨素的所作所为和嚣张气焰，在安葬独孤皇后不久，他就上疏弹劾杨素：

> 臣闻臣无有作威福。臣之作威福，其害乎而家，凶乎而国。窃见左仆射、越国公素，幸遇愈重，权势日隆，搢绅之徒，属其视听。忤意者严霜夏零，阿旨者膏雨冬澍，荣枯由其唇吻，废兴候其指麾。所私皆非忠谠，所进咸是亲戚，子弟布列，兼州连县。天下无事，容息异图，四海稍虞，必为祸始。夫奸臣擅命，有渐而来。王莽资之于积年，桓玄基

之于易世，而卒殄汉祀，终倾晋祚。季孙专鲁，田氏篡齐，皆载典诰，非臣臆说。陛下若以素为阿衡，臣恐其心未必伊尹也。伏愿揆鉴古今，量为外置，俾洪基永固，率土幸甚。轻犯天颜，伏听斧锧（《隋书·梁毗列传》）。

这段弹劾言辞激烈，痛斥杨素不守为臣之道。梁毗认为，为臣之道贵在恪守本分，不能作威作福，臣子作威作福，必将祸乱天。杨素身居高位，不思尽忠报效朝廷，却以作威作福为能事，这是典型的"奸臣擅命"，今日之杨素就好比历史上的王莽、桓玄、季孙氏、田氏，是权臣，是危险分子，是大隋帝国的祸害。

此时的杨素位高权显，炙手可热，深受杨坚倚重。杨坚看到这份奏疏，非常生气，当即下令将梁毗抓起来，他要亲自审问。在杨坚面前，梁毗毫不畏惧地说：陛下亲审微臣，这是微臣的荣幸，微臣今天正好当面向陛下说个明白，微臣认为杨素作威作福，是有根据的。陛下试想，当初您废杨勇和蜀王杨秀的时候，我们这些做臣子的见陛下家里发生了这么大的事，谁不感到吃惊、恐慌和难过？唯独越国公杨素是一副扬眉吐气的样子。这是为什么呢？他是盼着国家有事，以便大显身手，抬高自己的地位！这难道是一个忠臣应该有的行为吗？

梁毗这番话，直击要害，杨坚立即陷入了沉思。是呀，朕以前怎么就没有想到这一层呢？当时，自己还认为杨素尽心尽力帮助自己除掉了那两个不孝顺的儿子，是帮了自己的大忙。可就算那两个儿子不孝，坏事做尽，朕要惩罚他，这毕竟也是朕的家庭不幸呀！朕的家庭不幸，他居然一副洋洋自得的样子，这说明了什么呢？何况每次对付儿子，他都在一旁推波助澜，每除掉一个儿子，他的地位就得到提升，一步步成为国家首辅。这到底是朕在利用他，还是他在利用朕？一番梳理之后，杨坚若有所悟，当即下令无罪释放梁毗。

梁毗无罪，就意味着杨素有麻烦。从此，杨坚开始疏远杨素，他特地下了一封敕书："仆射国之宰辅，不可躬亲细务，但三五日一度向省评论大事！"这封敕书表面上是抬高杨素，说什么仆射是国家最重要的大臣，是干大事的，不必把精力放在那些日常小事上。所以，从今以后，越国公杨素不用天天去尚书省上班了，只需隔个三五日去一次即可。这其实是"外示优崇，实夺其权"。一个国家哪有那么多的大事，很多时候，所谓大事，就是日常事务的叠加，一个人的权威正是在长期处理日常事务中建立起来的，如今杨坚剥夺了杨素处理日常事务的权力，杨素在尚书省的权力就变得非常有限了，只要没有什么大事，尚书省就基本跟他没有什么关系。

那么从杨素手中夺回的那些权力分给谁呢？由于大臣和儿子都让自己不放心，杨坚把目光投向了女婿，一则女婿比大臣亲，二则女婿没有儿子那样的政治野心。基于这样的考虑，小女婿柳述进入了杨坚的法眼。此人出身于河东柳氏，属于高门大户，文质彬彬，自身素质较高。加上他比较年轻，才三十出头，没有什么大的功劳，提升他，除了对杨坚感恩戴德外，就是忠心耿耿替杨坚办事。再加上柳述娶的是杨坚和独孤皇后最喜欢的女儿——兰陵公主，兰陵公主不是一般的公主，《隋书·列女传》里有她的传记，说她生得"美姿仪，性婉顺"，而且"好读书"，是个既漂亮又知书识理、恪守妇道的模范女性，深得杨坚和独孤皇后的宠爱。兰陵公主如此受宠，作为夫婿的柳述也跟着沾光，杨坚提拔他也是情理中的事。

柳述做了吏部尚书，后来又做了兵部尚书，同时参掌机密，成为杨坚的机要秘书。柳述的登台亮相，让杨素的处境更加尴尬。因为无论是柳述，还是兰陵公主，都和杨素有过节。

兰陵公主一生嫁过两次。当初，身为北周辅政大臣的杨坚为了拉拢王谊，把兰陵公主嫁给了王谊之子王奉孝。不幸的是，王奉孝是个短命鬼，兰陵公主嫁过去没多久就死去了。按照当时的礼制，公主要替王奉孝守孝三年。当时的兰陵公主很小，估计也就十二三岁，王谊觉得让一个十二三岁的小姑娘守孝三年，于心不忍，便上奏朝廷说："公主年少，请除丧服。"

这本是一番好意，却被时任御史大夫的杨素弹劾，说王谊请求除丧，是鄙薄风俗，有伤教化，为父不慈，轻视丧礼，竟欲置儿媳于不义之地，是伤风败俗之举，并请求杨坚将他交给有司论罪。当时，杨坚正在大力提倡礼法孝道，杨素这么一弹劾，让他有脸没处搁，认为王谊此举有些不识时务，便狠狠地责备了王谊一番，从此疏远了王谊。

王谊心灰意冷，整天待在家里喝酒、发牢骚，实在寂寞难耐，就去找人算命。杨坚得知这一切很是震怒：你官居一品，身为国戚，发发牢骚也就罢了，还找人看相、算命，居心何在？要知道杨坚年轻的时候，也经常请人算命，他算命的目的是想弄清楚自己能不能当皇帝，现在身为国家重臣的王谊也走上了这条路，能不引起他的警觉吗？开皇五年，杨坚将王谊赐死在家。这是隋初剪除功臣的一件大案。从这个事件的前因后果看，兰陵公主对自己的公公是心存愧疚的，而对间接逼死公公的杨素没有一点好感。

那么，柳述和杨素又有什么过节呢？这得从他的父亲柳机说起。在北周时期，柳机等人并不赞成杨坚代周建隋，杨素则坚决支持杨坚取代宇文氏君临天下。隋朝建立之后，杨素凭着拥戴之功，扶摇直上，而柳机和他的兄弟们在官场中成为失意一族，被放到外地做官。隋朝和唐初重视京官，被放到外地做官是官场失意的表现。一天，杨坚赐宴，柳机和弟弟前往赴宴，杨素也在场。杨素见了柳氏兄弟，便戏谑说："二柳俱摧，孤杨独耸！"这话在今天听起来像一句玩笑话，但对当时的柳氏兄弟来说，则是一句很伤面子的话。那意思是，咱们过去是彼此彼此的人，现在你们完蛋了，你看我杨素的日子过得多滋润，圣上宠遇正浓呀，这一切都是因为你们不识时务！柳机听了，一言不发。双方的梁子从此结下。

如今柳机的儿子柳述成了皇上面前的红人，参掌机密，那杨素的日子就难受了。尽管两人是上下级关系，杨素的地位高，但是，柳述经常折辱杨素，让他下不了台。按惯例，杨素作为尚书省长官，柳述作为其属下的部门领导，每做一项决定，都要征得杨素的首肯，杨素认为不妥的，可以驳回来让他重新修改。但是，柳述不买账，无论什么报告、决议、决定，他报上去后，只要杨素要求重新修改，他都不予理睬，不仅不修改，还直截了当地对杨素的使者说：你告诉杨仆射，就说柳尚书不愿修改！

杨素是位心高气傲的人，哪里受得了这份气，可受不了也得受，他心里很清楚，仅凭一个柳述，借他十个胆子，他也不敢跟自己作对，这分明是杨坚在背后指使。

三、杨广内急

我们知道，独孤皇后、杨素、杨广是三位一体的，杨广之所以能当上太子，要拜独孤皇后和杨素所赐。如今，独孤皇后死了，杨素失宠了，接下来，杨广的处境就变得微妙起来。他在太子的位上仅待了两年，为了取得父皇的信任，一直低调处世，不敢揽权，在朝中的根基并不稳固。更让他隐隐感到不安的是，废太子杨勇的势力开始抬头。

杨勇被废后，被囚禁在东宫。他知道自己之所以会失去太子之位，固然是失宠于父皇，但更重要的是失宠于母后，没有母后从中作梗、支持杨广，他是不会被废的。因此，独孤皇后死后，杨勇开始为自己鸣冤叫屈，多次要求觐见皇上，当面申诉，但杨广不给他这个机会。杨勇出不了东宫，又不甘心含冤受屈，便冥思苦想，想出了一个引起皇上注意的法子。他爬到树上大声叫唤，希望能让皇上听到，然后召见自己。杨坚确实听到了，只是听不清楚他在嚷什么，便随口问杨素这是怎么回事，杨素说："杨勇现在神志昏乱，好像有鬼魅附身，疯疯癫癫的，一天到晚尽说胡话，在东宫上蹿下跳，大家见了他都躲得远远的。"杨坚想了一下，觉得也有道理，于是摇摇头，叹叹气，便没有再去深究此事。但此事却让杨广惊出一身冷汗，幸亏父皇没有召见杨勇，要不然自己所有的丑行都将败露。他命令属下对杨勇严加看管，绝不能再让他爬上树去。

其实，不只是杨勇在替自己鸣冤叫屈，朝廷里也有官员在为他和高颎鸣不平。贝州刺史裴肃上书说：高颎是天挺英才，专门为辅佐陛下、管理国家而生，只可惜被小人嫉恨，才落得被废黜官爵的下场。希望陛下念及他的大功，忘记他的小过，让他重新回朝为国效力。

为高颎鸣不平之后，裴肃又为废太子杨勇和被废为庶人的前蜀王杨秀求情，说陛下的这两个儿子已经被废黜很久了，陛下应该给他们一个改过自新、重新做人的机会。不妨先封给他们一个小国，让他们慢慢干着看，如果确实已经洗心革面，还可以进一步提拔他们。

裴肃的这番话要是在上述三人刚刚被废为庶人的时候讲，恐怕话未讲完，杨坚就让他人头落地了。但是，现在杨坚不但没有怪罪他，反而说：裴肃操心朕的家事，的确是一番诚意呀！还把裴肃召到朝廷，好好劝慰了一番。这可把杨广吓了一跳：父皇是不是要改变主意，让高颎、杨勇、杨秀回朝呀？如果是这样，自己的太子地位还保得住吗？

更让杨广感到害怕的是柳述，柳述现在是父皇面前的红人，而自己和柳述又曾经有过节，相反，柳述跟废太子杨勇的关系却非同一般，他做的第一个官，就是废太子杨勇的亲卫，跟杨勇的私交一直不错。

杨广跟柳述交恶是因为柳述的婚姻问题。兰陵公主为前夫守丧完毕，面临着再嫁的问题。当时，有两个最佳的人选等待杨坚选择，一个是柳述，另一个是杨广的小舅子萧玚。杨广坚持要把妹妹嫁给萧玚，形成一桩美满的政治婚姻。在杨广的劝说下，杨坚也有些动心，但还是举棋不定，便去求助于术士韦鼎。韦鼎当年曾预言杨坚要当皇帝，杨坚对他的话深信不疑。

韦鼎又一次展示了他的高明，说："玚当封侯，而无贵妻之相；述亦通显，而守位不终。"萧玚这个人虽然有封侯的贵相，但没有贵妻之相；柳述这个人也是个有贵相的人，只是官运不能到头。

杨坚一听，马上就否定了萧玚，自己如此宠爱的小女儿怎么能嫁给一个没有贵妻之相的人呢？柳述的官位不到头不是什么大不了的事，天下是朕的，只要朕让他把官做到头，谁还敢说个"不"字？就这样，柳述娶了兰陵公主，两人非常恩爱，堪称模范夫妻。鉴于柳述和杨勇的私交不错，又对杨广没有什么好印象，在适当的时候，在杨坚面前替杨勇说话，应当是意料中的事。

将这一连串的事情串联起来，杨广倒吸了一口凉气，杨坚的政治路线动摇了，朝局面临着新一轮的洗牌，一旦让拥护杨勇的那帮人重新上台，他的太子之位就会变得摇摇欲坠！怎么办呢？

杨广偷偷找到了给独孤皇后看风水的术士萧吉，对他说："公前称我当为太子，竟有其验，终不忘也，今卜山陵，务令我早立，我立之后，当以富贵相报！"什么意思呢？你先前说我要当太子，后来果然应验了，这件事，我一直牢记在心。现在你不是负责为母后的陵墓占卜风水吗？你一定要想办法，让我早点当皇帝，我当皇帝之后，一定以富贵回报你！这话说得非常露骨，说白了就是请你在风水上做点手脚，让我老爸早点死，我好早点继位。

萧吉说：太子殿下请放心，我早就选好了一处风水宝地，四年之后，你一定君临天下！可是，四年，对杨广来说意味着什么？上天真会让他等上四年吗？

四、杨坚之死

杨广是幸运的，上天没有让他等四年。若真让他等四年，那他就惨了。

仁寿四年（604 年）七月十三日，杨坚在仁寿宫驾崩，享年 64 岁。

杨坚是怎么死的？有人说他是正常死亡，有人说他死得很不正常。

说他是正常死亡的主要是《隋书》、《资治通鉴》等正史，在这一点上，两书的记载基本一致。我们不妨来看看《资治通鉴》是怎么说的：

> 帝将避暑于仁寿宫，术士章仇太翼固谏，不听。太翼曰：是行恐銮舆不返。帝大怒，系之长安狱，期还而斩之。甲子，幸仁寿宫。夏四月，乙卯，帝不豫……秋七月，甲辰，上疾甚。卧与百僚辞疾诀，并握手歔欷。命太子赦章仇太翼。丁未，崩于大宝殿。（《资治通鉴》卷一八零）。

这段话的大意是说，仁寿四年（604年），杨坚按惯例要去仁寿宫避暑。术士章仇太翼说此行不吉利，恐怕有去无回，最好莫去。杨坚不信，要跟章仇太翼赌一把：既然你说朕有去无回，我若是回来了，就治你个欺君之罪，取你性命！随即命人将章仇太翼关进大牢。他深信自己能回来，于是前往仁寿宫。到了四月份的时候，杨坚在仁寿宫染病，病势虽不沉重，却迟迟不见好转，过了一段时间，病势转深，眼看不行了，到了七月初十那天，他躺在病榻上与群臣诀别，场面甚是悲凄，他还特别嘱咐太子杨广赦免章仇太翼之罪，说自己悔不该不听章仇太翼之言。七月十三日，杨坚病逝于仁寿宫大宝殿。

类似的记载还见于《隋书·高祖本纪》和《隋书·何稠传》。比如《隋书·何稠传》说，杨坚与大臣诀别之后，单独召见了何稠，何稠是当时的宫廷建筑专家，杨坚对他说："汝既曾葬皇后，今我方死，宜好安置，属此何益，但不能忘怀耳，魂其有知，当相见于地下。"意思是说，安葬独孤皇后，你费了大力气，如今朕将离开人世，相信你也会尽心尽力安葬朕，朕之所以要亲托后事，只是因为忘不了独孤皇后，人死后若真有魂魄，那就烦请你在安葬朕的时候多费些工夫，让朕在地下与皇后相见。

随后，杨坚又召见太子杨广，对他说："何稠用心，我付以后事，动静当共平章！"何稠这个人做事尽心尽力，朕已经把身后事托付给他，朕死以后，你和他商量着办就行了。

从这些记载中，可以看出，杨坚死亡的过程非常清晰，临死前的几天做了些什么，说了些什么，都历历在目，场面也非常悲凄感人，真正是君明臣贤，父慈子孝，是典型的正常死亡。

不过，同样是这些史书，也流露出对杨坚死亡原因的质疑。比如《资治通鉴》就记载了杨坚死亡当天的情形：

> 上寝于仁寿宫，尚书左仆射杨素，兵部尚书柳述，黄门侍郎元岩，皆入阁侍疾，召皇太子入居大宝殿。太子虑上有不讳，须预防拟，手自为书，封出问素。素条录事状以报太子，宫人误送上所，上览而大恚。陈夫人平旦出更衣，为太子所逼，拒之，得免，归于上所。上怪其神色有异，问其故。夫人泫然曰：太子无礼。上恚，抵床曰：畜生何足付大事，独孤误我。乃呼柳述、元岩曰：召我儿。述等将呼太子，上曰勇也。述、岩出阁为敕书。杨素闻之，以白太子，矫诏执述、岩，系大理

狱，追东宫兵士帖上台宿卫门径出入，并取宇文述、郭衍节度，令右庶
子张衡入寝殿侍疾，尽遣后宫出就别室，俄而上崩。

这段文字详细描述了杨坚死亡当天所发生的事情，其中有两件事值得我们注意：一是误传密信，一是太子调戏宣华夫人。

由于仁寿宫不在京城，杨坚若死在仁寿宫，等于是死在外地，这对于太子继位来说，是一件麻烦事，一旦京城局势动荡，后果不堪设想。太子杨广觉得应该采取一些防范措施，免得皇帝一死，自己措手不及。但如何防范呢？他便写信给杨素征询意见。杨素在回信中逐条进行了安排，不巧的是，这封本应送给杨广的信，却被宫女误送给了杨坚。杨坚看了信中的内容，大怒，拍着床板骂道：老子还没有死，你就想抢班夺权啦！

因为有了密信误传事件，杨坚在心里彻底否决了杨素，把他划为了太子一党，有事不再召他，而是让柳述和元岩全权负责。

就在这天早上，侍疾的宣华夫人陈氏起身上厕所，在回来的途中被太子杨广拉住，要求寻欢作乐。宣华夫人奋力挣脱，跑回杨坚的寝殿。杨坚见她衣衫不整、鬓发凌乱、神色慌张，便问发生了什么事。宣华夫人流着眼泪说："太子无礼！"杨坚听了，火冒三丈："这个畜生，朕怎么能将天下交给他？都是独孤皇后误导了朕，错废了我儿！"于是呼兵部尚书柳述、黄门侍郎元岩说："召我儿进来！"柳述等人前去喊太子，杨坚制止他们说："是杨勇，不是杨广！"

柳述、元岩闻言，赶紧出阁草拟敕书。杨素很快知道了这一切，立即前去找杨广商量。杨广正为调戏陈夫人一事忐忑不安，生怕她将此事告诉了杨坚。当杨素告诉他皇上让柳、元二人起草敕书召杨勇前来时，他才意识到自己闯下了大祸。

"敕书不能发！绝不能让杨勇进宫！"关键时刻，杨广体现了作为统帅的本色，他立即假传皇帝的命令逮捕柳述和元岩，将其关进大理寺的牢房；紧急调动自己的东宫卫队包围仁寿宫，命宇文述和郭衍封锁宫禁的出入口，没有他的命令，任何人不准进出；又命太子右庶子张衡进入皇上的寝殿侍疾，控制皇帝；将陈夫人、蔡夫人、所有太监及宫女全部幽禁别院，等候发落！

杨坚见自己眼前的人一个个都变成了陌生面孔，顿时明白了一切，一气之下，破口大骂，不过，骂是不管用的。很快，杨坚停止了呼吸！

如此一来，杨坚还是正常死亡吗？司马光在《资治通鉴》里也没有给予定

论，只说了句"故中外颇有异论"，即朝野上下不完全认可正常死亡一说。

唐初有个叫赵毅的人在其所著《大业略记》中更是直截了当地指出，杨坚是被杨素和张衡灌毒药致死的！而中唐时期的著名学者马总在其《通历》中则说，杨坚是被张衡等人打死的，当时血溅屏风，宫外的人还听到了杨坚的惨叫声。总而言之，说杨坚是不正常死亡的大有人在，后人相沿成习，就有了杨广弑父一说。

要论杨广有没有弑父，我们应从误传密信和太子调戏宣华夫人这两个关键事件入手。在这两个关键事件中，哪一个会让杨坚改变主意，重启废立之心呢？

很显然，误传密信不足以让杨坚重启这个念头。杨坚是个明白人，虽然从感情上讲，他无法接受密信中的内容和不恭的语气，但从理性的角度看，也可以理解，自己行将作古，又不在京师，太子身为一国储君，就自己的身后事提前做好安排，无可厚非，毕竟自己死后，实现权力顺利交接是头等大事，谁也不想出岔子。

让杨坚不能释怀的应该是太子调戏宣华夫人一事。一则，这是乱伦，杨坚是个道德自律感很强的人，做了皇帝以后，一直提倡名教，他所定的"十恶不赦"之罪，其中就有乱伦一项，对于太子杨广的乱伦，他是无法容忍的；二则，此事撕下了杨广以前所有的伪装，让杨坚明白了杨广以前所谓的克勤克俭，是刻意装出来的，如今原形毕露，让他感觉受到了欺骗，认为杨广心术不正，品行不端，不足以托付天下，于是重启了废立念头。

但是，我们只要细细分析一下，就会发现，所谓太子调戏宣华夫人一事是站不住脚的。首先，宣华夫人是陈朝的亡国公主，杨坚灭了她的故国，她未必对杨坚有什么感情。这些年取悦于杨坚，无非是为了好好活着，现在杨坚要死了，太子马上就要继位，实际上她的生杀予夺大权掌握在太子手里，就算太子真的调戏她，她会轻易出卖太子吗？再说，论年龄，太子跟他更接近，此时杨广35岁，她28岁，而60多岁的杨坚就是一个糟老头子，论文采风流，生活情趣，杨广远甚于杨坚。况且，太子娶父皇的妃子不是没有先例，汉朝就有这样的事。何况，杨广身上有鲜卑族的血统，鲜卑人在婚娶时对于辈分是不怎么看重的。为自己的后路考虑，她是不会轻易出卖杨广的。

其次，杨广的行为不符合情理。为了争夺太子之位，这十多年来，他处心积虑，深居简出，低调处世，不近女色，与萧淑妃举案齐眉，一副道德楷模的样子，这说明他的自制力是很强的。如今父皇病危，与文武百官已经做了诀别，生离死别也就是几天的事，那么多年他都能做到心如止水，干嘛就忍不住这几天，使自己十多年的心血毁于一旦呢？这不符合逻辑。况且，在权力交接关头，每一个细微的举动都是很敏感的，他比谁都清楚，在入殿侍疾的三位重臣中，柳述和元岩跟他不是一路人，杨素这几年倍受父皇猜忌，在里面根本管不了事，自己稍有不慎，就会授予柳、元二人以把柄，以他的政治智商和情商，不会不懂得这其中的利害关系。

其三，宣华夫人对杨广是有好感的，两人来往密切。杨广在扬州总管的任上，为了谋取太子之位，把宣华夫人纳为自己的内线，送了诸如金蛇、金驼之类的厚礼给她，宣华夫人一一笑纳，在废立皇太子一事上，她帮了杨广的大忙，她是除独孤皇后之外，第二个能在杨坚面前说得上话的女人，为了能让杨广被立为太子，她没有少向杨坚吹枕边风。这说明她对杨广是有好感的，同时也说明，作为前朝的亡国贵族，她的政治成熟度很高，早就在为自己准备后路。她的情商同样出色，说她八面玲珑、左右逢源，一点也不为过，要不然，当初以独孤皇后的妒性，怎么可能允许她跟杨坚有床笫之欢呢？这样一个政治智商和情商都非常出色的女人，面对即将接班的太子，会出卖他吗？若是太子真对她有意思，垂涎她的美色，她应该感到高兴才是，为什么要出卖太子呢？

由此可见，所谓宣华夫人状告太子杨广非礼她是站不住脚的。或许，杨广的确喜欢宣华夫人，而且在杨坚死后，跟她做了苟且之事，而后世史家联系到杨坚的死因蹊跷，便把这件事移植到杨坚临死之前，以证明杨广弑父是毋庸置疑。

那么，杨广既然没有弑父，杨坚又是怎么死的呢？

真实的情况应该是，杨坚看到了那封误投的密信，感情上无法接受，拍着床板大骂。而柳述和元岩趁机怂恿杨坚召回废太子杨勇。这是很有可能的事，因为，这两人先前都属于废太子杨勇的班底，尤其是柳述，既与杨素有过节，又与杨广有过节。一旦杨坚死去，无论是杨广当皇帝，还是杨素以左仆射的身份重掌尚书省的实权，他都没有好日子过。因此，他们借密信事件大做文章，怂恿杨坚改变主意，重立废太子杨勇。甚至还有这样的可能：杨坚没有表态，两人就自做了主张。此时，杨素被猜忌，只有他们两个受杨坚器重，而杨坚此时病危，已不能自主，这一幕就是北周末年周宣帝病危时，刘昉和郑译两人矫诏让杨坚辅政的翻版。遗憾的是杨素不是颜之仪，他的心机和才干堪称当世无双，很快窥破了两人的秘密，于是与杨广先发制人，矫诏逮捕了二人，随后控制宫禁，派张衡等人进入杨坚寝殿侍疾。杨坚见左右全换成了陌生的面孔，熟悉的宣华夫人、容华夫人、宫人、太监全都不见了，心知有变，又气又急又惊恐，一个已经进入弥留状态的病人，又气又急又惊恐的结果只能是加速死亡。于是，杨坚就这样作古了。

可见，杨广弑父是不成立的，他既已控制了仁寿宫所有对自己有潜在威胁的人员，让自己的东宫卫队包围了仁寿宫，杨坚彻底在他的掌握之下，对于一个马上就要死去的人，他犯得着让人下毒、套绳、挥舞棍棒吗？再说，谁又有胆量去充当刽子手呢？杨素、张衡敢吗？宇文述和郭衍又敢吗？他们都是绝顶聪明的人，谁要是敢充当这个角色，谁就会在第一时间被杀人灭口。

杨广没有弑父，当然，他以软暴力加速了杨坚的死亡则是不争的事实。假若杨广继位后，能像后来的唐太宗那样励精图治，把大隋帝国的国威提升到另一个高度，这段权力交接的过程也许就会淡出人们的视野，不会有人拿它说三道四。遗憾的是，大隋帝国最后在杨广的手中被葬送掉了，人们追究亡国的原罪，认为是杨坚错废了太子，杨广不当继位，把所有有坏事都往杨广头上推，于是街谈巷议、市井评书、稗官野史纷纷将矛头指向杨广，这就应了一句话：黄泥巴掉进裤裆，不是屎也是屎。这就是杨广弑父的真相。

总之，杨坚死了，一个时代结束了。

他的一生波澜壮阔，凭着自己的雄才大略，谈笑之间代周灭陈，一统天下，结束了中国社会近三百年的纷乱局面，缔造了"开皇盛世"。

他自认为圣明无比，但直至临死时才明白：在这个世界上，每个人都是睁眼瞎，再圣明的人也很容易被人糊弄、欺骗，当真相大白时，一切都已经晚了。

他勤俭了一辈子，带着种种遗憾离去，给杨广留下了一个富庶强大的统一帝国，同时也留下了一个矛盾重重的朝廷政治格局。富庶强大的统一帝国成了杨广挥霍和好大喜功的资本，矛盾重重的政治格局又促使杨广为稳定政局挥舞屠刀，不久，废太子杨勇一家被杀，柳述、元岩不得好死，再往后，高颎、薛道衡等一批重臣被杀……

杨坚所留下的一切，既是前无古人的一笔丰厚财富，又是埋葬大隋帝国的一抔黄土！

功欤，过欤！